札幌学院大学選書

政府系中小企業金融機関の創成

日・英・米・独の比較研究

三好 元 [著]

北海道大学出版会

目　次

序　章 ……………………………………………………………………………1
　第1節　課題と方法　1
　第2節　最近の日，英，米，独の中小企業向け政策金融　7

第1章　日本の中小工業と商工組合中央金庫の創設 ……………13
　第1節　第一次大戦期から大正末年における中小工業問題の
　　　　　発展とその施策　13
　　1. 中小工業問題の発展　13
　　　(1) 第一次大戦期　13
　　　(2) 反動恐慌期　17
　　　(3) 反動恐慌後の不況期　21
　　2. 中小工業の金融問題にたいする施策　24
　　　(1) 1914(大正3)年貿易関係中小工業救済融資　24
　　　(2) 1920(大正9)年反動恐慌救済融資と23(大正12)年震災恐慌救済融資　26
　　　(3) 信用組合の育成施策　28
　第2節　金融恐慌から昭和恐慌における中小工業問題の深刻化と
　　　　　それへの対応　31
　　1. 中小工業問題の深刻化　32
　　　(1) 金融恐慌後における中小工業の金融問題　32
　　　(2) 昭和大恐慌と中小工業問題の深刻化　36
　　2. 不況下における政府の中小工業金融改善方針と中小工業金融施策　38
　　　(1) 中小商工業者応急資金特別融資(1928年1月～29年6月)　38
　　　(2) 信用組合経由中小商工農業者等特別融資(1930年3月～32年5月)　41
　第3節　金輸出再禁止後の中小工業問題の社会・政治問題化と
　　　　　その政策の進展　42

1. 金輸出再禁止後の中小工業とそれへの金融施策　43
　　　(1) 財政膨張政策と中小工業の展開　43
　　　(2) 中小商工業者等産業資金(1932年2月～37年12月)と損失補償制度　50
　　2. 商工組合中央金庫の創設　53
　　　(1) 工業組合法の制定と下請工業助成計画　53
　　　(2) 商工組合中央金庫の設立　56

第2章　イギリスの中小企業と商工金融会社(ICFC)の創設 ………71

　第1節　第一次大戦前における中小企業とその金融　71
　　1. 工場法の整備・拡充と中小企業の存立　71
　　2. 中小企業の資金調達の困難　77
　　　(1) 証券市場での中小企業の資金調達難　77
　　　(2) 地方銀行の破綻と銀行合同の進展による地方中小企業の金融難　80
　第2節　両大戦間期における中小企業とその金融　82
　　1. 経済合理性をもった中小企業の残存　83
　　2. 証券市場の中小企業金融にたいする役割　86
　　3. 銀行の中小企業金融にたいする慎重な経営姿勢　91
　第3節　雇用政策と商工金融会社(ICFC)の創設　95
　　1. 両大戦間期の大量失業問題　95
　　2. 1944年政府白書『雇用政策』と産業立地政策　102
　　3. 商工金融会社(ICFC)の設立　104

第3章　アメリカの中小企業と中小企業庁(SBA)の創設 …………119

　第1節　大不況期における中小企業とそれへの金融施策　119
　　1. 独占体制の強化と中小企業の経営基盤の悪化　119
　　2. 中小企業の金融問題の発生　122
　　　(1) 地方中小銀行の弱体化による金融の梗塞　125
　　　(2) 商業銀行の信用制限　128
　　　(3) 中・長期資金および自己資本の調達難　130
　　3. 中小企業にたいする若干の施策　132
　　　(1) 1933年「全国産業復興法」下の中小企業と34年「産業融資法」の成立　132
　　　(2) 連邦準備(13b)融資と復興金融公社(RFC)融資　137
　第2節　戦時経済体制下における中小企業と中小企業金融政策　139

1．軍需生産の拡大と中小企業への影響　139
  2．中小企業動員と中小企業金融政策　143
 第3節　第二次大戦後の中小企業の金融問題と中小企業庁
　　　　（SBA）の創設　147
  1．平時経済における中小企業の存立状況　147
  2．中小企業の金融問題　152
    (1)　短期資金　153
    (2)　長期資金　155
  3．中小企業庁（SBA）の設立　159

第4章　ドイツの中小企業とその金融の特質 …………………………177

 第1節　ワイマール期の中小企業とその金融問題　177
  1．中小企業の存立状況　178
    (1)　衣料品手工業　180
    (2)　食料品手工業　181
    (3)　金属手工業　182
    (4)　木材製品手工業　182
    (5)　建設手工業　183
  2．中小企業の金融問題　186
 第2節　ドイツにおける中小企業金融機関の成立と発展　188
  1．貯蓄金庫（Sparkasse）　188
  2．信用組合（Kreditgenossenschaften）　190
  3．工業金融組合（Industrieschaft）　193
 第3節　相対的安定期におけるベルリン大銀行と貯蓄金庫の
　　　　中小企業金融　195
  1．ベルリン大銀行の中小企業金融　195
  2．貯蓄金庫の中小企業金融　199

終　章　日・英・米・独の政府系中小企業金融機関の
　　　　創設の理由 ……………………………………………………209

 第1節　日本の商工組合中央金庫　210
 第2節　イギリスの商工金融会社（ICFC）　213
 第3節　アメリカの中小企業庁（SBA）　219
 第4節　ドイツの復興金融公庫（KfW）　222

あとがき 229
索引 231

凡　　例

(1) 引用において明らかな数字の間違いがある場合は，それを当方で修正した。
(2) 引用文献に原典がある場合は，引用文献の後にそれを(　)内に記した。

序　章

第1節　課題と方法

　政府による中小企業のための金融機関が主要な資本主義国に現れるのは，だいたい両大戦間期から第二次大戦後という時期であり，そしてこの時期は独占資本主義の再編・強化の過程でもある。つまり，独占資本主義の進展の過程は，銀行合同による大銀行の支配的地位の確立の過程と，中小企業の没落を通じた大企業の制覇の過程でもあったから，そのなかで中小企業の金融が梗塞するのは当然であった。しかし，中小企業の金融を困難にした直接の契機は，地方の中小銀行が急激に没落したことであった。銀行の集中が急速に進み，それが中小企業と関係の深かった地方銀行や個人銀行の駆逐・吸収となって現れ，中小企業はたちまち金融難に陥らざるをえなかった。しかも，不況が慢性化し，深化するにおよんで，銀行は中小企業にたいして貸付の途を閉ざしたから，中小企業の金融難はさらに深刻になった。そして，その解決策を政府に求める声がますます強くなり，政府もこれを無視することはできなかった。したがって，中小企業のための金融機関の必要性は，まさに独占資本主義の一段階に特有なものであるといえよう。さらにいえば，中小企業のための金融機関の創成は，国家が経済のなかに積極的に介入を行うようになってからのことであった。故に，中小企業金融機関の設立には，その時々のなんらかの経済政策が反映している。このような問題意識にもとづいて，日本の商工組合中央金庫(1936年設立)，イギリスの商工金融会社

(Industrial and Commercial Finance Corporation, ICFC, 1945年), アメリカの中小企業庁(Small Business Administration, SBA, 1953年), ドイツの復興金融公庫(Kreditanstalt für Wiederaufbau, KfW, 1948年)といった政府による中小企業のための金融機関の創設の理由を明らかにすることが, 本書の課題である。なお, フランスでは, 政府による中小企業金融機関として, 1981年に中小企業設備金庫(Créditd'Équipement des Petites et Moyennes Enterprises, CEPME)が設立されたが, ここでは取り扱わない。その理由は, 第一にフランスの中小企業は, 欧州の他国に比べて相対的に自己資本比率が高いものの, 他人資本については銀行(商業銀行, 協同組合銀行[1])からの借入が中心となっており, 銀行から十分に資金の調達を行うことができた。しかし, 中小企業は創業や事業継承する場合の資金調達が難しかったことから, CEPMEは創業や事業継承の支援を行う金融機関であったこと, 第二にCEPMEは単独融資ではなく民間金融機関と協調して融資を行うことが義務づけられていたこと, である[2]。

　本書は, 日本の商工組合中央金庫, イギリスのICFC, アメリカのSBA, ドイツのKfWといった中小企業金融機関の創設の理由を明らかにするために, 日本, イギリス, アメリカについては, 独占資本主義が確立してから中小企業金融機関が設立されるまでの時期を対象として, 中小企業の金融問題の展開とその金融施策の変遷を, またドイツについてはワイマール期を対象とし, 中小企業の金融問題と金融機関による中小企業金融の特徴を観察するという方法をとっている。ただ, これを観察するにあたっては, あらかじめ次の点を考慮に入れておく必要がある。「中小企業」という用語については, すでにわが国で「大企業」にたいする相対概念として「中小企業」が一般的に定着していることから, 特に断りのない限り, 便宜上, 本書では「中小企業」という用語を使用する。そして, その定義については, 次のような規模規準を用いる。日本の場合は(第1章), 商工省『工場統計表』をはじめ多くの統計において, 従業員30人未満を小企業, 30〜100人未満を中企業, 100人以上を大企業とする規模規準が用いられていた[3]。しかし, 1911(明治44)年ごろから農商務省において, 機械や動力を導入している組織を中工業組織,

手工業や家内工業を小工業組織と称し，あわせて「中小工業」という用語が使用されはじめたので[4]，ここでは従業員100人未満を「中小工業」として用いる。イギリスの場合は(第2章)，1971年の「中小企業問題諮問委員会」(The Committee of Inquiry on Small Firms, ボルトン委員会)ではじめて中小企業の経済的・社会的な重要性が認識され，その際に従業員200人以下を'small firm'として分析が行われたので[5]，これを「中小企業」と訳して利用する。アメリカの場合は(第3章)，1938年に設置された「臨時全国経済委員会」(Temporary National Economic Committee)が，資産額で25万ドル未満または従業者数で20人未満を'small business'，25～500万ドル未満または20～800人未満を'intermediate business'，500万ドル以上または800人以上を'large business'と規定しており[6]，また'small business'は企業数で圧倒的に多くの割合を占めていたことから(31年80.5％，41年82.3％，51年78.9％[7])，資産額で25万ドル未満または従業者数で20人未満の'small business'を「中小企業」と訳出して用いる。ドイツの場合は(第4章)，1930年に刊行されたアンケート委員会の調査報告書『ドイツ手工業』(27年と28年に実施された全般的な統計調査および12の手工業分野の特別調査)のなかで，労働力10人以下を'kleinbetriebe'，11～200人を'mittelbetriebe'，201人以上を'großbetriebe'としてワイマール期の中小資本の分析が行われており[8]，またこれらの調査によると全体の経営数の過半が手工業で，手工業の90％以上が雇用職人10人以下の経営であったことから(表4-2参照)，ここでは労働力10人以下の'kleinbetriebe'を「中小企業」と訳して利用する。ただし，中小企業が多く存在し大きな役割を果たしている産業は，従来から典型的な手工業職種といわれてきたものによって支えられていることから，中小企業と手工業は同意性をもっていることに留意する必要がある。

　本書は前述の問題意識の下に，次のような構成で叙述が進められる。第1章は，1914(大正3)年の第一次大戦勃発から36(昭和11)年に商工組合中央金庫が設立されるまでの時期を扱い，まず第1節では第一次大戦期から大正末年までの中小工業問題の発展過程を観察し，中小工業の金融改善にたいする

政府の施策を考察する。第2節では27年の金融恐慌から30年の昭和恐慌までに，中小工業の金融難がどのような過程をへて社会問題化したかを明らかにし，中小工業の金融問題にたいする政府の基本方針と施策について考察する。第3節では31年の金輸出再禁止から37年の日中戦争までの中小工業の展開と，その金融政策および組織化政策について検討する。また，商工組合中央金庫が，いかなる歴史的経緯の下に創立されたかをみる。第2章は，イギリス政府が1970年代に至るまで中小企業の経済的・社会的重要性にたいし無関心を示すなかで[9]，19世紀後半から1945年にICFCが設立されるまでの期間を対象とし，第1節では19世紀後半から20世紀初頭までの中小企業の存立状況を観察するとともに，中小企業が証券市場と銀行でどのような金融を行ったかを考察する。第2節では独占企業体制が確立した両大戦間期における中小企業の存立条件の変化を概観し，証券市場や銀行が中小企業金融にどのような役割を果たしたかを究明する。第3節では両大戦間期の大量失業問題と，戦後の雇用政策の形成過程を観察し，ICFCがどのような経緯で設立されたかを考察する。第3章は，アメリカで中小企業問題が一般化したといわれる1929年の大恐慌から53年にSBAが設立されるまでの期間を取り扱い，第1節では30年代の大不況期における中小企業の存立状況と金融状況を観察し，政府による中小企業にたいする施策を考察する。第2節では41年以降の戦時経済体制下で中小企業がどのような影響を受けたかを明らかにし，国防生産への動員との関連で用意された中小企業のための金融政策をみる。第3節では50～60年代に大企業への経済集中が進むなかで，中小企業の存立状況と金融状況がどのようなものであったかを考察し，またSBAの設立までの経緯を明らかにする。第4章は，1919年から33年のワイマール期を対象期間とし，第1節ではドイツの中小企業を代表する手工業が，どのように存立し，どのような金融問題を抱えていたかを観察する。そしてドイツの中小企業金融の特質を明らかにするために，第2節では中小企業のために金融を行っていた貯蓄金庫，信用組合，工業金融組合の成立と発展について概観し，第3節では20年代後半のベルリン大銀行と貯蓄金庫がどのように中小企業金融を展開したかを考察した。最後に終章では，これま

で考察してきたことを整理しながら，日本の商工組合中央金庫，イギリスのICFC，アメリカのSBA，ドイツのKfWの創設の理由を明らかにする。

　本書に関係する著書，論文は国内外に数多くみられる。代表的なものは，第1章では，まず由井常彦「中小工業の経営史的概説」(下)(明治大学『経営論集』15集，1959年)が，明治末期より昭和初年までの中小工業経営の発展過程を概観し，さらに中小工業の経営事情を生産，販売，労働，金融の面から説明している。また由井常彦『中小企業政策の史的研究』(東洋経済新報社，1967年)は，中小工業問題の歴史的な展開過程を観察し，明治年代から第二次大戦期までの中小工業政策を綿密に考察している。寺岡寛『中小企業政策の日本的構図』(中京大学経営学部，2000年)は，昭和初期，戦時期，戦後改革期を対象時期として，どのような経緯で中小企業が政策対象とされ，その政策目標がどのようにして実行されたか，またその政策の背景にあった思想や論理は何であったかを究明している。第2章では，浜田康行「イギリスにおける中小企業金融機関の生成と発展」(上)(下)(久留米大学『産業経済研究』第22巻第3号，1981年11月，第22巻第4号，1982年3月)と，Richard Coopey and Donald Clarke, *Fifty Years Investing in Industry* (Oxford University Press, 1995) がある。これらはICFCの設立過程，その概要，および設立から1980年ごろまでの活動を観察している。また，外池正治「英国産業化過程と小工業」(『一橋大学経済学研究』第3巻，1959年7月)は，19世紀の金属製品製造業と繊維工業における小工業の存立状況を詳論し，太田進一「イギリス資本主義の発展過程と中小企業」(1～2)(『同志社商学』第34巻第4号，1982年12月，第35巻第4号，1983年12月)は，イギリスの産業主義段階から独占資本主義段階の中小企業の存立条件の変化を観察している。そして，飯田隆『イギリスの産業発展と証券市場』(東京大学出版会，1997年)，P. L. Cottrell, *Industrial Finance 1830-1914* (Gregg Revivals, 1993), Michael Collins, *Banks and industrial finance in Britain 1800-1939* (Cambridge, 1995) は，第一次大戦前および大戦後の証券市場や銀行が産業金融にどのような役割を果たしたかを考察している。第3章では，まずA. D. H. Kaplan, *Small Business: Its Place and Problems* (Arno Press, 1979) がある。これは，1930年代から40年代に

おけるアメリカの中小企業とそれをめぐる諸問題を詳説している。Harmon Zeigler, *The Politics of Small Business* (Public Affairs Press, 1961) は，アメリカの中小企業に関する立法制定過程を観察し，その立法に導かれる中小企業政策の性質を明らかにした先駆的業績である。寺岡寛『アメリカの中小企業政策』(信山社，1990年)は，1920年代から80年代の時期を対象とし，アメリカの中小企業問題を経済構造あるいは産業構造から観察するとともに，中小企業立法が制定されるまでの経過を明らかにしている。また，1930年代におけるアメリカの中小企業金融問題を取り扱ったものとして，山崎広明「1930年代におけるアメリカの中小企業金融問題」(神奈川大学『経済貿易研究』第3号，1966年4月)，瀧澤菊太郎「1930年代のアメリカにおけるスモール・ビジネス金融問題と対策」(名古屋大学『経済科学』第15巻第4号，1968年3月)がある。白井種雄「アメリカにおける中小企業金融の問題点」(『大阪学院大学論叢』第1号，1966年8月)は，1950年代のアメリカの中小企業金融問題を考察している。第4章では，鎗田英三『ドイツ手工業者とナチズム』(九州大学出版会，1990年)と柳澤治『ドイツ中小ブルジョアジーの史的分析』(岩波書店，1989年)がある。これらは，1920～30年代のドイツの手工業の存立状況，金融問題などを考察し，手工業の特質を明らかにしている。また，楠見一正，島本融『独逸金融組織論』(有斐閣，1935年)は，1931年から34年までのドイツの金融制度，金融機構の変化を分析した先駆的業績である。そして，佐藤智三「第一次大戦期，ベルリン大銀行における支店網の展開と地方公営貯蓄銀行の動向」(『立命館経営学』第20巻第3・4合併号，1981年11月)は，第一次大戦期のベルリン大銀行の全国的な展開と，これにたいする貯蓄金庫の動向を考察し，ワイマール期にこの両者がいかに展開していくかを展望している。このほかにも本書に関係する文献は多くみられる。しかし，本書の特徴は，数多くの文献を整理，加工し，日本，イギリス，アメリカ，ドイツにおける政府による中小企業のための金融機関の創設の理由を国際比較しようとした点である。

　なお，本書の各章の基礎となった初出論文は次の通りである。第1章は「日本における政府系中小企業専門金融機関の創成」(札幌学院大学『商経論集』第11巻第4号，1995年2月)。第2章は「イギリスの中小企業専門金融機関

ICFC の設立」(東亜大学『研究論叢』第 16 巻第 1 号, 1991 年 9 月),「イギリスの中小規模企業の存立とその金融」(上)(下)(札幌学院大学『商経論集』第 18 巻第 4 号, 2002 年 3 月, 第 19 巻第 1・2 合併号, 2002 年 9 月)。第 3 章は「アメリカにおける政府・中小企業金融機関の創成」(西南学院大学『経営学研究論集』第 5 号, 1985 年 7 月),「アメリカ中小企業金融問題とその政策」(上)(下)(札幌学院大学『商経論集』第 13 巻第 4 号, 1997 年 3 月, 第 14 巻第 1 号, 1997 年 7 月)。第 4 章は「ドイツにおける中小企業金融の特質」(『九州経済学会年報』第 36 回大会年報, 1986 年 11 月),「ドイツの中小企業金融――1920～30 年代」(東亜大学『研究論叢』第 14 巻第 1 号, 1989 年 9 月)。終章は書き下ろした。

第 2 節　最近の日, 英, 米, 独の中小企業向け政策金融

　ここでは日本, イギリス, アメリカ, ドイツにおける最近の中小企業のための政策金融を概観する[10]。

　日本の中小企業にたいする政策金融を大別すると, 第一は, 国や都道府県による中小企業向け融資である。政府は中小企業金融公庫(1953 年設立), 国民生活金融公庫(国民金融公庫と環境衛生金融公庫が統合し 99 年設立), 商工組合中央金庫(36 年設立)といった政府系中小企業金融機関を設け, 中小企業にたいする直接融資を行っている。2005 年度の貸出残高は, 中小企業金融公庫が 7 兆 378 億円, 国民生活金融公庫 7 兆 888 億円, 商工組合中央金庫 9 兆 4247 億円であった。第二は, 信用補完制度である。中小企業が事業資金を民間金融機関から借り入れる場合に, 都道府県に設けられている信用保証協会(53 年設立)が借入債務の保証を行っている。05 年度の信用保証協会の保証実績は, 12 兆 9802 億円であった。第三は, 投資育成事業である。中小企業の自己資本の充実を促進するために, 中小企業者の新株および転換社債の引受を行うことを目的として, 1963 年に東京, 名古屋, 大阪に中小企業投資育成株式会社が設立された。2006 年 3 月までの中小企業投資育成株式会社 3 社の投資累計は金額で 1831 億円, 件数で 3737 社であった。

　イギリスにおける中小企業向けの政策金融は, 補助金を除くと, 1981 年

に創設された「中小企業貸付保証制度」(Small Firms Loan Guarantee Scheme, SFLGS)と呼ばれる制度のみである。本制度は，創設当初は貿易産業省(Department of Trade and Industry, DTI)が実施していたが，現在はDTIにより2000年に設立されたスモール・ビジネス・サービス(Small Business Service, SBS)が行っている。また，SFLGSは民間金融機関の中小企業にたいする貸付に75%を保証するというもので，03年度の保証件数は5966件，保証貸付額は4億900万ポンドであった。しかし，同年度の中小企業向け貸付全体の残高[11](389億ポンド)に占めるSFLGSの保証貸付額の割合は1.1%にすぎなかった。このように中小企業のための政策金融の歴史は浅く，その実績も小さい[12]。ただ，イギリスでは，1945年に中小企業金融機関として政府の主導の下に銀行の出資による商工金融会社(Industrial and Commercial Finance Corporation, ICFC)が設立されており，現在は3i GroupがICFCの役割を継承している[13]。3i Groupは中小企業ばかりではなく大企業にも金融を行っており，対象企業の財務体質に合わせてさまざまな資金を提供している。2003年度の3i Groupの総投資額は9億3100万ポンドであり，そのうち約50%の4億7000万ポンドが中小企業に投資されたと推定される[14]。

　アメリカにおける中小企業のための政策金融は，連邦政府と州政府によって行われている。連邦政府による政策金融の主体は，1953年に設立された中小企業庁(Small Business Administration, SBA)であり，SBAは中小企業にたいして各種の金融支援プログラムを展開しているが，中心的なプログラムは民間金融機関の貸付の保証である[15](直接貸付は95年に災害融資に限定され原則中止された)。そのなかで「7(a)一般事業貸付保証プログラム」(7(a) Loan Guaranty Program)は主要なプログラムであり，これは商業銀行やファイナンス・カンパニーによる200万ドル以下の短期・長期貸付にたいして約75%の保証を行うというものであった。2005年度において，SBAによる中小企業向け保証債務残高は511億ドルであり，そのうち7(a)貸付保証プログラムの保証債務残高は143億ドル，件数8万8912件であった。なお，同年度の商業銀行およびファイナンス・カンパニーの中小企業向

け貸付残高は総額1兆1214億ドルであったから,中小企業向け貸付に占める SBA 保証の割合は 4.6% となる。

　ドイツの中小企業向けの政策金融には,まず政府系金融機関である KfW 中小企業銀行(KfW Mittelstandsbank)による間接融資がある[16]。1948年に経済復興に向けた資金を中小企業など国内企業の育成に配分することを目的に復興金融公庫(Kreditanstalt für Wiederaufbau, KfW)という政策金融機関が設立されたが,KfW は 2003 年にドイツ調整銀行(Deutsche Ausgleichsbank, DtA)を吸収合併し,KfW バンクグループ(KfW Bankengruppe)という名称の下に 4 つの事業部門を配置した[17]。その事業部門のうち KfW 中小企業銀行が,貯蓄金庫,協同組合銀行,商業銀行などの民間金融機関を経由した間接融資を行い,中小企業を支援している。KfW 中小企業銀行の融資プログラムの中心である「企業家向け融資プログラム」(Unternehmerkredit)は,年間売上高 5 億ユーロ以下の中小企業に長期資金を供給するもので,2004 年の実績は 57 億 4060 万ユーロであった。これは KfW 中小企業銀行の全体の融資額(139 億 7120 万ユーロ)の 41.1% を占めている。このほかに,ドイツの中小企業のための政策金融として,連邦政府および州政府は保証銀行による中小企業向け貸付の保証を再保証している。また,各州独自の中小企業政策の下で,州の政策金融機関(州立投資銀行など)が直接融資を含む各種金融支援を行っている。

　このようにそれぞれの国では,現在,さまざまな中小企業のための政策金融が行われており,その中心となっているのは日本の商工組合中央金庫・中小企業金融公庫・国民生活金融公庫,イギリスの 3i Group,アメリカの SBA,ドイツの KfW 中小企業銀行といった政府系中小企業金融機関である。

　本書では,日本で最初の政府系中小企業金融機関である商工組合中央金庫,イギリスの 3i Group の前身である ICFC,アメリカの SBA,そしてドイツの KfW 中小企業銀行の前身である KfW が,どのような理由をもって設立されたかを考察する。

　1) 協同組合銀行とは,バンク・ポピュレール(庶民銀行,Banques populaires),ク

レディ・アグリコル(Crédit agricole)，クレディ・ミュチュアル(Crédit mutuel)，ケス・デパルニュ(貯蓄共済金庫，Caisses d'epargne et de prévoyance)，クレディ・コーペラティフ(Crédit Coopératives)の5つである。
2) なお，フランスにおける中小企業向け政策金融の中心的な担い手は，従来，民間金融機関と協調融資を行う中小企業設備金庫(CEPME，中・長期融資で融資総額の50％)と，信用保証を行う中小企業融資保証会社(SOFARIS：Société Française de Garantie des Financements des Petites et Moyennes Entreprises，1982年設立)であった。しかし，1996年にCEPMEとSOFARISは中小企業開発銀行(BDPME：Banque du Développement des Petites et Moyennes Entreprises)の子会社となり，さらに2005年にはCEPMEがBDPMEを吸収合併しOSEObdpmeという新しい名称となった。フランスの中小企業のための政策金融については，中小企業金融公庫総合研究所編「欧米主要国の中小企業向け政策金融」『中小公庫レポート』No. 2004-10，2005年3月，1-24頁，国民生活金融公庫総合研究所「フランスの中小企業金融」『調査季報』第74号，2005年8月を参照。
3) 田杉競氏はこの基準を極めて有効であるとしている。田杉競『下請制工業論』有斐閣，1987年，13-14頁，22頁。
4) 1911年の農商務省工務局『工務局ノ事務及其ノ方針』において，中小工業に属する32業種が示され，明治初年から半ばごろまで支配的であった在来工業観からの進展がみうけられる。また1912年の農商務省工務局編『主要工業概覧』では，「機械力ヲ応用セル小工場組織」を中工業組織，「手工」または「家内工業」を小工業組織と称し，あわせて「中小工業」という用語を使用するに至っている。通商産業省編『商工政策史』第12巻，1963年，17-18頁，19頁。
5) 商工組合中央金庫調査部『英国の中小企業』(ボルトン委員会報告書)，1974年，17-18頁。
6) "Problems of Small Business", in Temporary National Economic Committee (TNEC), *Investigation of Concentration of Economic Power*, Senate Committee Print, 76th Cong., 3rd Sess., 1941, pp. 283-285.
7) 資産25万ドル未満の'small business'は，31年30万7019(法人企業全体38万1390)，41年33万4997(40万7053)，51年47万437(59万6385)であった。アメリカ合衆国商務省編『アメリカ歴史統計』原書房，1987年，933-938頁。
8) Ausschuß zur Untersuchung der Erzeugungs-und Absatzbedingungen der deutschen Wirtschaft, *Das deutsche Handwerk, Verhandlungen und Berichte des Unterausschusses für Gewerbe, Industrie, Handel und Handwerk* (III Unterausschuseß) 3 Arbeitsgruppe (Handwerk), 4Bde. Berlin, 1930.
9) 商工組合中央金庫調査部，前掲書，158-167頁および174-181頁参照。
10) 日本，イギリス，アメリカ，ドイツの中小企業にたいする政策金融については，中小企業庁計画部金融課編『中小企業金融の新潮流』同友館，1990年，前掲「欧米主要国の中小企業向け政策金融」，宇野雅夫，折茂建「政策金融の国際比較」PRI

Discussion Paper Series, No. 05A-14, 2005年8月, 三浦敏「EUにおける中小企業と金融の動向」『商工金融』第56巻第8号, 2006年8月, 中小企業庁『中小企業施策総覧』2006年, SBA, SBS, 3i Group, 東京中小企業投資育成株式会社, KfW Bankengruppe の各ホームページを参照した。

11) イギリスでは，年商100万ポンド以下の企業にたいする貸出を中小企業向け貸出としている。

12) イギリスで中小企業の経済的・社会的な重要性が認識されたのは，1971年のボルトン委員会においてであった。同委員会の報告書は金融を含む幅広い中小企業支援策の必要性を説いた。しかし，その理念が実践されるようになったのは，失業率が10％を超え，ストライキが頻発しはじめた1980年代に入ってからであった。

13) ICFCは1973年に大企業にたいし設備資金を融資する機関である産業金融会社(Finance Corporation for Industry, FCI)を吸収しFFI(Finance for Industry)となり，83年にはFFIが3i Groupに改組された。いずれも株主はイングランド銀行と大銀行である。

14) 3i Groupの資金は，約50：50で中小企業と大企業に配分されている。

15) その他のSBAの金融支援プログラムとして，「504(CDC)ローン・プログラム」—公開開発会社(Certified Development Company)を通じ，土地や建物など固定資産にたいして長期融資保証を実施する，「マイクロローン・プログラム」—SBAが承認する地域開発NGO(全米170社)を通じ，3万5000ドルまでの小口融資を行う，「中小企業投資会社(Small Business Investment Companies, SBICs)プログラム」—SBAはSBICsが発行する社債に政府保証を与えSBICsの資金調達を援助し，SBICsは成長期の中小企業に出資や社債引受，長期融資を実施する，「災害ローン・プログラム」—個人ならびに民間企業(農業を除く)の災害被害にたいし長期的に資金援助するための直接融資プログラムを実施する，がある。

16) KfW中小企業銀行の貸付は金融機関を経由した間接融資であるため，中小企業は通常の取引金融機関(メインバンク)にたいして貸付の申請を行う。KfW中小企業銀行の貸付はまずメインバンクにたいしてなされ，メインバンクはKfW中小企業銀行にたいして支払う金利にマージン率を上乗せして中小企業に貸付を行う。このためKfW中小企業銀行からメインバンクへの貸付は一括でなされるのではなく，個々の中小企業の申込ごとに行われる。

17) KfWおよびKfWバンクグループの出資構成は，連邦政府が80％，州政府が20％である。また，KfWバンクグループの4つの事業部門とは，KfW支援銀行(KfW Förderbank)—公共のインフラ整備投資，社会教育プログラム，エネルギーおよび住宅建設に関する支援，貿易投資銀行(KfW IPEX-Bank)—輸出およびプロジェクトファイナンス(ドイツ国外のものが中心)を実施，KfW開発銀行(KfW Entwicklungsbank)—途上国向けの経済協力を実施，そしてKfW中小企業銀行(KfW Mittelstandsbank)である。

第1章　日本の中小工業と商工組合中央金庫の創設

第1節　第一次大戦期から大正末年における中小工業問題の発展とその施策

　日本の中小工業[1]問題は，日露戦争後の深刻な不況期に，中小工業者の金融問題としてはじめて登場した。これにたいして，農商務省は，1911(明治44)年に中小工業政策の具体的な構想をはじめて打ち出し，金融改善の方法としては，信用組合の普及を図る一方，大蔵省預金部により資金の撒布を行った。

　本節では，第一次大戦期から大正末年までの中小工業問題の発展過程を観察し，中小工業の金融改善にたいする政府の施策を考察したい。

1．中小工業問題の発展

(1)　第一次大戦期

　1914(大正3)年7月に勃発し18年11月まで続いた第一次大戦は，08年以降の慢性的不況により沈滞していた日本経済を空前の好況に導いた。しかし，大戦の当初は，国際信用機構の機能停止および外航船舶不足による海外市場の梗塞と先行きの不安とから，08年以来の国内の不況を一層激化させた。中小工業もその打撃を受け，なかでも絹織物，綿織物，生糸などの輸出向け中小工業は，輸出障害によって深刻な様相をあらわした。表1-1と表1-2をみると，13年から14年にかけて，主要な中小工業製品のほとんどが生産高および輸出額を大きく減少させていることがわかる。しかし，15年に入る

表 1-1 主要中小工業製品の生産高の推移

(単位：100万円)

	絹織物	絹織物	マッチ	石鹸	陶磁器	メリヤス	漆器	ブラシ・ハケ	花筵・ござ	玩具	卸売物価指数
1912年	117.4	152.7	14.1	5.4	16.5	—	9.0	2.4	5.1	2.2	132.1
13(大正2)年	120.3	165.4	14.2	6.4	17.7	—	9.6	3.4	5.4	3.0	132.3
14年	102.5	150.4	15.5	7.2	15.7	—	8.7	3.2	4.0	3.1	126.3
15年	121.7	182.4	22.8	8.6	17.5	—	9.8	3.4	3.7	5.4	127.8
16年	160.1	304.5	27.8	12.5	25.2	—	10.6	4.3	5.3	9.1	154.6
17年	219.7	396.1	33.1	19.5	29.3	—	12.9	5.9	4.8	10.0	194.5
18年	378.0	624.2	39.7	20.9	44.2	—	16.2	9.4	8.0	12.1	254.8
19年	674.0	1,033.8	46.0	25.9	64.7	94.2	24.2	11.2	11.7	15.5	312.1
20年	467.4	693.6	49.0	23.4	62.8	53.3	21.2	9.1	11.9	25.2	343.2
21年	503.2	663.5	34.3	27.8	54.1	64.5	23.3	6.2	10.9	8.3	265.1
22年	421.6	638.1	28.6	29.8	60.5	55.1	25.0	8.8	8.3	8.8	259.0
23年	405.2	692.7	20.4	26.4	64.7	49.8	27.8	10.1	10.0	8.5	263.5
24年	425.7	744.1	19.9	36.4	68.5	56.5	30.2	8.2	10.4	9.9	273.2
25年	413.8	771.9	19.2	38.1	78.2	65.1	30.9	5.4	9.9	12.8	266.8
26年	426.9	738.2	15.7	43.1	74.0	55.1	30.4	5.7	8.0	12.9	236.7
27(昭和2)年	411.1	718.5	14.5	44.6	74.4	67.6	34.5	5.1	7.8	12.5	224.7
28年	482.7	778.0	12.4	47.7	76.7	65.8	36.0	5.1	8.1	13.1	226.1
29年	445.6	730.5	9.9	46.4	74.8	66.0	33.9	4.9	8.8	16.5	219.8
30年	391.6	493.3	7.5	41.7	62.4	61.6	28.2	3.4	5.4	13.9	181.0
31年	376.8	418.1	6.7	35.2	54.2	54.3	25.7	3.5	5.0	11.8	153.0
32年	408.9	526.1	7.3	38.1	65.3	59.6	26.6	4.3	5.0	18.2	169.8
33年	464.2	696.1	9.2	44.9	85.2	73.5	30.0	5.1	6.5	31.8	194.5
34年	554.5	806.3	10.0	51.0	92.4	85.6	36.3	6.8	8.0	36.1	198.4
35年	579.2	810.4	12.7	60.0	99.4	84.9	38.4	5.7	7.1	37.7	203.3

注) 卸売物価指数は1900年10月を100とした。
出所) 大川一司、篠原三代平、梅村又次編『鉱工業』(長期経済統計10)、東洋経済新報社、1972年、第3部資料。

表 1-2　主要中小工業製品の輸出額の推移

(単位：1,000円)

	1913年(大正2)	14年	15年	16年	17年	18年	19年	20年	21年	22年	23年	24年	25年	1927年(昭和2)	28年	29年	30年	31年	32年	33年	34年	35年	36年	37年
綿織物(白・綾・縞・木綿)	14,482	16,211	16,377	20,666	41,890	70,444	82,532	102,295	41,052	42,812	35,709	51,644	76,934	115,445	92,449	106,790	74,665	51,263	66,479	87,479	96,600	87,603	97,591	120,842
〃 (縮緬)	1,890	1,345	1,365	3,099	4,005	6,938	6,721	7,872	5,898	8,608	5,894	9,172	10,044	8,343	6,830	5,979	4,412	3,436	3,870	5,158	7,583	4,816	3,853	2,892
〃 (綿ブラン)	1,247	1,087	1,877	6,140	10,837	9,614	11,242	12,339	6,740	7,317	9,468	11,822	17,838	19,339	13,666	17,130	14,257	7,755	10,098	11,456	12,383	9,826	9,518	13,769
羽二重	34,882	30,890	38,557	41,276	47,482	70,178	101,289	91,222	43,558	53,491	38,305	57,368	36,883	38,150	33,040	30,365	15,844	6,552	6,334	6,823	8,314	9,844	10,840	17,393
絹織物(羽二重を除く)	783	462	1,074	2,844	4,901	22,275	37,162	35,117	17,846	22,980	16,357	24,211	27,545	76,837	71,397	69,988	30,934	27,341	40,447	52,071	59,900	62,065	51,844	51,652
毛織物	180	568	16,168	5,797	4,000	3,287	4,992	5,103	3,001	3,235	3,163	4,274	4,863	2,530	3,341	4,153	2,758	1,396	4,481	12,377	29,849	32,401	45,956	50,082
タオル	—	—	—	—	—	—	—	—	—	—	—	—	—	3,376	3,395	3,723	2,967	2,014	3,824	6,041	7,216	6,477	6,830	8,935
陶磁器	6,637	5,913	6,952	12,040	14,473	19,957	22,629	31,452	20,791	21,210	23,460	25,437	35,272	30,492	34,643	36,963	27,171	19,307	22,937	35,634	41,877	42,735	43,192	53,369
メリヤス(シャツ・靴下)	10,610	10,114	12,148	32,108	21,602	23,336	35,034	34,470	12,499	15,607	18,720	19,873	27,947	25,093	27,379	29,673	23,846	16,478	25,955	40,271	44,172	44,331	42,915	50,816
燐寸	11,864	11,052	14,717	21,103	24,585	27,742	32,968	28,453	16,239	15,562	10,649	9,213	8,732	8,156	5,118	3,715	2,965	1,409	938	3,249	3,209	2,929	2,174	2,103
莫大(麦稈・麻)	14,263	13,710	13,787	15,645	17,079	11,498	18,489	7,200	7,012	11,167	9,832	9,158	12,273	8,404	4,651	5,137	3,447	1,793	3,137	7,104	7,991	3,702	4,124	4,791
硝子製品	1,150	1,147	2,622	5,687	6,581	5,989	7,655	11,936	5,331	4,028	4,434	4,030	5,978	8,337	8,416	7,031	5,873	4,249	5,096	7,954	9,599	11,917	12,811	17,682
刷子	2,284	2,695	3,872	5,301	6,074	10,300	10,600	9,001	4,082	5,424	8,574	6,575	6,864	5,631	5,118	1,091	2,965	2,279	2,928	4,457	5,246	5,117	5,633	6,917
鉄製品(琺瑯鉄器ほか)	—	—	—	—	2,702	3,766	5,329	6,337	3,224	4,194	4,537	5,621	6,908	12,060	13,687	15,196	14,095	10,249	14,193	26,897	35,277	37,504	40,302	54,116
自転車・同部品	173	342	365	308	402	443	458	753	2,301	1,963	1,877	2,558	3,432	2,905	3,301	6,034	12,113	18,897	17,440	12,115	18,904	17,436	20,575	23,451
ハンカチーフ	5,001	2,369	2,732	4,325	4,662	8,980	7,603	8,685	3,186	4,012	3,165	5,672	6,315	5,915	5,205	4,448	2,257	1,631	1,403	2,464	4,308	3,953	4,192	5,638
帽子	5,619	4,238	3,308	6,663	5,981	6,715	8,579	6,817	3,456	5,555	3,941	4,818	9,067	9,409	12,194	18,129	9,364	8,167	7,713	13,927	17,860	16,284	19,736	26,337
電球	1,331	1,238	2,240	5,096	8,213	7,165	6,777	8,523	4,456	4,094	4,205	5,051	6,248	3,223	4,532	5,400	5,316	5,875	10,187	10,167	8,942	7,637	9,847	10,645
玩具	2,489	2,591	4,533	7,640	8,409	10,190	13,001	21,189	7,003	7,414	7,140	8,300	10,788	5,610	8,762	10,973	9,739	5,230	7,035	11,811	10,114	10,260	10,979	11,885
ボタン	2,960	2,526	3,598	6,082	5,883	8,467	8,452	8,108	3,221	5,493	6,500	7,857	7,745	8,753	6,533	6,173	4,684	3,783	—	—	—	—	—	—
洋傘	1,830	1,730	1,526	2,186	2,305	3,778	4,333	3,549	2,236	2,296	2,059	3,667	3,997	—	—	—	—	—	—	—	—	—	—	—
生糸	188,916	161,797	152,030	267,036	355,155	370,337	623,618	382,716	417,124	670,047	566,169	685,365	879,657	741,228	732,697	781,040	416,649	355,394	382,366	390,901	286,794	387,032	392,809	407,118

注) 羽二重を除く絹織物は、1913～18年は縮緬、19～25年は縮緬・縮子。
出所) 内閣統計局編『日本帝国統計年鑑』(復刻版)、東京リプリント出版会、第34回 (1915年)～39回 (21年)、第41回 (1922年)～45回 (26年)、第48回 (1929年)～57回 (38年)、「貿易」。

と事情は一変した。わが国の輸出貿易は交戦諸国から殺到する軍需品の買付と,ヨーロッパ諸国が東アジア市場への商品の供給力を後退させたことによってめざましい躍進を遂げ,貿易収支に巨額の受取超過をもたらした。日本の貿易収支は,13年には7860万円,第一次大戦の勃発の年である14年には30万円の支払超過であったが,一転して15年からは1億5670万円,16年3億6790万円,17年5億9130万円,18年2億7500万円の受取超過となった[2]。この空前の輸出増進に支えられ,また外貨の流入によってもたらされた金融の緩慢化にも促されつつ,15年3月ごろから国内の生産活動はにわかに活発化した。こうして呼び起こされたいわゆる「大戦ブーム」は,ほぼ第一次大戦の全期間にわたって継続し,これを通して国内の諸産業の著しい発展がみられた。産業別の事業計画をみると,18年の事業計画は,総計において14年のそれの10.7倍に達し,なかでも製造業21.9倍,鉱業17.9倍,海運業10.2倍,電気電燈業5.0倍であり[3],第一次大戦中に事業の新設・拡張がいかに激烈であったかがうかがえる。そして,製造業の16〜18年の事業計画高(合計48億9813万円)のうち化学工業,機械器具工業,金属工業のそれが最も大きく[4],このことは重化学工業が第一次大戦を契機に急激に発達したことを物語っている。

　この間,中小工業の発展もまためざましいものがあった。前表1-1と1-2をみると,主要な中小工業製品の生産高と輸出高は,14年から19年にかけての6年間に,それぞれ平均で4.7倍,7.2倍に増大している。同期間に卸売物価が2.5倍に騰貴していることを考慮しても,中小工業製品の生産高と輸出高の拡大がいかに急激であったかがわかる。また,第一次大戦期におけるこのような業況の発展により,中小工業が全般にわたって日露戦争後の好況に数倍するような蓄積を得たことは容易に推察できよう。そして,かかる蓄積を基礎にして,技術的には電力の普及に促されて,日露戦争前後から徐々に進みつつあった中小工業の機械化・動力化[5]は一挙に進行したのである。生産の機械化の指標として原動機使用工場数の割合を従業員規模別にみると,14年から20年にかけて,従業員30人以上の工場では機械化がほぼ完全に行きわたり,従業員5〜30人未満の小工場でも急激に機械化が浸透し

20年には約6割の工場が原動機を導入していた[6]。

　しかし，中小工業の機械制生産の発展は第一次大戦による市場の異常な膨張と電動力の普及といった特殊な条件の下で促進されたために，その生産組織の発展は不十分であったことに注意しなければならない。例えば，古くからの在来の絹織物，絹綿交織物，縞木綿，絣木綿，縮木綿，陶磁器，漆器などの独立した小工場経営では，主要な生産過程に機械が導入されたが，他の諸過程は手作業のままで，マニュファクチュア的生産組織が維持された。この場合，依然として商業資本により前期的な諸制度で支配される形態が多数を占めていた。一方，明治中ごろに海外から移植されたメリヤス，ブラシ，マッチ，石鹸，琺瑯鉄器，貝ボタン，タオル，玩具，豆電球，洋傘などといった都市の小工場経営では，その生産の機械化は織物業経営のように生産の集中を引き起こすことなく，経営外部に諸加工工程を存続させたまま推進されるのが一般的であった。そこでは，工場経営者が関連諸工程を零細経営に下請あるいは委託加工させるか，あるいは工場をもたない製造問屋が小工場や家内工業に原料を与えて加工製造させる問屋制小工場経営が広範に形成された[7]。そのうえ，前期的な経済諸関係を残し生産組織の発展が不十分であった小工場経営は増加・残存し続けたのである。このことは，第一次大戦後の不況期に中小工業問題を深刻化させることになった。表1-3をみると，14年から19年の間に，従業員5〜29人の小工場は全体のそれぞれ82.7％，81.4％を占めており，またその工場数は9584増え，これは全工場の増加数1万2265の78.1％にもおよんでいた（従業員5〜9人の零細工場は全体の46.3％，45.8％を占め，その工場数は5480増え，これは全増加数の44.7％であった）。

(2)　反動恐慌期

　第一次大戦による異常な好景気は1919(大正8)年4〜5月ごろには鎮静に向かい，20年3月には第一次大戦以来の過剰蓄積と極端な信用膨張の反動から恐慌が起こった。反動恐慌は，20年3月15日の東京株式市場の崩壊をきっかけとしてはじまり，つづいて4月初めには商品市場の崩落，中旬には諸

表1-3 従業員規模別工場数お

	5〜9人		10〜29人		30〜99人	
	工場数	従業者数	工場数	従業者数	工場数	従業者数
1914(大正3)年	14,554	105,354	11,452	202,820	4,102	222,124
19年	20,034	157,848	15,556	299,517	5,902	359,659
20年	①30,279	①288,067			5,631	337,856
21年	23,924	184,330	17,037	322,173	6,029	360,999
22年	23,056	175,512	15,678	292,849	5,288	313,309
23年	23,210	173,600	16,033	288,814	5,903	327,616
24年	23,261	171,912	16,306	291,753	6,096	338,771
25年	23,769	177,509	16,586	295,673	6,015	336,931

注) ①は従業員数5〜14人の規模の数値であり，②は1〜4人の規模を含む数値である。なぉ
た。
出所) 通商産業大臣官房調査統計部『工業統計50年史』(資料編第1巻)，龍溪書舎，1987年，

府県の中小銀行の取付と破綻にまで発展した。4〜7月にわたる4カ月間に預金取付を受けた銀行は169行にのぼり(本店銀行67行，支店銀行102行)，休業を余儀なくされた銀行は21行に達した[8]。しかも，銀行界では20年4月の増田ビルブローカー銀行の破綻以後，長期貸出はもちろん短期コールも出し渋りがちとなり，諸商品，有価証券の下落によって銀行の業者にたいする信用は失われ，金融の梗塞はますます激化し，「銀行は確実なる担保に対してさえ貸出を躊躇し，手形の切替を避け，殊に株式担保の貸出は全く之を為さざるの状態となれり」[9]といわれるほどであった。そして，この金融の梗塞は投機的思惑をまったく逼塞させ，商品市場の崩落をさらに深化させた。代表的な商品について20年中における最高値と最低値をみると，最低値は最高値のほぼ半値以下となっており，特に第一次大戦末に激しい投機の対象となり，それ故に反動恐慌の過程で最も激しい混乱を引き起こした綿糸と生糸は3分の1にも落ちている[10]。

ところで，このような反動恐慌は激烈なものであっただけに，輸出向けをはじめ中小工業に広範囲におよぶ打撃を与えた。前表1-1と1-2によって，19年から21年における主要な中小工業製品の生産高と輸出高をみると，どの品目も一様に減少の傾向をたどっており，卸売物価が低下したことを考慮しても，この時期の中小工業の生産活動および輸出活動が極めて停滞的で

び従業員数

100～499 人		500 人以上		総　　数	
工場数	従業者数	工場数	従業者数	工場数	従業者数
1,141	225,525	209	253,633	31,458	1,009,456
1,869	421,499	362	569,889	43,723	1,808,412
1,717	377,454	373	568,658	45,576	1,757,670
1,790	405,354	372	544,022	② 87,092	② 1,887,597
1,742	411,115	420	678,309	46,184	1,871,094
1,855	403,569	490	745,572	47,491	1,939,171
1,939	428,339	495	737,251	48,097	1,968,026
1,963	436,481	517	749,261	48,850	1,995,855

21 年の従業員数 4 人以下の工場数は 37,840 で，従業者数は 70,719 人であっ

80-181 頁。

あったことは明らかである。特に，綿，絹，麻，メリヤスなどの機業地では，第一次大戦以来の好況にのって機台の増設および工場の拡張が進められ生産過剰の傾向にあったため[11]，反動恐慌に転ずるや多量の滞貨が発生し休業に陥るほかない状態となった。滞貨の状況を全国重要倉庫貨物残高でみると，20 年 3 月は 9 億 8332 万円だったものが 7 月には 12 億 8529 万円と激増し，これを商品別にみると，特に滞貨が多かったのは織物，綿花，薬品染料，金物，羊毛・毛糸，糸類で，織物は 1 億 4491 万円から 2 億 3185 万円へと 1.6 倍の増加を示した（個数では 20 万 3742 から 46 万 7064 へと 2.3 倍の増加[12]）。こうして，川俣の羽二重機業では早くも 4 月 1 日から機台全部の 2 カ月間の休機を実施し，遠州織物組合では 16 日から 2 カ月間の休業を申し合わせ，伊勢崎同業組合も 10 日に生産制限を申し合わせた。これは 4 月下旬に入るとさらに拡大していった[13]。しかし，小零細の機業家にとって休業や生産制限に耐えることは困難であったから，多数の破綻廃業をだす結果となった。例えば，19 年から 21 年の間に，絹，綿，麻，雑織物の機業戸数（工場，織元，賃織業）は全体で 55 万 5725 から 48 万 8248 へと 6 万 7477 減少しているが，これは従業員 10 人未満の工場が 27 万 7079 から 24 万 2392 へ，賃織業が 25 万 6914 から 22 万 3232 へと減少したことによるものであった[14]。反動恐慌が零細経営に深刻な打撃を与えたことがわかる。しかも，機業におけ

る金融難は、休業や生産制限などによって解決されるものではなかった。18, 19年ごろまでは原料糸にたいする代金の支払いは、綿糸商あるいは綿糸商兼営の買継商から1カ月ないし3カ月の延払をするか、または製品代金として振り出す買継商の約束手形や機業経営者自身の手形で支払いえたので、運転資金の準備は少額でも経営を維持することが可能であり、機業経営者が運転資金の調達に困ることはなかった。ところが、反動恐慌によって、諸府県の中小銀行の取付と破綻が相次ぎ、しかも諸商品、有価証券の下落によって銀行の業者にたいする信用は失われ、金融の梗塞が激化すると、綿糸紡績会社は原綿買入が現金支払となったことを理由に、紡績会社と綿糸商との取引は着荷翌日現金払を条件とすることにした。そして、これを契機に綿糸商あるいは綿糸商兼営の買継商による原料糸の延売および手形取引は廃止ないしは縮小され、また機業経営者は現金支払をするように厳重に定められた。こうして機業経営における運転資金の金融問題が表面化することになったのである。このような事情は、全国の各機業地で多かれ少なかれ見出されるところであった[15]。

このように20年の反動恐慌は中小工業に広範で深刻な打撃をおよぼしたが、こうしたなかで中小零細経営の工場数および従業員数が大きく増加したことに注意しなければならない。前表1-3をみると、19年から21年の3年間に、従業員100人以上の大工場では工場数69、従業員数4万2012人の減少がみられたのにたいし、従業員5〜99人の中小工場では工場数5498、従業員数5万478人が増加したことがわかる(特に5〜9人の零細工場では工場数3890、従業員数2万6482人と増加が大きかった)。このことから、反動恐慌の過程において、従業員100人以上の大工場では第一次大戦中に拡大した事業規模の縮小整理が行われたこと、5〜99人の中小工場では生産力の劣弱な経営の淘汰と整理が繰り返される反面、窮乏化しつつも存続するものや、家内工業的な零細経営の絶え間ない生成が発生し、中小工業の構造的な性格が明確に現れるようになったことがうかがえる。

(3) 反動恐慌後の不況期

　1920(大正9)年の反動恐慌は政府・日本銀行の広範な救済政策や生産制限によってこの年の下半期には次第に鎮静し，翌21年の下半期に入ると景気昂揚の様相を現しはじめた[16]。しかし，この景気昂揚は，再生産過程の拡張を根底とした景気昂揚ではなかったため，早くも21年の秋には頭打ちの状態となった[17]。そして，22年2月に石井定七商店が破綻し，その機関銀行である高知商業銀行が3月に臨時休業に陥ると，経済界は再び不安と動揺につつまれ，やがて同年10月における銀行恐慌へ発展する[18]。この銀行恐慌も政府・日本銀行の救済政策によって12月末には一応鎮静したが，次の年の23年9月に関東大震災が起こり，日本の経済界は三たび大きな打撃を受けることになった。こうして，20年の反動恐慌以後の日本資本主義は「不況から不況へ」といわれる沈滞模様のまま昭和年代に入ることになる。殊に，反動恐慌以来の救済政策は政府の支出にもとづくインフレーション的政策であったため，国内の産業企業は徹底して整理されず沈滞したまま存続し，これに関連する銀行とともに経営悪化を深め大正年代を終わることになる。

　ところで，反動恐慌後の不況の継続過程(これにともなう救済政策の展開過程)は，第一次大戦中に引き続いて成長していた重化学工業を主軸とする日本産業の合理化と独占強化の過程でもあった。すなわち，財閥を中核として，鉄鋼業をはじめ造船，石炭，電力，化学，繊維などあらゆる産業部門で生産と資本の高度な集中が進み，さらに各産業部門に続々とカルテルやトラストが形成されたのである。このように企業の集中・独占が進んだが，他方では厖大な数の中小工業が残存していた。そこでは過当競争はいわば宿命的であったのであるが，この時期に独占資本の圧力がその上に加わることによって，それは一層深刻なものにならざるをえなかった。このことが，同業者の続出や濫造・乱売の原因となり，中小工業の経営をより不安定なものにしたのであった。24年の農商務省工務局の調査は，生産力の劣弱な諸経営間の過当競争が，中小織物業全体の困窮をもたらしている実状を述べている[19]。また，前表1-3をみると，21年から25年にかけて，従業員100人以

表 1-4　資本

年次＼公称資本金	10万円未満	10万円以上	50万円以上	100万円以上
1920 (大正 9)年	295(22)	476(36)	290(22)	142(11)
21年	295(16)	606(33)	469(25)	252(14)
23年	232(14)	525(31)	442(26)	281(16)
24年	207(13)	495(30)	422(26)	276(17)
25年	189(12)	465(30)	392(26)	262(17)
26年	168(12)	408(29)	368(26)	253(18)
1927 (昭和 2)年	140(11)	350(27)	327(25)	251(19)
28年	99(10)	250(24)	267(26)	217(21)
29年	70(8)	176(20)	235(26)	209(24)
30年	51(6)	138(18)	212(27)	192(25)
31年	32(5)	89(13)	189(27)	196(28)

注)　( )内は％。
出所)　加藤俊彦『本邦銀行史論』東京大学出版会, 1978年, 290頁 第117表。

上の大工場では工場数は2162から2480へ，従業員数は94万9376人から118万5742人へと増加しているのにたいし，5～99人の中小工場ではそれぞれ4万6990から4万6370へ，86万7502人から81万113人へといずれも減少していた。反動恐慌後の不況期に中小工業が過当競争によって窮迫し，整理・淘汰を余儀なくされたことがうかがえる。

そのうえ，反動恐慌後の信用の収縮と中小銀行の整理によって，中小工業の資金難は切実なものになっていた。第一次大戦を契機とする未曾有の好況期に銀行はその信用を大きく膨張させたが[20]，その際，これら銀行には機関銀行の性格をもつものが多かったために，その貸出は特定企業に集中する傾向を強くもっていた。そこへ反動恐慌が襲来し多くの企業が破滅に追い込まれることになったから，企業と結びつきの強いこれら機関銀行の貸付の固定がより増大することになり，銀行の経営内容は甚だしく悪化した[21]。そのため反動恐慌以来，金融市場は緊張を続けることになり[22]，やがて22年末の銀行恐慌へと発展する。そして，翌年の23年9月には関東大震災が起こり，東京，横浜では銀行のほとんどが罹災し，金融は杜絶した。

また，反動恐慌以降の不況の継続過程において，特に中小工業と結びついていた地方の中小銀行の固定貸付は甚だしかったが，そのような銀行が相当数存在していたことは表1-4によって推察できるであろう。資本金500万円

規模別の銀行数

200万円以上	500万円以上	1,000万円以上	5,000万円以上	合　計
61(4)	34(3)	26(2)	7(0)	1,331(100)
119(7)	56(3)	31(2)	7(0)	1,835(100)
126(7)	53(3)	28(2)	9(1)	1,696(100)
123(8)	55(3)	43(3)	8(0)	1,629(100)
127(8)	51(3)	43(3)	8(1)	1,537(100)
120(8)	50(3)	45(3)	8(1)	1,420(100)
112(9)	48(4)	47(4)	8(1)	1,283(100)
103(10)	46(4)	41(4)	8(1)	1,031(100)
99(11)	43(5)	41(5)	8(1)	881(100)
98(13)	43(5)	41(5)	7(1)	782(100)
92(14)	39(6)	39(6)	7(1)	683(100)

未満の中小銀行が21年には1741行(100万円未満の小銀行は1370行)，25年においても1435行(1046行)も存在していた。これら中小銀行の多くは，資金を固定したまま不断の動揺を続けていたから，反動恐慌後の慢性的不況の過程で淘汰されていかざるをえない存在であった。しかし，政府・日本銀行の救済政策は，財界の整理を遅延させ，これによって逆にこれら中小銀行の存続を可能にしたのであった。このように経営の不健全な中小銀行が多数存在していることは，財界を不断の不安に陥れるとして，大銀行にとってもまた政府当局にとっても放置できない問題であった。そのため不良な中小銀行の整理を強行する必要があった。したがって，政府の銀行合同促進政策がどうしても打ち出されなければならなかった。そこで，政府は1920(大正9)年8月に銀行条例を改正し，銀行合併の手続きを簡素化し合同を容易にできるようにした。そして，21年11月に大蔵大臣高橋是清は第21回関西銀行大会で，資力が薄弱で動揺を続ける地方の中小銀行間の合同を促進する方針を明らかにし[23]，この方針にもとづいて地方的銀行合同政策が実現に移されていった。銀行合同がどのように進行したかをみると，21年から26年の間，合同参加銀行数は毎年100〜200行を数え，消滅銀行数は毎年100行前後であった[24]。しかも，この消滅銀行はだいたいにおいて中小銀行であった。前表1-4によれば，同期間に資本金500万円未満の中小銀行は1741行

から1317行へと激減している(10万円未満の弱小銀行は295行から168行へとおよそ半減している)。かくして，20年の反動恐慌後の慢性的不況期において，中小工業の金融は信用の収縮も相俟って一層逼迫することになり，同時に中小銀行の整理も進み，中小工業の金融梗塞の構造的性格が浮き彫りにされることになった。

2. 中小工業の金融問題にたいする施策

(1) 1914(大正3)年貿易関係中小工業救済融資

　1914(大正3)年7月に第一次大戦が勃発するや，大戦の見通しはまったく立たず，したがって当面の国際取引の杜絶によって貿易の前途も見込みがつかなかったため，輸出商品相場は毎日崩落を続け，外商は先物契約を破棄し，貿易・対外金融関係はそのため破壊された。このため輸出関係業者は滞貨を抱えて困窮し，争ってその商品を担保に一時の融資を求めた。しかし，銀行にしてみれば輸出が止まっている以上，警戒を厳重にして容易に業者の要求に応じないのは当然であった。特に，日露戦争前後から設備に資金を投じ，機械制工場経営に成長した輸出関係中小工業の運転資金難は深刻で，大幅な操業短縮や休止を余儀なくされた[25]。政府は，このような事態にたいし，日本興業銀行(興銀)および日本勧業銀行(勧銀)を臨時に動員して，輸出入関係中小工業者の救済のために預金部資金を放出し，特別融資を実行することにした。すなわち，大蔵省は，興銀にたいして，14年9月18日に興業銀行債券300万円の預金部引受を承諾し命令書を交付した。命令書の内容は，救済貸付は①指定した輸出重要品または輸入代用品工業に関係する事業会社または個人にたいするものであること，②一口の金額が巨額とならないこと，ならびに小工業を優先すること，③普通銀行の救済金融と重複しないこと，などであった[26]。また勧銀にたいしては，同年10月19日に勧業銀行債券500万円が預金部によって引き受けられ，指定した重要輸出品の生産業者(個人・産業組合を含む)で，商業銀行から融資を受けることができない小工業者または家内工業者について，営業を維持するのに必要な金額を限度として，貸付を行うよう通達している[27]。そして，この救済貸付は特別・緊急

の措置として，次のような特色ある方法で行われた[28]。第一に，興銀経由の資金は府県の普通銀行を通ずる代理貸付であったが，勧銀経由の資金は個人にたいしては不動産を抵当として農工銀行・北海道拓殖銀行を通ずる代理貸付であり，産業組合にたいしては無抵当の直接貸付であった。第二に，融通利率は，興銀，勧銀および直接貸付の銀行とも通常の利率であって，特に低利ではなかった。第三に，この救済貸付には，興銀と勧銀との間で，その救済の対象とされる事業規模において異なる区分があった。すなわち，勧銀は興銀よりもさらに小規模で経営と家計とが分離していない小工業者および家内工業者を主たる対象としたのであるが，興銀は中工業的な小工場経営を対象としたのである。こうして，勧銀ならびに興銀は，直ちに各府県に貸出の具体的方法を通知し，「特別産業資金」と称してその受付を開始した。資金の消化は好成績であり，かつ回収も順調であった[29]。この特別資金は，1911(明治44)年に農商務省工務局で立案された中小工業金融対策[30]の一端が実現されたという点で意義深い施策であり，その後しばしば行われた中小工業にたいする特別融資の先駆となった。しかし，15年に入ると，諸外国から輸出品の注文が国内に殺到して情勢は一変し，金融は急速に緩和しはじめた。各地方工業物産地の普通銀行でも，問屋・仲買発行の約束手形の割引が広く行われるとともに，商業資本の資金前貸条件も緩和され，一部では中小工業者自身が振り出した手形も割り引かれるなど，運転資金難は表面的には著しく好転した[31]。ここに至って，貿易関係中小工業救済融資は不必要とみられ，1年限りで打ち切られた。

　では，この貿易関係中小工業救済融資の実績についてみてみよう。まず，興銀の貸付については，受付開始後1週間目の14年9月25日までに478万円の申込がなされ，府県の普通銀行を通じて合計337万円が実際に貸し出された(申込額の70.5%)。内訳は，重要輸出品製造業に170万円(貸出額の50.4%)，重要輸入代用品製造業に142万円(42.1%)，産業に直接関係ある交通および動力事業に25万円(7.4%)と記録されている[32]。ただ，興銀からの救済融資は，前述したように輸出入関係の小工業を優先することとされたが，実際には普通銀行を通ずる代理貸付であったため，銅精錬業，電気供給業，

鉄道業などの大企業にもかなり融通されていた。例えば，銅精錬業には45万円(貸出額の13.4%)，電気供給業には25万円(7.4%)が貸し付けられていた[33]。またこの救済融資の多くの部分は，東京府・大阪府の大都市に向けられていた。東京府にたいしては150万円，大阪府には59万円が貸し付けられ，2府の合計額が実際の貸出額全体に占める割合は62.0%にのぼった[34]。次に，勧銀が貸し付けた金額は，直接貸付105万円，代理貸付(農工銀行経由)378万円で，合計483万円であった[35]。そして，貸付合計の78.3%を占める農工銀行経由の代理貸付は，養蚕農家の救済に多く向けられていた。このことは，代理貸付の53.7%にあたる203万円が養蚕業を含む生糸業に貸し付けられていたことや，代理貸付の多かった府県が長野43万円(代理貸付の11.4%)，兵庫35万円(9.3%)，愛知29万円(7.7%)の順であったことからわかる[36]。しかし，生糸業に次いで多いのが産業組合向け貸付であり(貸付額59万円，代理貸付の15.6%)，その他は陶磁器業(11万円，2.9%)，莫大小業(11万円，2.9%)，白木綿業(10万円，2.6%)，羽二重業(10万円，2.6%)，タオル業(9万円，2.4%)などの中小工業向けであったから[37]，勧銀の代理貸付は中小工業に融通されたものが少なくなかったといえよう。

(2) 1920(大正9)年反動恐慌救済融資と23(大正12)年震災恐慌救済融資

政府は，反動恐慌に直面した諸産業の救済を図るために，1920(大正9)年6月より日本銀行を用いて巨額の特別融資を実施したほか，預金部資金などの財政資金も放出して諸工業にたいする事業資金の貸出を行った。しかし，日本銀行の特別融資は，20年12月末までに2億4241万円(実績額，なお承認額は3億8529万円)と巨額にのぼったが，そのほとんどが銀行および株式市場の救済や綿糸シンジケート，製糖シンジケート，羊毛輸入団体および鉄・銅の滞貨などに向けられた[38]。また，預金部資金による事業資金は，21年2月までに4780万円(46口)が供給されたが，それは電力業，製紙・製粉業，海運・造船業，化学工業，鉱業などの大企業に貸し付けられた[39]。このように反動恐慌に際する政府・日本銀行の救済融資は，中小工業を対象としなかった。だから，中小工業の深刻な打撃にたいする措置は，同業組合による

生産制限や滞貨処分などの自治対策にまかせられ，政府による中小工業にたいする特別融資は見送られた。

しかし，23年9月の関東大震災の復旧に際しては，中小商工業向けの低利貸付が実施された。すなわち，政府は預金部資金を財源として，①中小工業者の復興助成のため興銀を通じて1000万円，②一般罹災商業者にたいし勧銀を通じて1000万円，罹災地の各農工銀行を通じて600万円，③広く中産以下の者にたいし建築ならびに事業復興資金融通のため勧銀を通じて1000万円，罹災地の各農工銀行を通じて500万円，興銀を通じて500万円，④罹災地の産業組合ならびに住宅組合にたいし1000万円，合計5600万円の救済貸出を行うことを表明した。これら①〜④のなかで，中小工業者にたいするものは①および③の興銀・勧銀経由のもので計2500万円であり，これらは14年の貿易関係中小工業救済融資以来の政府による中小工業向け特別融資であった。では，①と③について具体的にみてみよう。

①の特別融資について，興銀は臨時工業資金部の開設とともに，大蔵省預金部から興業債券引受による1000万円の資金援助を受け，「震災地小工業者救済及復旧資金」(略称「臨時工業資金」)という名称で，23年10月8日から1事業者の借入申込金額1000円以上〜10万円以下，担保は工場敷地，建物，機械，器具，資金使途は工場の建築修繕もしくは運転資金として，償還期限5年以内，年8分5厘の復旧資金の貸出を開始した。しかし，借入申込が殺到し，これにたいし翌24年3月に大蔵省預金部からさらに興業債券引受による500万円の援助申し出があったので，興銀は1事業者の借入申込金額を20万円と倍増するとともに，貸出範囲を拡張し，小商業者にたいしても有価証券担保手形貸付を開始した。この臨時工業資金は28年1月まで継続され，23年から4カ年半にわたる総貸出額は1857万円，口数は1008にのぼった。そして，この資金は圧倒的に工業者に融通されていた。27年12月末の臨時工業資金貸出残高1023万円のうち，工業者にたいするものは1012万円（口数704）で98.9％を占めていた(商業者向け貸出残高は10万円)。しかし，この工業者にたいする貸出残高について1口平均貸出額を算出すれば，それは1万4400円となり中小工業向け融資としては極めて高額に達し，そのう

えこの資金を受けるには相当な担保物件が必要であったから，臨時工業資金は中小工業のなかでも一部の中規模的な工業経営に多くが向けられたことは明白であり，担保をもたない小零細規模の工業経営の救済にはほとんど効果がなかったといえよう[40]。

③は「罹災地応急資金」と呼ばれ，興銀は罹災中小工業者の救済のため短期間のうちに439万円を貸し出した。これにたいして，勧銀は，罹災地の仮建築資金をはじめ中小零細な商工業者の営業復興資金の融通を担当した。この勧銀経由の罹災地応急資金は，大蔵省預金部が1000万円の勧業債券を引き受け，23年10月9日より貸し出されることになった。その資金の使途は，罹災地における住宅，店舗，事務所，倉庫などの応急建設および修繕資金，商業復興資金ならびに当面要求される産業資金であった。貸付利率は年8分5厘，貸付期限は15年以内とされ，罹災者一般に広く貸付の途を開くためになるべく小口貸付を優先し，また1口当たりの貸付金額は有抵当貸付では10万円以内，無抵当貸付(公共貸付)では20万円以内と制限された。このように勧銀経由の罹災地応急資金は，バラック建築や中小零細な商工業者の営業復興にあてられるものであり，小口貸付を優先するとされた。しかし，24年5月15日における勧銀経由の罹災地応急資金貸付残高は2029万円(口数1725)であり，このうち商工業者向けは1106万円(口数892)であったが，その1口平均貸付額は1万2400円とかなり高額であった。しかも，この罹災地応急資金貸付残高の97.7%(1982万円)が土地または土地付家屋を担保とする有抵当貸付であったから，土地を所有していない小零細な商工業者には融通の途が塞がれていたことは明らかである[41]。

(3) 信用組合の育成施策

　日本の中小工業問題は，1908(明治41年)年から14(大正3)年の慢性的不況期に，中小工業者の金融問題としてはじめて登場した。これにたいして，政府は，11年農商務省工務局の「中以下ノ工業ニ対スル施設」によって打ち出された中小工業政策の方針にしたがい，銀行の融資対象にならない中小工業者にたいし，産業組合法による信用組合を育成普及して資金借入の途を開

き，金融難を解決しようとした[42]。しかし，政府による信用組合の設立の奨励にもかかわらず[43]，大正初めにおける中小商工業者間の信用組合の設立は非常に低調であった。例えば，大蔵省銀行局『庶民銀行概観』には，13年における産業組合の組合員数のうち82％を農民が占め，工業者はわずか4％弱，商業者は7％弱にすぎず，信用組合は依然農民の機関であり，都市住民は未だその恩恵に浴していない，と述べられている[44]。これは，大正初年において，中小商工業者の間に，信用組合の設立はほとんどみられず，無尽金融(頼母子，無尽会社，講)が全般として流行していたことに原因があった[45]。14年12月の大蔵省調査「無尽ニ関スル調査」によれば，営業無尽は営業者831，会数1万4346，総契約金高1億3764万円にのぼっており，また無尽講に至っては報告の提出された17道府県のみで講数26万3108に達していた[46]。しかし，簡便な資金調達手段として無尽会社や無尽講をそのまま放置しておくことは，政府が育成しようとしている信用組合の設立の阻害要因となるばかりではなく，中小商工業者に著しい高金利が課せられ中小商工業の発展を妨げることになるなど弊害が大きかった。そこで，大蔵省は15年11月に無尽業法を制定し，営業無尽にたいしては免許制を実施して，厳格な取締りを行うことにした。この結果，無尽金融は急減することになり，やがて商工業者による信用組合の設立は増加に向かうことになった。営業無尽の営業者数は，無尽業法制定時には856あったが，施行後の16年末には136へと激減した[47]。これにたいし，人口1万人以上の市街地における信用組合(兼営を含む)は，16年末には330を数えるに至った[48]。

ところが，こうして都市中心に設立された信用組合から，組合員の出資口数が制限されている，預貯金の受入が組合員に制限されている，組合員の手形割引ができない，貸付範囲に制限がある，などと制度の不備の指摘と改正の要望が起こされた。そこで，農商務省は，信用組合制度の改正問題を，16年4月に設置された経済調査会に提出した。そして，経済調査会は，産業第3号提案「工業資金ノ融通ヲ円滑ナラシムル方法」の答申第4「中小工業者ニ対スル資金ノ融通ヲ潤沢ナラシメル件」(17年1月17日，金融産業貿易第三部連合会決定)で，信用組合に関する制度の改正を決議した[49]。この改正

案は，17年7月8日の産業組合法の第三次改正によって実現し，産業組合とは一応別個に，いわゆる市街地信用組合が発足することになった。市街地信用組合は，市または主務大臣の指定する市街地を地区とする信用組合であって，従来の信用組合には認められていなかった組合員にたいする手形の割引や，一定限度内での員外貯金の受入が認められたものの，販売・購買・生産などの他事業の兼営が禁止され，明確に都市の中小商工業者の金融機関として機能するものとされた。このため市街地信用組合の監督は，従来の信用組合が農商務省大臣の専管であったのにたいし，大蔵大臣との共管とされた。なお，この改正法の施行以後，市街地においては，市街地信用組合と産業組合法による信用組合が併存することになり，後者は準市街地信用組合と呼ばれた[50]。こうして制度的に確立した市街地信用組合は，反動恐慌後の慢性的不況期に梗塞した金融を協同の力によって打開しようとする気運が中小商工業者の間に高まったこと，また関東大震災後に罹災地において復興のため市街地信用組合が設立されたこと，さらに23年4月に産業組合を金融面から支援する親機関として産業組合中央金庫が創立されたことなどを理由として[51]，表1-5の通り次第にその設立を増加させていった。

　しかし，市街地信用組合は，17年の法律改正前の都市における信用組合と同様に，依然として商業資本を中心に運営されることとなった。同表で市街地信用組合の組合員構成比をみると，18年から25年にかけて，商業者の組合員数は全体の50～60％を占めるが，工業者のそれは14～15％にすぎなかった。また，32年12月末の数字ではあるが，市街地信用組合の貸出の使途をみると，貸出額（合計1億2722万円）の59.2％（7527万円）が商業資金であったが，工業資金はわずか8.0％（1013万円）であった[52]。このように，市街地信用組合は，商業者中心の組合員構成と商業資金中心の貸出という特徴をもっており，商業者本位の金融機関の性格が強かった。これは，市街地信用組合には金融以外の他事業の兼営が禁止されていたが，都市の中小工業には販売・購買・生産などの協同事業の兼営が必要であったこと，また大蔵および農商務両省の監督を避け改正前の信用組合を選択した方が有利であると判断したことの結果にほかならなかった[53]。かくして，市街地信用組合は

表1-5 市街地信用組合の組合数および組合員数構成

(単位：人, %)

	組合数	組合員構成比				合計
		農業者	工業者	商業者	その他	
1918(大正7)年	38	1,253 (9.4)	1,945 (14.6)	7,664 (57.5)	2,459 (18.5)	13,321 (100)
19年	52	1,645 (8.5)	2,717 (14.1)	11,223 (58.1)	3,740 (19.4)	19,325 (100)
21年	84	3,345 (7.6)	6,476 (14.3)	24,842 (54.8)	10,532 (23.3)	45,195 (100)
23年	176	6,671 (6.1)	14,899 (13.7)	55,502 (51.0)	31,742 (29.2)	108,814 (100)
25年	239	11,786 (6.0)	27,679 (14.2)	100,083 (51.2)	55,962 (28.6)	195,510 (100)
1930(昭和5)年	259	15,115 (6.0)	35,942 (14.3)	128,453 (50.9)	72,666 (28.8)	252,176 (100)
32年	267	16,467 (6.1)	37,591 (13.9)	136,869 (50.9)	77,834 (28.9)	268,761 (100)
35年	271	19,215 (6.0)	43,229 (13.6)	159,237 (49.9)	97,177 (30.5)	318,858 (100)

出所　菊地道男「大正・昭和初期日本経済と中小企業制度金融」（中央学院大）『紀要』第7巻1号，1989年，100頁（大蔵省銀行局編『銀行局年報』各年版）。

都市における中小工業者の金融機関としては発達せず，政府のねらいは完全に失敗に終わった。そして，信用組合が発達しないままに終わったことは，反動恐慌以後の中小工業の金融難をさらに激化させることになった。

第2節　金融恐慌から昭和恐慌における中小工業問題の深刻化とそれへの対応

　中小工業の金融難は，1927(昭和2)年の金融恐慌によって一挙に表面化し，30年の金輸出解禁後の恐慌期に共倒れ的過当競争をともないつつ社会問題化しはじめた。政府は，このような金融難についても，預金部資金による特別融資を実施したほかは，これまでと同様に工業組合の普及と組合事業による金融の改善に期待をかけていた。

　本節では，金融恐慌から昭和恐慌までに，中小工業の金融難がどのような過程をへて社会問題化したかを概観し，中小工業の金融問題にたいする政府の基本方針と施策について考察する。

1. 中小工業問題の深刻化

(1) 金融恐慌後における中小工業の金融問題

　1920(大正9)年の反動恐慌および23年の関東大震災後の政府・日本銀行によるインフレーション的救済政策は，業績不良の企業ならびにそれと結びついていた銀行の存続を可能にした。その矛盾は1927(昭和2)年3〜4月末の未曾有の金融恐慌となって現れた。1〜4月までに整理のため休業した銀行は38行(台湾銀行を除く)および，凍結された預金総額は8億8700万円に達した。この場合，破綻したのは主として地方の中小銀行であった。この休業銀行のうち，資本金1000万円以上の大銀行は近江銀行をはじめ4行であったが，500万円以下の中小銀行は34行にのぼり，このうち100万円以下の小銀行は24行であった[54]。すでにみたように，反動恐慌以後，地方の中小銀行の貸付の固定化が進み，その経営内容は次第に悪化してきた。これにたいして，政府は銀行合同政策を強化することによって，地方の不良中小銀行の整理と経営内容の健全化を図ろうとした。そのため21年ごろから地方の中小銀行を中心に合同はかなり進行した。ところが，銀行合同の当面の目標である銀行経営の健全化は必ずしも達成されなかった。むしろ，23年の関東大震災以降に銀行資金の固定化はさらに甚だしくなっていった[55]。したがって，金融恐慌は関東大震災以後に固定貸付をより増加させ経営を悪化させた銀行や中小銀行にたいし徹底的な打撃を与えたのである。

　ところで，金融恐慌によって地方の中小銀行が没落したことは，これと結びついていた地方の中小工業の金融難を深刻化させた。中小銀行に資金を依存していた中小工業者は，長年の取引銀行を喪失したばかりでなく，業務を再開した中小銀行も貸出を極力警戒するとともに資金の回収に努めたので，異常な金融梗塞に直面した[56]。また，金融恐慌による地方の中小銀行の破綻は，それと緊密な取引関係にあった原料商や製品商などの商業資本に打撃を与え，商業資本に前借りなどの前期的資金借入方式で依存していた多数の中小零細工業者の金融を困難にした。商工省商務局はモラトリアム期間中(27年4月22〜24日)に各地の産業にたいする金融恐慌の影響調査を実施し

第1章　日本の中小工業と商工組合中央金庫の創設　33

表1-6　5大銀行の集中度　　　　　　　　　（単位：1,000円）

年　月	(A) 5大銀行計	(B) 全国普通銀行計	(A)の(B)に対する割合
		預　金	
1926(昭和1)年. 12	2,233,154	9,178,802	24.3 %
27. 12	2,817,860	9,027,897	31.2
28. 12	3,129,972	9,330,796	33.5
29. 12	3,209,582	9,292,294	34.5
30. 6	3,184,407	8,954,659	35.6
30. 12	3,187,980	8,658,539	36.8
31. 6	3,310,911	8,650,227	38.3
		貸　出	
1926(昭和1)年. 12	1,800,188	8,800,515	20.5
27. 12	1,954,617	8,181,695	23.9
28. 12	1,934,786	7,776,740	24.9
29. 12	2,013,100	7,447,660	27.0
30. 6	2,046,022	7,098,459	28.8
30. 12	2,010,778	6,748,151	29.8
31. 6	1,940,066	6,562,069	29.6

出所）　大蔵省昭和財政史編集室編『昭和財政史』第10巻（金融-上），東洋経済新報社，1955年，85頁　第7表．

たが[57]，それによれば資金を直接間接に破綻した銀行に依存していた諸産地の中小工業では，取引ないし支払いの停止や操業の休止，あるいは企業の倒産など，深刻な被害がみられた。例えば，中井銀行(埼玉県)，近江銀行および十五銀行(新潟支店)，若狭銀行(福井県)の休業によって，それぞれ鋳物業(川口)および足袋業(忍)，織物業(十日町・小千谷)，漆器業(若狭)の中小零細業者は著しい金融梗塞に陥った。

　さて，27年3月の金融恐慌によって，地方の中小銀行を中心に34行(3～4月)が休業し，台湾銀行をはじめ十五銀行や近江銀行などの一流銀行も破綻したことは既述した通りである。こうして生じた銀行にたいする不信によって，中小銀行の預金は安全を求めて財閥銀行などの有力銀行へ，あるいは国家信用をバックとする郵便貯金へと移動したのであった。表1-6をみると，5大銀行(三井銀行，三菱銀行，住友銀行，第一銀行，安田銀行)の預金額は，26年12月末から27年12月末の間に，22億3315万円から28億

1786万円へ5億8471万円も増加し，その預金額が普通銀行(1178行)の預金額に占める割合は24.3%から31.2%に上昇している。また，郵便貯金の預入高は，27年3月末の9464万円から4月末の1億8845万円へと9381万円(2倍)の増加を示した[58]。このような財閥銀行の預金や郵便貯金の増加は，そのすべてが中小銀行の預金の移動とみるわけにはいかないが，その相当部分がそうした性格をもったものといえよう。そして，普通銀行の預金がどれほど都市に集中したかをみると，6大都市・その他17都市への集中度は28年6月末において55.6%であった[59]。これは，都市の少数の有力銀行へ預金が集中していることのあらわれであろう。こうして，金融恐慌は地方の中小銀行を苦しい立場に追い込み，中小工業向けの資金は全国的に収縮することになった[60]。

　しかし，事態はこれだけにとどまらなかった。前で述べたように，政府は20年の反動恐慌後に地方の不良な中小銀行の整理と経営の健全化を図るために銀行合同政策を強化したが，銀行合同は地方の中小銀行を中心にかなり進展したものの，中小銀行の経営は依然悪化を続けるのみであった。そこで，政府は新銀行法の制定に踏み切り，銀行経営の健全化を目標とする銀行合同を法的に促進させることとした。新銀行法では，普通銀行の最低資本金を100万円とし，この制限を既設銀行にまで適用することにした。そうなるとここにおびただしい数の無資格銀行が生ずることになった。新銀行法は28年1月1日に施行されたが，無資格銀行は当時790行あり，それは普通銀行1417行(26年12月末)の55.8%にのぼった[61]。しかも，政府は無資格銀行の増資についてはできる限り他行との合併によってその目的を達成させ，単独増資を原則として認めない方針をとっていたから，ここに多数の中小銀行が法律によって半強制的に合同させられることになった。銀行合同の進行状況をみると，金融恐慌の起こった27年および28年には，それぞれ218行，349行といった多数の銀行が合同に参加しており，消滅銀行もそれぞれ134行，223行を数えている[62]。こうした合同を通じて中小銀行が急速に減少していったことは前表1-4によって明らかとなろう。27年から28年の2年間に，資本金500万円未満の中小銀行は1180行から936行へ244行も減少

し，なかでも100万円未満の小銀行は817行から616行へ201行減少している。

　また，金融恐慌の過程において地方の中小銀行の預金が安全を求めて都市の有力銀行へ移動したことは，必然的に銀行資本の集中をもたらさざるをえなかったのであり，さらに新銀行法による強力な銀行合同政策が加わり，ここに一挙に銀行資本の集中が進んだのである。そして，こうした過程は同時に大銀行の制覇の過程でもあった。普通銀行の資本金別資本現在高をみると，資本金5000万円以上の大銀行の資本金が全体に占める割合は，24年で25.3％であったが29年には28.9％に上昇した[63]。資本金5000万円以上の大銀行は29年において8行を数え全銀行数の0.9％であったから，1％に足りない8行で全銀行の資本金の3割近くを占めるに至ったのである。大銀行の地位をさらに知るために前表1-6をみると，26年12月末から29年12月末の間に，5大銀行への預金の集中は24.3％から34.5％まで上昇し，貸出においては20.5％であったものが27.0％へと3割近くまで増加した。こうして，金融恐慌ならびに新銀行法の制定以降，5大銀行の制覇の過程が進行し，さらにその後の金輸出解禁および昭和恐慌によって，その支配的地位は確立されるのである。

　したがって，地方の中小銀行の没落と大銀行の強大化の趨勢は決定的となり，中小商工業の資金難は金融機構の変化によっても免れがたいものとなった。例えば，前述したように金融恐慌後に大銀行へ資金の集中が進むのであるが，不況の深化を反映して資金需要は減退していたから，これら大銀行に集まった資金はいわば遊資とならざるをえなかった[64]。さらに遊資累増を招いた一因として，27年12月末から28年5月8日までの総額8億7943万円に達する日本銀行の特別融資があった[65]。こうした事態を反映して，28年上半期から29年上半期にかけて金融市場は緩慢となり金利の低下がみられた[66]。しかし，中小工業の金融は依然として逼迫を続けていた。29年6月に東京商工会議所は「中小商工業金融当面ノ対策ニ関スル建議」のなかで，金融恐慌後，大銀行に手元資金の余裕を生ずる反面で，中小商工業者の金融難は激化しているから，大銀行ならびに普通銀行の中小商工業向け貸出の緩

和と中小銀行の助成が必要であると述べ[67]，当時における中小商工業金融の窮状を訴えている。

(2) 昭和大恐慌と中小工業問題の深刻化

1929(昭和4)年7月2日に登場した浜口雄幸民政党内閣は，成立とともにかねて民政党が主要な政策綱領の一つとして掲げてきた金輸出解禁を断行する声明を発表した。その準備として井上準之助蔵相は，まず29年度予算にたいする実行予算を編成して財政の緊縮を図り，また国民には消費の節約・貯蓄の奨励を訴え，次いで8300万円余りに激減していた在外正貨の補充を行った。このような措置がとられるにしたがい，為替相場が回復してきたので，政府は11月に金輸出解禁を実施することを決定した。金輸出解禁政策の意図は，国際経済と日本経済を直結させることによって，まず物価を国際的水準に引き下げ，それをてことして産業の合理化を促進して国際競争力を強化し，その強化された競争力を基礎にして輸出を増大させて，金融恐慌以来ひきつづく不況を克服しようとすることにあった。こうして，30年1月11日に金輸出解禁が実施されたのであるが，不幸なことにそれに先だって前年10月にアメリカでは株式市場の崩壊を契機として恐慌が勃発しており，それがヨーロッパに伝播し世界恐慌に発展していたので，金輸出解禁にともなうデフレーション的影響が世界恐慌と重なり合って二重の打撃となり，日本の恐慌はますます激化することになった[68]。

金融恐慌の痛手から回復できなかった多くの中小工業者にとって，この不況は苛酷な追い打ちを意味するものであった。特に輸出需要の急減と国内消費需要の停滞とは[69]，中小工業の販売市場を著しく縮小させた。この傾向は一方において進行しつつあった農業恐慌によってさらに激化した。32年7月の『東京朝日新聞』は，32年半ばに至ってさえ，かつて名声をとどろかせた川俣の輸出羽二重では織機台数の半数が運休，伊勢崎織物でも機業者の半数が休業しており，宮崎県の水産加工業では鰹節が好況期の価格の2割5分という捨て値で販売され，青森県では農村の疲弊から農具刃物製造販売業の売れ行きがほとんど停止状態にあるなどと，全国各地の中小商工業におけ

る操業短縮，製品価格の暴落，滞貨の増大といった業況の極度な不振を報じている[70]。また，前表1-2で主要な中小工業製品の輸出額の推移をみると，29年から31年にかけて，その輸出額が大きく減少していることがわかる。なかでも，絹織物(羽二重を含む)の66.2%，綿織物52.0%，陶磁器47.8%，メリヤス44.5%の減少は激烈であった。こうした輸出の減少とともに，中小工業製品の生産も減少した。前表1-1で同期間の主要な中小工業製品の生産額をみると，これらの製品は輸出に大きく依存しており，その生産額が減少していることがわかる。絹織物は15.4%，綿織物42.8%，陶磁器27.5%，メリヤス17.7%の減少であった。ただ，ここで留意すべきは，金輸出解禁後の中小工業において，共倒れ的過当競争が際限なく激成されたということである。すなわち，製品価格の暴落および滞貨の増大はいまや操業短縮その他の産地における自主的な措置によっては改善されず，たちまち投げ売り・売り崩しとともに粗製濫造の氾濫をもたらし，休廃業や倒産が業種業態の差別なく全国いたるところで発生したのである[71]。

　しかも，30年下半期から31年にかけての恐慌の深化にともなって，再び地方の中小銀行の破綻が続出し，中小工業の金融難は切迫することになった。30年中に休業した地方銀行は17行で，その預金総額は1億1099万円にのぼった[72]。翌31年には銀行の経営はさらに悪化し，3月末には大蔵省が全国普通銀行の現在数774行のうち，休業閉店状態にあるもの58行と発表したほどであった[73]。前出の『東京朝日新聞』は，地方の中小商工業における金融梗塞の最大の原因は，地方銀行の破綻の続出により地方資金が中央へ加速度的に集中しているからである，と伝えている[74]。また，30年春から実施された調査『東京市に於ける中小商工業者の実際』によると，年収400円未満の小零細業者(営業税納付者1689件)では，運転資本の総資本にたいする割合が2割以下のものは51.2%(865件)，3割以下のものに至っては67.6%(1142件)と7割にも達していた。これにたいし，年収400円以上の業者(営業収益税納付者1540件)では，その割合はそれぞれ35.4%(545件)，48.8%(751件)であった[75]。このことは東京市では小零細業者ほど営業上の運転資金の欠乏に苦悩していることをあらわしている。このような事情はそ

の他の地域においても同様であったであろう。しかし，30年秋ごろから中小工業の金融難は，運転資金の入手難にとどまらず，いまや利息の累積，すなわち負債の整理問題を引き起こすようになった[76]。政府もこの点を認識しており，11月に井上蔵相は中小工業の金融問題について「私は現在の日本の中小商工業でも農村でも，今持って居る借金の整理といふことが非常な重大な問題であろうと考えて居ります。戦後から市街地の中小商工業者の金融の非常な苦労を見ましても，今までよりも借金の始末に困るものが一番多いのであります」[77]と述べている。こうして，金融恐慌以来より悪化した中小工業の金融難は，単なる運転資金の入手難から負債の累積問題へと発展し，共倒れ的過当競争をともないつつ，次第に社会問題化しはじめたのである。

2. 不況下における政府の中小工業金融改善方針と中小工業金融施策

(1) 中小商工業者応急資金特別融資（1928年1月～29年6月）

すでに述べたように，1927(昭和2)年3月に起きた金融恐慌と28年1月の新銀行法の施行，さらには問屋制金融の衰退によって，中小商工業の金融難は以前にも増して深刻となった。事態の進行を憂慮した全国商業会議所連合会は，27年6月16日に「中小商工金融疏通ニ関スル建議」を政府に提出した。これは，中小商工業と密接な取引関係をもつ銀行のうち，休業中のものには開業の促進・助成をし，資金欠乏銀行には日本銀行が積極的な援助を行って，中小商工業者の金融難を打開すべきと訴えたものであった[78]。こうしたなかで，商工審議会が27年5月23日に商工大臣の諮問機関として発足した。商工審議会では，わが国の産業および輸出貿易は発達の遅れた中小工業に大きく依存しているので，日本の産業・貿易上の欠陥は中小工業を中心とする立場からその改善を図ることが最重要であるとされ，中小工業に直接に関連するいくつかの方策を決定し商工大臣に答申した。ますます深刻化してきた中小工業の金融難については，同年10月10日に「中小工業ニ対スル金融改善方策要綱」(決議事項三)が答申された[79]。この答申の特徴は，中小工業の金融はあくまで組合を通じて行うというものであり，そのために同業者を網羅した工業組合の設立を強権的に推進し，同業組合にたいして各種

協同事業の実行とその厳守を強要しようとしていることにある。換言すれば，金融という側面から中小工業の統制を目指したものであった。また，答申の最後に組合団体の出資によって中央金庫を設け，これに政府が助成するのも一方法とされているが，これは後の商工組合中央金庫設立の構想の端緒として注目される。

　ところで，27年の下半期には，前述したように，地方の中小銀行の預金が安全を求めて財閥銀行など都市の有力銀行へ，あるいは国家信用をバックとする郵便貯金へ集中するようになったため，中小商工業向けの資金は全国的に収縮をみせ，中小商工業者の資金難はさらに深刻になった。特に，同年末には，中小商工業者は決済資金および運転資金の調達に困難を極めるに至った[80]。そこで，商工省は，預金部資金を放出して歳末ならびに旧節季の決済資金の融通を図る計画を立て，大蔵省との折衝に入った。この結果，28年1月30日に大蔵省預金部資金運用委員会は，商工省が前述の商工審議会の答申を尊重して作成した「中小商工業者運転資金融通案」を受け入れ，「中小商工業者応急資金(運転資金)特別融資」が実施されることになった。

　この特別融資は，預金部資金5000万円による地方債，興業債券，勧業債券，農工債券，産業組合債券の買入によって得た資金を，直接および組合(重要輸出品工業組合，輸出組合，産業組合)を経由して，中小商工業者の運転資金(短期債務の決済・借換資金を含む)需要にたいして，できるだけ広範囲に貸し付けるというものであった[81]。しかし，このような特別融資は窮迫にあえぐ中小商工業者を決して満足させるほどのものではなかった。それは，この融資方式そのものがもつ欠陥がもたらしたものであった[82]。例えば，融資担当機関をこれまで中小商工業者とあまり関係のない興銀，勧銀，農工銀などの特殊銀行に委ねたため，融資資格の認定が厳しかった。また，貸付限度額は1000円以下と小口で，償還期限が原則として1年，利息は5分5厘～7分と低利であったが，確実な担保または10人以上の連帯保証人を必要としたため，本当に資金を必要とする階層が排除されることになった。このため28年7月に預金部資金運用委員会は，興銀経由の分をさらに普通銀行にも取り扱わせることにし，また償還期限を貸付額1000円までは3年

表1-7 中小商工業者応急資金特別融資(1928年1月～29年6月末)

(単位:円, %)

経由機関別	割当額	実際貸付額 償還期限1年	同3年	合計	備考
府　　　　県	5,433,900 (10.9)	3,540,866 (7.1)	606,330 (1.2)	4,147,196 (8.3)	東京府ほか6府県
六 大 都 市	4,566,000 (9.2)	220,866 (0.4)	267,848 (0.5)	488,714 (1.0)	横浜市ほか2市
勧 業 銀 行	11,701,700 (23.5)	204,050 (0.4)	1,049,350 (2.1)	1,253,400 (2.5)	青森県ほか16府県
農 工 銀 行	12,565,300 (25.2)	3,482,950 (7.0)	888,670 (1.8)	4,371,620 (8.8)	岩手県ほか15府県
興 業 銀 行	11,647,700 (23.3)	2,330,370 (4.7)	328,670 (0.7)	2,659,040 (5.3)	宮城県ほか21府県
産業組合中央金庫	3,976,300 (8.0)	3,556,962 (7.1)	2,098,193 (4.2)	5,655,155 (11.3)	
合　　　　計	49,890,900 (100)	13,336,064 (26.7)	5,239,061 (10.5)	18,575,125 (37.2)	

出所　由井常彦『中小企業政策の史的研究』東洋経済新報社, 1967年, 168頁 第10表.

以内に改め, 融資条件の緩和を図った.

　しかし, 融資条件が改善されたにもかかわらず, 前述のような融資方式の欠陥を原因として, 28年1月より開始された「中小商工業者応急資金特別融資」の実際の貸付は, 予定のように進捗せず融資枠の大半が残されることになった. 表1-7をみると, この特別融資の開始直後に3府37県から5321万円の申込があり, これにたいする割当額は4997万円にのぼった. しかし, 貸付が打ち切られた29年6月末までに実際に貸し付けられた額は1858万円にとどまり, これは割当額のわずか37.2%にしかすぎなかった. しかも, 本融資の工業者および商業者別の貸付実績をみれば[83], 中小工業者への貸付額は513万円であり, 貸付実績(合計1733万円)の29.6%を占めるにすぎず, 中小工業者に積極的に貸付が行われたわけではなかった. また, 本融資を経由機関別にみてみると, 前表1-7で明らかなように, 興銀, 勧銀, 農工銀といった銀行からの貸出が不振を極めたことがわかる. したがって,「中小商工業者応急資金特別融資」は完全な失敗となり, 政府は貸付開始後1年5カ月をへた29年6月末をもって融資を締め切った.

(2) 信用組合経由中小商工農業者等特別融資(1930年3月～32年5月)

　前述のように，1929(昭和4)年7月に登場した浜口民政党内閣は，金融恐慌以来の国際収支の悪化および国内産業の行き詰まりの根本的な打開策として，翌30年1月11日に金輸出解禁を断行した。しかし，金輸出解禁にともなうデフレーション的影響が世界恐慌と重なり合って二重の打撃となり，わが国の不況はますます激化することになった。特に，金融恐慌の痛手から回復できなかった多くの中小工業者にとって，この不況は過酷な追い打ちを意味するものであった。ここに，政府は，先の商工審議会を改組し，産業合理化と産業振興に関する重要事項を審議するために，同年1月21日に総理大臣の諮問機関として臨時産業審議会を設置した。そして，同審議会の会長に就任した浜口首相は，2月3日の総会で4項目にわたる諮問を行った。このうち中小工業に関する諮問は第一号および第三号であり，これにたいして同審議会は4月25日に「中小工業ノ統制ニ関スル事項」ならびに「中小工業ノ金融改善ニ関スル事項」の二つを答申として提出した[84]。答申「中小工業ノ金融改善ニ関スル事項」は，すでに述べた27年10月の商工審議会の答申と同様に，工業組合の普及と組合事業による金融の改善の方針を維持したものであった。なお，この答申では工業組合によって資金融通を円滑にするために三つの提案がなされた[85]。このうち，工業組合の事業に金融事業を加える案は，31年4月の重要輸出品工業組合法の改正において取り入れられた。しかし，組合員に保証責任を負わせようとする案は，時期尚早として見送られた。また工業組合中央金庫の設立案は見送られたものの，後に商工組合中央金庫の設立へと継承されることになる。

　さて，前述の「中小商工業者応急資金特別融資」が29年6月末に打ち切られた後，まもなく金輸出解禁後の恐慌に際会し，政府は再び救済融資を実施せざるをえなくなった。そこで，政府は，翌30年3月25日に「信用組合経由中小商工農業者等ニ対スル資金供給要項」による2000万円の預金部資金特別融資を実施することにした[86]。本特別融資は，前回の「中小商工業者応急資金特別融資」の不振の反省から，①最終貸付機関が銀行でなく信用組合であること，②貸出先が中小商工業者のほか農業者も含まれること，③

貸付限度額を 2000 円以内(特例として市街地信用組合は 5000 円以内)に引き上げたこと，④償還期限を 5 年以内に延長したこと，⑤資金の用途を運転資金ばかりでなく工場や農舎などの新築・改築ならびに設備資金に広げたこと，など中小商工農業者の現状に即応するような改正点を盛り込んだものとなった。ところが，この特別融資は貸出当初またも成績が振るわなかったので，大蔵省は 30 年 10 月に郵便貯金の利率の低下にともない貸付利率を 9 分以内から 8 分 5 厘以内に引き下げた。この結果，一転して融資申込が増大することとなり，政府は同年 12 月に追加融資 500 万円を決定し，追加融資については貸付利率をさらに引き下げた。本特別融資の実績をみると，貸付予定額 2500 万円にたいして，貸付が打ち切られた 32 年 5 月末までの貸付実績は 2244 万円(予定額の 89.8％)で，前回の特別融資に比べれば成績は良かった。しかし，この貸付実績のうち実に 80.2％(1799 万円)が産業組合中央金庫を経由した貸付であり，その約 70％(約 1259 万円，貸付実績の約 56.1％)は農業者にたいする貸付と推定された[87]。しかも，この特別融資は，最終貸付機関が農村の金融機関たる信用組合であったため，その大部分は農民に融通され，中小商工業者には十分に行きわたらなかったとみられる。したがって，本特別融資は，中小工業者の金融梗塞の緩和に向けて活用されたものの，それにたいする貸出額は僅少なものでしかなかった。

第 3 節　金輸出再禁止後の中小工業問題の社会・政治問題化とその政策の進展

金輸出解禁後の恐慌過程における中小工業の破滅的な様相と，これにたいする政策の不振は，中小工業問題をますます社会問題化させた。しかも，1932(昭和 7)年の 5.15 事件の後，中小商工業者や農民の窮乏が深刻な政治問題となった。これにたいして，政府は，時局匡救施策の一環として中小工業の組織化政策および金融政策を展開した。そして，36 年 6 月には中小商工業者の専門金融機関として商工組合中央金庫の設立をみた。

本節では，31 年 12 月の金輸出再禁止から 37 年 7 月の日中戦争までの中小工業の展開と，その金融政策および組織化政策について検討したい。

1. 金輸出再禁止後の中小工業とそれへの金融施策

(1) 財政膨張政策と中小工業の展開

　金輸出解禁後の不況の激化の過程で，1931(昭和6)年9月18日に満州事変が起こり，次いで21日にはイギリスの金本位制が停止され，ついに12月13日に犬養内閣は金輸出再禁止を実行した。このときから緊縮財政から膨張財政への転換が意識的にはじめられるとともに，いわゆる準戦時体制が着々と進められていった。一般会計の歳出についてみると，軍備拡張費や満州事変のための軍事費および失業対策や農業救済などの社会政策費を中心として著しい膨張がみられる。例えば，31年度には14億7688万円であった歳出額は，32年度には19億5014万円へと32.0%の増加を示し，次いで33年度になると22億5466万円へとさらに15.6%の増加を示した。その後36年度まではそれほどの変化を示していないが，日中戦争の起こった37年度に至っては一挙に27億916万円に膨張している[88]。このような財政の膨張とそれにもとづくインフレーションの意識的な促進こそが，32年下半期以降，物価の回復と騰貴ならびに労賃の相対的低下[89]を通じて国内産業活動を著しく回復させ，一方為替相場の下落[90]を通じて輸出を伸張させたのであった。表1-8でみられるように，満州事変が起こった31年から日中戦争が勃発した37年の間に，製造工業の生産指数は122から223へと1.8倍の上昇をみせ，なかでも鉄鋼業の2.8倍，機械工業2.6倍，化学工業2.5倍，窯業2.1倍の上昇が目立った。また，表1-9をみると，同期間に，製造工業品の輸出額は14億9460万円から33億2990万円へと2.2倍の増加を示し，ことに機械5.4倍，木製品4.1倍，窯業品3.2倍，金属品2.8倍，化学品2.4倍の増加が大きかった。この結果，製造工業品の輸出額に占める化学品，金属品，機械といった重化学工業品の割合は21.3%から30.8%へと増加した。

　さて，このように重化学工業を中心に生産と輸出が急速に回復するなかで，中小工業の存立状況はどのようなものであったのであろうか。すでに述べたように，30年の金輸出解禁後の恐慌は輸出中小工業に大きな打撃を与え，中小工業製品の輸出額は大きく減少した。しかし，31年12月の金輸出再禁

表 1-8 製造工業の生産指数

	食料品	繊維	製材	化学	窯業	鉄鋼	非鉄	機械	印刷・製本	その他	計
1926年(昭和1)	100	100	100	100	100	100	100	100	100	100	100
27年	101	107	104	112	107	99	131	113	125	98	107
28年	103	110	111	122	97	107	104	69	111	138	109
29年	105	120	130	151	104	148	126	121	118	102	119
30年	104	111	140	161	96	138	150	133	112	112	119
31年	95	130	151	160	96	132	175	118	133	116	122
32年	89	142	172	183	106	191	174	120	137	128	131
33年	100	157	168	227	133	196	185	145	139	138	147
34年	104	181	203	239	149	273	161	209	132	164	169
35年	109	186	216	291	166	343	190	302	157	179	194
36年	113	190	226	333	184	386	201	314	167	194	206
37年	115	217	241	404	200	365	246	303	183	213	223
38年	112	209	229	439	177	436	354	415	171	196	243

出所) 前掲『鉱工業』，第2表．

表 1-9 製造工業品の輸出額(不変価格) (単位：100万円)

	加工食料品	繊維品	木製品	化学品	窯業品	金属品	機械	雑製品	計
1926年(昭和1)	99.9	804.7	16.3	109.8	36.4	53.3	27.7	86.2	1,234.3
27年	101.0	891.4	16.8	129.3	42.3	64.0	35.2	88.0	1,368.0
28年	123.5	898.9	18.8	142.3	45.0	73.6	51.2	95.7	1,449.0
29年	125.3	995.4	20.4	158.0	55.0	84.3	70.5	105.5	1,614.4
30年	119.7	871.3	15.8	171.5	53.2	106.1	72.4	106.2	1,516.2
31年	112.4	896.5	14.5	148.7	41.0	94.0	75.7	111.8	1,494.6
32年	125.7	1,107.4	15.6	172.0	49.4	112.7	91.9	139.6	1,814.2
33年	159.0	1,130.9	21.4	214.2	69.6	148.3	129.0	181.6	2,054.0
34年	160.6	1,413.8	26.2	268.1	85.0	199.6	152.4	188.3	2,494.0
35年	208.5	1,665.1	42.8	311.2	103.8	256.2	251.3	216.7	3,055.7
36年	196.1	1,670.7	56.2	342.5	115.5	300.1	339.6	240.7	3,261.4
37年	204.8	1,650.3	59.3	355.7	132.9	264.3	405.4	257.2	3,329.9
38年	248.5	1,397.3	62.6	360.8	106.9	226.2	438.8	261.8	3,103.0

出所) 大川一司，篠原三代平，梅村又次編『貿易と国際収支』(長期経済統計14)，東洋経済新報社，1979年，第3表．

止を契機とする為替相場の暴落をてことして，中小工業製品の輸出は急速に増進しはじめた。前表1-2をみると，32年から37年には，ほとんどの中小工業製品は輸出額を伸ばしており，特に毛織物(11.2倍)，ハンカチーフ(4.0倍)，琺瑯鉄器(3.8倍)，硝子製品(3.5倍)，帽子(3.4倍)，刷子(2.4倍)，タオル(2.3倍)，陶磁器(2.3倍)，燐寸(2.2倍)，メリヤス(2.0倍)の増加は顕著であった。ただ，満州事変を契機とする軍備拡張政策によって，軍需生産を中核とする機械工業，金属工業，化学工業が発達し，このことが中小工業の発展に大きな影響を与え，中小工業の構造的な変化をもたらしたことは見逃すことができない。前述したように，満州事変以後に財政は軍事費の増大を中心として急激な膨張をしはじめ，日中戦争が勃発した37年度には一般会計歳出に占める軍事費の割合は50％近くになった。このような莫大な軍事費の支出は，いうまでもなく重化学工業にたいする需要の増大をもたらし，重化学工業の発展を促した。表1-10で部門別の工場数，従業者数，生産額の推移をみると，31年から37年の間に機械器具工業，金属工業，化学工業といった重化学工業分野の躍進が著しいことがわかる。そして，こうした分野における中小工業も大きな発展をみせた。従業員5～99人の中小工場の工場数は機械器具工業では2.5倍，金属工業で2.4倍，化学工業で1.6倍，従業者数はそれぞれ2.9倍，2.6倍，1.6倍と増加をみせ，生産額は4.1倍，4.6倍，2.3倍と急速に増加している[91]。また，金属・機械器具工業における中小工業の多くは，大工業に従属する下請工業として展開した。そこで，商工省が32年から34年に2府5県(東京府，大阪府，神奈川県，愛知県，兵庫県，福岡県，広島県)で行った調査『機械器具工業外註状況調』によって[92]，機械器具工業の外注および受注関係をみてみよう(表1-11)。まず，従業員規模別に発注工場の外注金額をみると，工場の規模が大きくなるほど外注依存度(下請生産依存度)が高くなることがわかる。34年度において，従業員100人未満の中小工場における外注金額がその全体に占める割合は18.1％であるのにたいして，従業員500人以上の大工場におけるその割合は49.1％とはるかに高かった。このような外注のあり方からいって，外注の対象が中小工場に集中するのは当然であった。このことは，従業員規模別に受注工場の受注

表1-10 従業員規模別・産業別の工場数, 従業者数, 生産額の発展 (1931年にたいする37年の指数)

		合　計			食　料　品			紡　織			製材・木製品			印刷・製本	
	工場数	従業者数	生産額	工場数	従業者数	生産額	工場数	従業者数	生産額	工場数	従業者数	生産額	工場数	従業者数	生産額
5～99人	165.4	162.6	236.5	130.7	126.0	167.8	145.7	130.4	201.4	188.4	181.0	244.6	131.2	122.5	133.2
100～499人	146.8	145.1	271.0	245.3	190.6	187.0	97.6	98.6	190.4	216.7	231.5	360.4	112.9	124.5	154.2
500人以上	166.7	234.6	492.3	125.0	304.9	296.1	113.2	123.1	258.1	−	−	−	140.0	123.7	228.1
計	164.8	176.6	316.4	131.4	135.5	176.0	142.4	118.5	222.6	188.6	185.1	256.6	130.8	123.0	154.6

		化　学			窯業・土石			金　属			機械器具			その他	
	工場数	従業者数	生産額	工場数	従業者数	生産額	工場数	従業者数	生産額	工場数	従業者数	生産額	工場数	従業者数	生産額
5～99人	163.1	157.4	231.4	156.5	170.3	244.6	240.7	261.4	459.2	247.5	285.8	410.3	203.5	219.8	344.3
100～499人	183.9	179.1	317.8	230.3	233.2	277.7	288.3	278.2	483.2	345.9	308.9	387.7	200.0	180.9	596.9
500人以上	372.0	511.5	677.9	266.7	249.5	400.1	416.7	639.7	1,375.2	329.3	492.8	697.6	−	−	−
計	165.7	247.8	353.0	158.6	194.9	285.5	242.5	376.1	778.3	250.6	365.9	511.9	203.7	233.9	411.4

出所) 前掲『工業統計50年史』180-199頁。

表1-11 機械器具工業の外注・受注関係

(単位：1,000円，( )内は％)

職工数	年次	発注工場 工場数	総生産額	外注金額	既製品購入額	受注工場 工場数	受注金額
50人未満	1932	153	12,821	3,130(24.4) (9.3)	1,187(9.3)	3,423	13,206(30.1)
	33	164	17,430	4,505(25.8) (7.7)	1,654(9.5)	4,382	24,040(31.9)
	34	179	22,769	6,337(27.8) (7.5)	2,394(10.5)	5,208	34,367(29.8)
50人以上 100人未満	32	149	19,842	4,236(21.3) (12.5)	1,385(7.0)	441	3,624(8.3)
	33	163	30,180	6,646(22.0) (11.4)	2,979(9.9)	569	7,553(10.0)
	34	167	40,338	8,947(22.2) (10.6)	4,072(10.1)	666	10,617(9.2)
100人以上 200人未満	32	96	29,047	4,965(17.1) (14.7)	1,686(5.8)	220	2,057(4.7)
	33	103	48,223	8,887(18.4) (15.3)	3,322(6.9)	276	4,801(6.4)
	34	110	65,111	13,693(21.0) (16.3)	4,728(7.3)	336	7,876(6.8)
200人以上 500人未満	32	55	58,222	4,965(8.5) (14.7)	13,720(23.6)	212	2,148(4.9)
	33	58	85,531	9,314(10.9) (16.0)	19,049(22.3)	257	4,762(6.3)
	34	60	132,259	13,908(10.5) (16.5)	34,859(26.4)	307	7,975(6.9)
500人以上 1,000人未満	32	23	31,830	4,156(13.1) (12.3)	2,607(8.2)	72	1,313(3.0)
	33	23	55,029	8,175(14.9) (14.1)	5,461(9.9)	85	2,986(4.0)
	34	24	76,874	12,079(15.8) (14.3)	7,986(10.4)	101	4,715(4.1)
1,000人以上	32	30	149,913	12,394(8.3) (36.6)	11,744(7.8)	112	3,155(7.2)
	33	30	237,553	20,660(8.7) (35.5)	19,440(8.2)	126	5,693(7.5)
	34	31	323,950	29,284(9.0) (34.8)	25,232(7.8)	147	8,457(7.3)
総計	32	506	301,676	33,845(11.2) (100.0)	32,780(10.9)	5,686	43,901(100)
	33	541	473,946	58,186(12.3) (100.0)	51,905(11.0)	7,137	75,478(100)
	34	571	661,300	84,247(12.7) (100.0)	79,271(12.0)	8,401	115,444(100)

注1) 受注工場の場合，職工数不詳のものは除外した。
注2) 発注工場の50人未満は30人以上50人未満。
注3) 外注金額の上段の( )内は総生産額にたいする割合，下段の( )内は外注金額総計にたいする割合。
出所) 橋本寿朗『大恐慌期の日本資本主義』東京大学出版会，1985年，268頁 表67。

表1-12　軍事費において民間機械器具工場に発注された金額

(単位：100万円)

	(A)軍事費	(B)軍事費中民間機械工業への発注金額	(C)機械工業生産額	(B)の(A)に対する割合	(B)の(C)に対する割合
1932年(昭和7)	686	364	543	53.1 %	67.0 %
33年	872	432	805	49.5	53.6
34年	946	445	1,082	47.0	41.1
35年	1,032	528	1,380	51.1	38.2
36年	1,078	532	1,609	49.3	33.1
37年	3,766	2,153	2,379	57.1	90.5
38年	6,016	3,283	3,588	54.5	91.4

注)　民間機械器具工場への発注額は，東洋経済新報社の推定。
出所)　森喜一『日本工業構成論』民族科学社，1943年，106頁(東洋経済新報社編『日本経済年報』第34輯，33頁)。

金額をみると，同年度において，従業員50人未満の工場の受注金額がその全体に占める割合は29.8%で，50人以上100人未満の工場のそれを加えれば約40%になっていることからもわかるであろう。こうした点からみて，中小工場は発注工場に従属する面があり，特に零細工場において下請工場としての従属性が顕著であった[93]。しかも，総生産額にたいする外注金額の割合は，発注工場の規模に関わりなく32年度から34年度に上昇しており，このことは下請工業の拡大を反映したものといえよう。このように31年の満州事変を契機として軍需生産を中核とする重化学工業が発達するなかで，機械器具工業において中小工場の下請工場化が進展したのである。

　しかし，このような下請工場の増大は，大規模な発注工場に明確な方針があったというよりも，機械器具製品にたいする需要の増加に対応するために，早急に生産能力を拡大するための一方策の結果であった。満州事変勃発を契機とする軍需工業の発展，ならびに金輸出再禁止後の円為替低落による輸出の伸張は，機械器具工業にたいする莫大な需要増加をもたらした。表1-12をみると，民間の機械器具工業にたいする軍需発注は32年の3億6400万円から38年の32億8300万円へと7年間で実に9.0倍にも急膨張し，機械器具工業の生産額に占める軍需発注の割合はこの間に67.0%から91.4%にもお

表1-13 民間機械工業の生産能力と未消化受注高 (単位：1,000円)

	1937(昭和12)年上期		(A)に対する(B)の割合	1938年上期		(C)に対する(D)の割合
	(A)未消化受注高	(B)半期生産能力		(C)未消化受注高	(D)半期生産能力	
三菱重工業	178,000	58,000	306 %	270,000	64,000	421 %
日立製作所	32,014	33,952	94	85,310	68,460	125
芝浦製作所	27,750	18,718	148	50,000	23,000	217
三菱電機	15,000	13,323	112	40,000	20,000	200
池貝鉄工	10,000	5,000	200	20,000	6,000	333
瓦斯電工	12,000	6,000	200	20,000	9,000	222
石川島造船	25,000	9,194	271	29,700	15,000	198
自動車工業	5,500	4,519	121	50,000	15,000	333

出所) 森，前掲書，105頁。

よんだ。このような需要増加に直面して，最初，機械器具工業では不況期に擁していた遊休生産設備を使用していた。ところが，機械器具工業にたいする需要の増加はあまりにも激しかったため，既存生産設備ではこれに応ずることは到底不可能となり，大手の民間の機械器具工業においては未消化受注残を累増させる結果となった。表1-13は機械器具工業における主要な民間会社の未消化受注高をみたものであるが，どの会社も生産能力を上回る多額の未消化受注高を保有していた。例えば，三菱重工業では，37年上期の生産能力の3.1倍，38年上期のそれの4.2倍に相当する未消化受注高をもっていた。こうして，機械器具工業における大企業は，急激に拡大し膨張した軍需に応ずるために，下請の「量的」増加こそが何よりも必要とされ，広範な中小機械業者を下請工場として動員することになったのである[94]。そして，このような中小工業の下請経営としての存立は，後で述べるように，36年から下請工業助成政策(地方工業化政策)の下で取り上げられることになる。

　以上のように，金輸出再禁止と財政膨張政策の採用は，輸出品工業および軍需品工業の分野における中小工業の発展をもたらした。しかし，主として農業恐慌にもとづく購買力低下のために，国内向け生産の分野の中小工業は金輸出解禁後の不況から容易に脱出できないでいた。だから，32年下半期以降の中小工業の展開は，恐慌状態がすぎたといっても，輸出工業と国内向

け工業，あるいは中工業と小工業，さらには都市工業と農村工業とによって差異が甚だしく，非常に跛行的な様相を示したのである[95]。

(2) 中小商工業者等産業資金(1932年2月～37年12月)と損失補償制度

　すでに述べたように，1930(昭和5)年1月の金輸出解禁後の恐慌に際し，政府は中小商工農業者にたいして「信用組合経由中小商工農業者等ニ対スル資金」という名称で救済融資を実行した。しかし，この救済融資は多くが農業者に向けられ中小商工業者にはわずかなものでしかなかったので，31年下半期に入っても中小商工業の金融梗塞の状態はいっこうに緩和されず，各地の商工会議所では中小商工業向けの特別融資を望む声が強くなった[96]。そこで，商工省は，農山漁村および中小商工業の没落問題について救済政策の実施を公約にしていた犬養内閣が31年12月に成立すると，中小商工業者の金融難の解決に資するべく低利資金の融通案の成立を図ることにした。そして，これより先の7月に「工業組合法」が施行され工業組合は中小工業に広く結成される趨勢となっていたので(後述)，商工省ではここに主として工業組合および輸出組合を経由して3000万円の預金部資金を融資する「中小商工業者等産業資金融通案」を急遽作成し，同案は31年12月12日の預金部資金運用委員会を通過し成立した。この「中小商工業者等産業資金」は，貸付利率年8分以内，貸付限度額1万円以内(無担保の場合は5000円以内)，償還期限5年以内，貸付資金の使途は設備・運転資金とされ，経由機関は興銀，勧銀，農工銀，北海道拓殖銀行，産業組合中央金庫であったが，最終貸付機関は工業組合，輸出組合，信用組合のほかに普通銀行を経由する途が開かれたことに特徴があった[97]。本資金は，32年2月1日より貸付が開始されたが，商工省が提案していた損失補償の適用が見送られ，また最終経由機関である普通銀行が償還を心配して貸出を嫌がったため，各地の融資申込は多額にのぼったものの，実際の貸付は不振を極めた。しかも，32年上半期において，地方の中小銀行のなかには破綻するものがまだまだ多数あり，存続しえた地方の中小銀行の多くも極度の資金難に陥っていたから[98]，中小銀行に直接あるいは商業資本を媒介にして間接に依存していた中小商工業の

金融は極端に梗塞していた[99]。

こうした金融梗塞の下で，30年以来続く深刻な農業恐慌とともに，中小商工業の経営難は破滅的な様相を呈し，中小商工業問題はますます社会問題化するようになった[100]。そして，農業および中小商工業の困窮問題といった社会不安を背景として，32年5月に5.15事件が起こり，中小商工業の救済問題は政治運動に発展した[101]。そこで，商工省は，当面の中小商工業の金融対策を立案し，32年8月16日に時局匡救政策の一環として「中小商工業救済施策要綱」(3カ年計画)を発表した。それは，次の3点からなるものであった[102]。①大蔵省は，32年8月8日に200万円の予算(32年度予算)をもって「中小商工業者ノ元利支払及償還期限延期資金」を設定し，これまでに融通した政府資金にたいし(「中小商工業者等産業資金」を含む8種)，32年度より34年度までの3カ年間に期日の到来する元利金の支払いおよび延滞金の整理にあてさせることにした。②32年8月に「中小商工業者等産業資金」に1000万円が追加され，すでに3月に追加されていた1000万円を加えると，本資金の総額は5000万円となった。また同年10月から貸出利率も1分ずつ引き下げられた。③中小商工業向け貸付の促進を図るために，32年8月26日に大蔵・商工両省から府県に「道府県(又ハ六大都市)ノ中小商工業資金融通損失補償制度要綱」が通達され，政府資金あるいは金融機関の自己資金による貸付について，道府県(または6大都市)負担による損失補償制度が実施されることとなった。

このような金融対策の効果として，「中小商工業者等産業資金」はようやく順調な消化をみるようになった。34年5月に政府は本資金にまたも1000万円を追加し総額6000万円としたが，翌35年3月末までの貸付実績は4395万円，融資が打ち切りとなった37年12月末までのそれは5623万円にのぼり，本資金はこれまでの政府資金に比べて消化率は極めて良かった[103]。しかし，貸付内容をみると，「中小商工業者等産業資金」は中小商工業向け貸付としては不徹底なものであった。まず，表1-14で経由機関別の融資実績をみると，35年3月末における本資金の融資実績のうち，41.3％にあたる1817万円が興銀経由の貸付で，一番多いことがわかる。これは，興銀が32

表 1-14　中小商工業者等産業資金の融通実績(1935年3月末)

経 由 機 関 別	供給決定額	貸 付 額
興業銀行 　直 接 費	13,028,200	12,485,762
普通銀行経由	5,943,595	5,683,595
計	18,971,795	18,169,357
勧 業 銀 行	4,263,927	3,926,904
農 工 銀 行	6,260,081	5,484,210
北海道拓殖 　直 接 費	5,032,000	4,973,292
銀　　行　　普通銀行経由	2,336,070	2,336,070
計	7,368,070	7,309,362
産業組合中央金庫	10,180,630	9,058,870
計	47,044,503	43,948,703

出所)　由井,前掲書,259頁 第21表。

年9月以来中小商工業金融により積極的な融資態度をもって臨むことになったためである[104]。しかし,興銀経由の本資金の1口平均貸付金額は,34年10月末において,損失補償制度を適用してさえ2333円と大口であったから(口数1672件,金額390万円)[105],興銀経由の本資金は主に中規模な商工業者に向けられていたといえよう。しかも,興銀経由の政府資金(このうちの91.9%が「中小商工業者等産業資金」)の貸付実績を府県別にみると,東京府,神奈川県の京浜地区に大阪府,兵庫県,愛知県の阪神・中京地区を加えた大都市圏への貸出は口数では2150件で全体(3052件)の70.4%におよんだが[106],北海道,東北地方,愛知県を除く中部地方,中国および四国地方の貸付口数はわずか11件で1県につき4件以下でしかなかった[107]。このようにみてくると,「中小商工業者等産業資金」は,これまでの預金部資金による救済融資に比べれば,資金の消化率は好成績をあげたというべきであろう。しかし,本資金は,31年の金輸出再禁止以後に輸出品工業や軍需品工業が活況を呈した大都市圏の[108],それも主に中規模な商工業者にたいして貸し出され,金融の梗塞に苦しみ救済を切望していた地方産業や小零細商工業にたいしてはほとんど融通されなかったといえよう。したがって,本資金は,前述したような中小工業の跛行的な展開を促進し,地方の中小工業の金融難をさらに助長する大きな要因となったのである。

ただ,この時期に注目されることは,地方庁による損失補償制度の導入で

あった。前述したように，32年8月に政府は，政府資金あるいは金融機関の自己資金による貸付について，道府県(または6大都市)負担による損失補償制度を実施することにした。本制度は26府県4市が実施承認を受け，その貸付予定額は6859万円におよんだ[109]。そして，最終的に打ち切られた36年12月末までに本制度によって融通された総額は3744万円となり[110]，それは貸付予定額の54.6%にのぼった。このようなことから，道府県負担による損失補償制度は，政府資金の貸付消化を促進し，金融機関の中小商工業融資の呼び水として，かなり役割を果たしたといえよう。しかし，損失補償制度による貸付実績をみると，東京府・市および横浜市の京浜地域と大阪府，京都府・市，兵庫県，名古屋市の京阪・中京地区の貸付実績は，合計で1642万円となり全体(2041万円)の80.5%を占めた[111]。したがって，損失補償制度も大都市圏の輸出品工業や軍需品工業といった好況業種の中規模な商工業に融資をより促進したにすぎなかった。

2. 商工組合中央金庫の創設

(1) 工業組合法の制定と下請工業助成計画

　1925(大正14)年の重要輸出品工業組合法の制定によってその緒についた中小工業の組織化政策は，昭和初年においてはその成果は満足すべきものではなかった。27(昭和2)年の金融恐慌や30年の金輸出解禁後の激烈な恐慌の前に，大多数の中小工業は経営の安定が得られないまま苦境に沈んでいた。こうしたなかで，商工省は，自治的な統制権限を与えた組合組織を中小工業全般に発展させ，過当競争による中小工業の共倒れを防止すると同時に，金融難も組合制度によって緩和させる構想を打ち出した。この構想にもとづいて，31年4月1日に重要輸出品工業組合法を改正し，同法の名称を「工業組合法」と改めたのである。この改正で注意を要する点は，①工業組合を設立できる範囲を従来の「重要輸出品」の製造業者から「重要工産品」のそれに拡大したこと(第1条)，②組合の事業に組合員にたいする資金の貸付および貯金の受入を加えたこと(第3条)，③工業組合の事業統制を徹底させるとともに，その統制力の濫用を取り締まる規定を置いたこと(第6条の2)，④行政

表 1-15　工業組合の発達状況

年　度	設立数	解散数	組合数	組合員数	出資総額 （千円）
1931(昭和6)年	44	3	152	—	—
32 年	61	1	212	16,919	11,369
33 年	134	2	344	23,831	14,874
34 年	169	—	513	40,950	19,220
35 年	152	3	662	53,793	22,924
36 年	190	2	850	68,537	25,924
37 年	325	2	1,173	88,354	30,935

出所）　由井，前掲書，285 頁（商工省工務局編『工業組合概況』各年度版）。

官庁が工業組合にたいし，検査命令やアウトサイダー規制を下す要件を「営業上ノ弊害ヲ矯正スル為」から「営業上ノ弊害ヲ予防シ矯正スル為」に改めて，強制カルテルの発動を容易にしたこと（第7・8条），であった[112]。こうして，工業組合法は同年7月1日から施行され，ここにはじめて協同事業と統制事業を兼ね備える中小工業のための組合制度が確立し，わが国の中小工業組織化政策はこれにもとづいて展開することになった。また同法により工業組合は協同事業の一つとして金融事業を営むことが可能となったが，これによって中小工業の組織化政策と金融政策は結びつきを強め，商工組合中央金庫の設立の基盤が客観的に醸成されることになった。さて，「工業組合法」の下で中小工業の統制が効果をあらわしたのは，31年12月の金輸出再禁止を契機とする円為替低落の後であったといわれ，輸出縞綿布や輸出綿縮などで輸出の増進ならびに経営の安定に少なからず成果をあげた[113]。そこで，政府は，工業組合の統制機能を中小工業問題の解決に広く活用することとし，32年から工業組合普及運動を全国的に呼び起こすことに努め，さらに工業組合をより一層普及させる目的をもって，33年3月27日に「工業組合法」を再び改正した。この改正によって統制規定の整備・強化が図られた[114]。こうして，表1-15にみられるように，31年度には152組合を数えるにすぎなかった工業組合は，32年度以降その設立が活発となり，36年度には850組合に達するまでに躍進したのであった。

　また，政府は，工業組合をさらに活用して，地方の中小工業を府県の監督・指導の下に工業組合に組織し，軍需品の集団的な受注を斡旋し，不況に

悩む中小工業を救済しようとする下請工業政策(地方統制工業政策)の実行に着手した。この政策は，5.15事件後に中小商工業問題がますます社会・政治問題化したのを背景に，35年春に商工省で立案された地方工業化政策の一環として検討が行われ，具体的な対応は同年10月に設置された地方工業化委員会で進められた[115]。本委員会での下請工業にたいする政策方針は，37年1月に地方長官に通牒された「下請工業助成計画要綱」としてまとめられた。この計画要綱に示された下請政策の主な内容は，①下請工業の助成は，各地方の中小の機械工業，金属工業，木工業などに実施する，②下請工業助成の実施にあたって，地方庁による工業組合の組織化，工業組合による統制を行う，③地方庁の役割として，受注品の分割，納期，品質，規格などの監督や，精神，技術，経営方面の相互啓発，受注の斡旋などを行う，④計画の実施当初は，既設設備を利用し，作業機械，設備の拡張を回避する，⑤地方庁でも地方工業化委員会を設置する，というものであった。つまり，地方工業化政策の下請工業政策は，地方の工業化を促進するために下請工業の振興を課題とし，その振興を図るために中小工業の軍需下請化を企図したのである。計画要綱にもとづく下請関係工業組合は37年度末までに325，組合員数は1万4000人を超え，軍需下請の発注額も36年度の180万円から37年度の1850万円(10.3倍)に激増した[116]。商工省による下請工業助成補助金交付額も36年度には13県に8万円であったが，37年度には32道県に54万円(6.8倍)が交付された[117]。地方における地方工業化委員会の設置は38年10月末までに39道県(準備中を含む)で進み，下請工業政策は制度的には全国に展開していった[118]。しかし，このような下請工業政策は，期待していた民間大工場からの発注が少額であったこと[119]，下請工業組合の工場設備が劣悪で，製品の品質，納期などに問題が多かったこと[120]，などの問題点があった。そして，37年7月に日中戦争が勃発し，政府の戦時統制の体制が準備されると，下請工業政策は転廃業政策として大規模に展開されるようになる。

(2) 商工組合中央金庫の設立

中小商工業の金融難は，金融恐慌による地方銀行の破綻を契機に一段と悪化し，昭和恐慌期には際限のない共倒れ的な競争をともないつつ社会問題化した。こうしたなかで，中小商工業のための金融機関である商工組合中央金庫が，いかなる歴史的経緯の下に創立されたかをみてみたい。

1927(昭和2)年10月に商工審議会の答申「中小工業ニ対スル金融改善方策要綱」において，中小工業の金融難を改善するために「国内ノ同種ノ組合団体ノ出資ヲ似テ彼等ノ金融ヲ助クル目的ヲ有スル特別ナル中央金庫ヲ設クルコトモ一方法ナルベシ」との提言が行われ，重要輸出品工業組合法による工業組合の助成策として協同事業を活発にするための系統的な融資機関が構想された[121]。これは，商工組合中央金庫設立への最初の提案として注目される。また，昭和恐慌期の30年4月に提出された臨時産業審議会の答申「中小工業ノ金融改善ニ関スル事項」においても，「工業組合ニ対シ其ノ出資ヲ似テ特別ナル中央金庫ヲ設ケ政府ニ於テ出資資金ノ融通等ノ形式ニ依リ相当助成スルヲ得ハ中小工業金融ノ改善上資スルトコロ大ナルヘシ」と指摘され，政府の中小工業にたいする金融施策として工業組合中央金庫の設立が最も適切な手段であるとされた[122]。そして，31年4月に重要輸出品工業組合法が改正され，工業組合に統制事業とともに協同事業の一つとして金融事業を営むことが認められるようになると，工業組合に資金を融通する中央金庫の設立の基盤が客観的に醸成されることになった。このころから民間においても工業組合中央金庫の設置要求が相次いで提出されるようになった。例えば，31年11月に愛知県工業組合協会は，工業組合中央金庫にたいする立法措置を商工・大蔵両省に陳情しており，その後も同趣旨の陳情が東京府，大阪府の工業組合協会からなされている[123]。

ところで，32年の5.15事件の後，中小商工業者や農民の疲弊・困憊が深刻な政治問題となり，同年6月13日にいわゆる時局匡救議会(第63回臨時国会)が招集され，ここで農山漁村ならびに中小商工業の窮状打開のために，金融の疎通，負債の整理などの諸施策が検討されることになった。こうしたなかで，政府は6月17日に農村・中小商工業者救済の具体案を審議するた

めに五相会議を開催し，19日の会議において中島久万吉商工大臣から「商工貸付金庫法案要綱」が提案された。同要綱によれば，商工貸付金庫は「中小商工業者にたいする特別金融機関」として規定され，資本金は2000万円以上とし，このうち政府出資は1000万円，工業組合や輸出組合などの経済団体からもできるだけ出資を募集することとしている。貸付方法については，貸付限度を1口1万円以内としたうえで，主として中小商工業者の経済団体を貸付対象とし，数名以上の連帯保証がある場合には，無担保貸付が可能であるとした[124]。しかし，この法案は高橋大蔵大臣の反対にあい，次の五相会議では撤回された[125]。この結果，しばらく商工省は中央金庫設立問題に消極的になった。一方，民間レベルでは中央金庫の設立運動は一段と活発になりながら継続されていった。32年7月に任意団体として設立された工業組合中央会は，10月に「工業組合中央金庫案」を決定し，11月商工大臣宛に建議を行った[126]。翌33年6月と9月には，全国工業組合大会と第1回全国商業組合大会がそれぞれ開催され，中央金庫の設立の決議，建議が行われた[127]。さらに，34年3月1日，366名の工業組合関係者は，工業組合中央金庫の設立に関する請願書を貴族院と衆議院に提出し，これにより民間側の要望がより明確となった[128]。この請願書は両院において採択され，意見書とともに政府に送付された。しかし，政府側は，中小商工業の金融難には府県による損失補償制度の充実ないし預金部低利資金の供給の増大と組合の発達奨励とを合わせて行うことが現状では適当であり，また中央金庫の設置については工業組合あるいは商業組合の発達の程度が不十分で，特に金融事業の不活発な点からみて，時期尚早という見解を示した[129]。

しかし，34年7月に岡田啓介内閣が成立すると，中央金庫をめぐる商工省の姿勢は再び積極的なものとなった。翌35年1月の第67回帝国議会において，町田忠治商工大臣は「相当急イデ立テナケレバナラヌノハ工業組合，商業組合ニ対スル中心ノ金融機関デアリマス」と表明し[130]，政治問題として中央金庫の設立の実現を図ることにした。このような中央金庫設置促進への転換の背景には，中小商工業者の組織した全日本商権擁護連盟(33年結成)による反産運動の高揚という新しい情勢が存在していた。すなわち，第

67議会には米穀自治管理法案および産繭処理統制案といった農村救済関連法案が上程されていたが，これに関連した産業組合運動が盛んになるにつれて，そのために中小商工業者が窮地に陥ることを理由として，反産運動が全国各地で展開された。こうした情勢の下で，米穀自治管理法案を成立させるためには，中小商工業者に系統金融機関の創設といった具体案を示すことにより，産業組合と中小商工業者との対立激化を緩和しなければならなかった[131]。こうして，35年5月3日には，商工省に商工中央金庫法立案準備委員会が組織され，金庫の設立構想を具体化する作業が開始された。そして，同年8月に，第68回帝国議会提出予算案に関連して，商工省は「商工中央金庫案」を発表した。それには，資本金1000万円（政府，組合の出資金各500万円）の中央金庫で，工業・商業・輸出各組合にたいする貯金，貸出，手形割引および有価証券の保護預りと委託売買が主要な事業として規定されていた[132]。しかし，この中央金庫設立案にたいしても大蔵省は，中小商工業の金融難には日本興業銀行などの既存の金融機関を活用することが最も効果的であるとし，強い難色を示したのである[133]。

この大蔵省の消極姿勢をみて，35年9月19日に工業組合中央会，輸出組合中央会および商業組合の代表者は「商工中央金庫期成同盟」を結成し，ここに猛烈な期成運動が全国の中小商工業者を動員して展開され，10月26日には商工中央金庫設立促進全国大会が開かれた[134]。このような民間側の中央金庫設置にたいする熱望にもかかわらず，商工省・大蔵省間の折衝は難航を続けた。しかし，岡田総理大臣や結城興銀総裁の仲裁によって，35年11月24日には商工・大蔵両大臣間に商工金融機関の設置を原則的に承認する了解が成立し，ようやく中央金庫の設立関係予算が復活容認されるに至った。かくして，12月3日に商工・大蔵両省間において，組合への金融を専門とし，資本金500万円（政府，組合の出資金は各250万円）とする「商工組合中央金庫法案要綱」が作成された。そして，翌36年2月に2.26事件が起こり，3月に成立した広田弘毅内閣は中小商工業者の経営難や農民の窮乏にたいして救済措置をとる方向を打ち出したので，同法案は4月28日に閣議決定されたうえで（このとき中央金庫の資本金は1000万円に増額された），第69回

帝国議会に提出され，5月18日の両院を無修正で通過成立し，6月20日に施行された。なお，商工組合中央金庫が設立事務を終えて業務を開始したのは36年12月10日のことであったが，当初の加盟組合は工業組合664，商業組合860，輸出組合85であった[135]。また，商工組合中央金庫の貸付金は，①組合の共同仕入，共同販売などに要する運転資金および倉庫，工場などの設備資金，②組合が組合員にたいして事業費として貸し付ける転貸資金，③以上のために組合が起こした1日債の借換資金，にたいして融通されるものであった[136]。

1) 農商務省工務局編『主要工業概覧』(1912年)では，「機械力ヲ応用セル小工場組織」を中工業組織，「手工」または「家内工業」を小工業組織と称し，あわせて「中小工業」という用語を使用するに至っている。
2) 大川一司，篠原三代平，梅村又次編『貿易と国際収支』(長期経済統計14)，東洋経済新報社，1979年，224-225頁 第16表。
3) 事業計画の総計は1914年2億5080万円，18年26億7690万円，製造業はそれぞれ4022万円，8億7877万円，鉱業は1669万円，2億9779万円，海運業は1930万円，1億9595万円，電気電燈業は3099万円，1億5582万円。楫西光速，加藤俊彦，大島清，大内力『日本資本主義の発展III』東京大学出版会，1977年，506-507頁 第153表。
4) 化学工業の1916～18年の事業計画高合計は3億9111万円，機械器具工業のそれは2億7000万円，金属工業2億6696万円。同上。
5) 日露戦争前後の中小工業の機械化・動力化については，山口和雄著『日本産業金融史研究』(織物金融編)，東京大学出版会，1974年，20-41頁および黄完晟『日本都市中小工業史』臨川書店，1992年，22-26頁参照。
6) 詳しくは，小宮山琢二『日本中小工業研究』中央公論社，1941年，13頁参照。
7) 第一次大戦前後の中小工業が生産組織において不備な発展を遂げたことについては，山中篤太郎『中小工業の本質と展開』有斐閣，1948年，112-113頁，由井常彦『中小企業政策の史的研究』東洋経済新報社，1967年，65-66頁，由井常彦「中小工業の経営史的概説」(下)(明治大)『経営論集』15集，1959年11月，92-95頁参照。
8) 日本銀行調査局『世界戦争終了後ニ於ケル本邦財界動揺史』1923年，324頁。
9) 同上書，298頁。
10) 1920年の生糸の最高値は4260円(1月)，最低値は1130円(9月)，綿糸はそれぞれ649円10銭(3月)，233円70銭(10月)。大島清『日本恐慌史論』(下)，東京大学出版会，1971年，134頁 第60表。
11) 1917年10月の調査によると，第一次大戦の開戦以来工場新設が二番目に多いの

が織物業で，その新設工場数は1511，従業員数は3万7033人におよび(商工局『時局ノ工場及職工ニ及ホシタル影響』1919年，2頁)，また開戦以来工場拡張が一番目に多いのが織物業で，その拡張工場数は1122，従業員数2万7921人であり(同上書，24頁)，第一次大戦の開戦以来の織物業の躍進ぶりがわかる。山田盛太郎『日本資本主義分析』岩波文庫，1992年，80頁。また，14年から19年にかけて，織物業の生産額は2億8312万円から18億6945万円へと6.6倍の増加を示した。前掲『世界戦争終了後ニ於ケル本邦財界動揺史』242頁。

12) 同上『世界戦争終了後ニ於ケル本邦財政動揺史』292頁の付表。

13) 前橋玉絲業者，三遠玉絲同業組合，埼玉県飯能武蔵織物組合，同飛白組合，八王子機業家，山梨県南北都留両郡の機業家，福井の羽二重機業家，滋賀県長浜のビロード組合などがいずれも休業するに至った。詳しくは，同上書，241-267頁参照。

14) 農商務省『第三十八次農商務統計表』38-39頁「織物ノ一」。また，桐生の織物業では，恐慌直前の1920年1月から恐慌直後の同年6月までのわずか6カ月間に，織物製造業者(輸出向け・内地向け)は886から133へと753も激減し，従業員数(織元・賃業者)は2万2329人から2208人へと実に2万121人も減少している。山田，前掲書，81頁。

15) 反動恐慌時における機業経営の金融・原料取得の状況については，農商務省工務局編『織物及莫大小に関する調査』1925年，9-11頁，15-18頁および由井，前掲論文，84-86頁，108-110頁参照。

16) 物価指数をみると，1921年4月には200となり底をついたが，その後は騰貴に転じ12月には220となっている。これに対応して滞貨も減少しはじめ，全国重要倉庫貨物残高は反動恐慌時の20年5月の12億6520万円から21年12月の5億5070万円へと半分以下となった。大島，前掲書，194頁 第78表および194頁 第79表。また，株価指数は21年5月の129を底として8月の138まで漸騰した。日本銀行調査局編『本邦経済統計』第2巻(1925年)，クレス出版，1991年，113頁。

17) 株価指数は1921年8月の138を頂点とし11月には128まで下落し，物価指数も10月の225を頂点として以後は低落傾向を示している。同上『本邦経済統計』113頁および大島，同上書，194頁 第78表。

18) 1922年11月から12月にかけての全国的な銀行取付によって16行が支払停止に陥った。大島，同上書，207頁。

19) 「……多数の機業者が只雑然として分立し互いに競争して弱肉強食的現象を呈し，……小規模なるものは一面大規模なる同業者に脅威せられ，他面原料若しくは製品の取扱商人に圧せられて経営の困難に陥り，為に生産費の無理なる低減をなさむとして敢えて粗製品を濫造して投売に附し，市場を攪乱し延いて斯業全体に悪影響を及ぼすに至るもの尠からず……」などと述べられている。前掲『織物及莫大小に関する調査』19頁。

20) 第一次大戦の勃発した1914年12月から反動恐慌の起こった20年12月に至る7年間に，普通銀行の貸出額は17億2685万円から59億296万円へ3.4倍の急速な増

加を示し，また1行当たりの貸出額は108万円から446万円へと4.1倍も増大した。大蔵省理財局編纂『金融事項参考書』1928年調，雄松堂，1993年，106頁。

21) 銀行資金の固定化について考察してみよう。資料1-1はシンジケート銀行(特殊銀行を除く18行)と主要地方銀行(28行)の貸付金の内容をみたものである。まずシンジケート銀行についてみると，貸出合計額は好況の絶頂期である1919年12月から22年12月の間にほとんど変化していないのであるが，その内訳においては大きな変化が生じている。すなわち，この間に，商業資金として利用され最も流動的性質をもつ割引手形は23.3%減少し，それに準ずる当座貸も11.4%減じている。他方，最も固定的性質を有する証書貸付は43.7%の増加を示し，事実上証書貸付に近い性質をもっている手形貸付も20.3%増加している。これは反動恐慌後の不況の継続過程において商業資金の需要が減少したことを反映しているとともに，救済融資の性格をもつ固定貸が増大したことを示しているものといえよう。このことは地方銀行においては，さらに顕著である。主要地方銀行についてみれば，19年12月から23年3月の間に，貸出合計額は10.8%増加しているが，割引手形は逆に17.8%も減少している。そして，証書貸付は実に84.2%も増加しており，手形貸付も8.8%の増加を示している。しかも，これらは主要な地方銀行の数字であるから，このほかの群小地方銀行の数字は当然これよりもっと不健全な状況にあったと考えられる。

資料1-1　シンジケート銀行(18行)の貸出金の内訳

(単位：100万円)

	証書貸付	手形貸付	当座貸	割引手形	合計
1919(大正8)年12月	87	1,307	288	1,021	2,703
20年12月	107	1,496	277	760	2,640
21年 6月	146	1,516	236	731	2,631
12月	129	1,629	261	778	2,798
22年 6月	137	1,617	271	741	2,766
12月	125	1,572	255	783	2,737

主要地方銀行(28行)の貸出金の内訳

(単位：100万円)

	証書貸付	手形貸付	当座貸	割引手形	合計
1919(大正8)年12月	38	217	75	118	450
20年 3月	39	222	82	116	471
12月	46	216	76	95	435
21年12月	54	239	84	101	480
22年12月	62	245	91	104	504
23年 3月	70	236	94	97	499

出所　大島清『日本恐慌史論』(下)，東京大学出版会，1971年，204頁 第84表。

22) 貸付日歩(証書貸付)の平均をみると，反動恐慌前の1919年は2.37銭，20年2.91銭，21年3.0銭，22年2.99銭，23年3.04銭，24年3.12銭，25年2.79銭，26年2.93銭で，反動恐慌以来金融市場が常に逼迫していたことのおよその傾向がわかる。楫西光速，加藤俊彦，大島清，大内力『日本資本主義の没落I』東京大学出版会，

1977 年，132 頁 第 42 表。
23) 加藤俊彦『本邦銀行史論』東京大学出版会，1978 年，295-296 頁。
24) 同上書，283 頁 第 114 表。
25) 日本銀行福島支店は，福島県の輸出羽二重機業が貿易の杜絶によってまったく行き詰まった状況を「目下川俣町ニ於ケル機業者中或僅少ノ部分ヲ除キテハ何レモ懐具合極メテ悪シク操業資金即チ生産費ノ支出ニサヘ困難ヲ感ジツツアルノ有様ナレバ新ニ工場ヲ設立セントスルモノノ如キハ最早皆無ノ姿ニテ既設工場中ニモ操業ヲ休止スルモノ続出スルノ現況ニアリ」と報告した。由井，前掲書，88 頁(日本銀行福島支店「川俣羽二重ニ関スル調査」日本銀行調査局編『日本金融史資料』明治大正編，第 23 巻，1957 年，827 頁)。
26) 日本興業銀行臨時史料室編纂『日本興業銀行五十年史』1957 年，191 頁。
27) 日本勧業銀行調査部編『日本勧業銀行史』(特殊銀行時代)，1953 年，343 頁(1914 年 10 月 19 日大蔵・農商務省両次官通牒)。
28) 詳しくは，同上書，343-345 頁参照。
29) 1914 年の「貿易関係中小工業救済貸付」の予定額が 800 万円であったのにたいし実績額も 800 万円であった。商工組合中央金庫編纂『商工組合中央金庫三十年史』1969 年，44 頁 表-1-0-14。
30) この点については，由井，前掲書，58-60 頁(農商務省工務局『工務局ノ事務及其ノ方針』「中以下ノ工業ニ対スル施設」1911 年)参照。
31) 由井，前掲論文，86 頁。
32) 前掲『日本興業銀行五十年史』191 頁。
33) 「救済資金貸出状況」『東京経済雑誌』1800 号，1915 年，30 頁。
34) 同上。
35) 同上，29 頁。
36) 同上，29-30 頁。
37) 同上。
38) この実績額を使途別にみると，銀行支払準備金資金が 8533 万円と最も多く，株式市場救済資金 7062 万円がこれに続き，両者で実績額の 64.3%を占めており，また綿糸・羊毛・製糸・機業・砂糖・銅・銑鉄といった産業部門にたいする資金は，4320 万円で実績額の 17.8%にのぼっていた。日本銀行百年史編纂委員会『日本銀行百年史』第 3 巻，1983 年，14 頁 表 1-1。
39) この事業資金の 1 口当たり貸付額は 104 万円と極めて大口であり，しかも貸付額を業種別にみると，電力業が 865 万円(貸付額の 18.1%)で最も多く，次いで製紙・製粉業 800 万円(16.7%)，海運・造船業 700 万円(14.6%)，化学工業 680 万円(14.2%)，鉱業 500 万円(10.5%)，紡織業 412 万円(8.6%)，鉄道業 300 万円(6.3%)であった。前掲『日本興業銀行五十年史』196 頁 第 34 表。
40) 臨時工業資金については，同上書，209-210 頁および 211 頁 第 43 表参照。
41) 罹災地応急資金については，前掲『日本勧業銀行史』471-473 頁および 473 頁 第

15 表参照。
42) 日本の中小工業問題の登場とそれへの政策対応については，由井，前掲書，55-61頁参照。
43) 1912年末ごろから農商務省は，道府県，商業会議所あるいは産業組合中央会などを指導しながら，商工業者の間に信用組合の設立を奨励した。
44) 森静朗『庶民金融思想史大系』第2巻，日本経済評論社，1978年，364頁(大蔵省銀行局『庶民銀行概観』1917年，139頁)。
45) 日本銀行京都支店の調査(1913年2月)は，中小商工業者にとって手軽に利用できるのは無尽講であって，産業組合は最も理想的な融通機関であるが，都市における設立はほとんどなく，事務手続きが煩雑のうえ，貸出の金額が小さいので，中小商工業者の資金需要に応じることができない，と観察している。日本銀行京都支店「京都府，滋賀県下ニ於ケル銀行以外ノ金融機関」1913年，前掲『日本金融史資料』明治大正編，第25巻，1957年，10頁。また同行名古屋支店の調査(同年10月)でも，中小商工業者の融通機関として最も重要な地位を占めるのは相互的融通機関である講会であり，営利的機関である金銭貸付業，質屋および無尽会社がこれに続き，公益機関である信用組合の地位は最下位である，と報告されている。由井，前掲書，97頁(日本銀行名古屋支店「愛知，三重，岐阜三県下ニ於ケル銀行以外ノ金融機関」1913年，同上『日本金融史資料』284頁)。
46) 由井，前掲書，97頁(大蔵省「無尽ニ関スル調査」1915年，前掲『日本金融史料』明治大正編，第25巻，524頁，551-553頁)。
47) 無尽業法施行時の営業無尽営業者数は，徳島県の異常な営業者数1190を差し引いた数字。麻島昭一「無尽業の存立基盤とその変質」国際連合大学(人間と社会の開発プログラム研究報告)，1983年，12頁 第2表。
48) 由井，前掲書，97頁(日本銀行臨時調査委員会「工業金融ニ関スル調査」1917年，前掲『日本金融史資料』明治大正編，第24巻，1957年，407頁)。
49) 制度の改正問題と経済調査会の答申については，同上書，99-100頁。
50) 市街地信用組合制度については，全国信用金庫協会編『信用金庫二十五年史』1977年，34-36頁参照。
51) 全国信用金庫協会編『信用金庫史』1959年，89頁。
52) 入江弘『中小工業の金融問題』工業組合中央会，1935年，18-19頁。
53) 菊池道男「大正・昭和初期中小企業金融の整備と救済」(中央学院大学総合科学研究所)『紀要』第8巻第1号，1990年10月，81-82頁。
54) 詳しくは，日本銀行「昭和二年一月以降休業銀行営業成績」(1927年5月)，前掲『日本金融史資料』昭和編，第25巻，1969年，91-118頁参照。なお，1928年の新銀行法(第3条)では，銀行の最低資本金を100万円と規定したので，資本金100万円以下の銀行を「小銀行」とした。
55) 1923年末から26年末にかけて，普通銀行の貸出金(貸付金，当座貸越，割引手形，荷為替手形)は11億6079万円の増加を示しているが，その増加の大部分は貸付金の

増加によるものであった。貸付金は、この間に 10 億 7448 万円増加し、その増加率は 20.2％にも達していた。楫西光速、加藤俊彦、大島清、大内力『日本資本主義の没落 II』東京大学出版会、1977 年、325 頁 第 107 表(前掲『金融事項参考書』1937 年調、1993 年、120 頁)。このような貸付金の異常な増加は、第一次大戦中の好況期に極度に膨張した銀行の貸出が反動恐慌や関東大震災に際しても依然整理されず、むしろかえって関係企業を救済するために追加貸出が行われたためであろう。

56) 1927 年 12 月の東京商業会議所の調査資料は「休業銀行ノ現出ハソレ丈中小商工業者ニ対スル金融機関ノ数ヲ減少セルト共ニ資金ノ疏通ヲ休止シ他方ニ於テ現存銀行ノ資金放出ニツキ警戒ヲ厳ニ為スノ因ヲ作ル」と報告している。由井、前掲書、142 頁(東京商業会議所「中小商工業ノ金融逼迫ニ関スル資料」1927 年、前掲『日本金融史資料』昭和編、第 26 巻、310 頁)。

57) 本調査については、大蔵省昭和財政史編集室編『昭和財政史』第 10 巻(金融-上)、東洋経済新報社、1955 年、70-79 頁参照。

58) 前掲『金融事項参考書』1928 年調、1993 年、147 頁。

59) 前掲『昭和財政史』82-83 頁 第 6 表。

60) 1927 年に東京商業会議所は、「資金ガ大銀行郵便貯金等ニ偏在スルコトハ多ク論ズル迄モナクソレ丈中小商工業金融ヲ梗塞セシムル因ヲ為スモノナレバナリ。而モ中小商工業ニ対シ是等休業銀行整理ニヨル資金ノ疏通、現在銀行ノ資金放出ニ対スル警戒解除及大銀行ニ於ケル資金ノ偏在緩和等ハ急速ニ之ヲ旧状ニ復帰シ得ザルモノト云ハザルベカラズ」とし、資金偏在や銀行の貸出警戒が中小商工業の金融難を深刻化させているから、これを緩和しなければならないと報告している。由井、前掲書、142 頁(前掲「中小商工業ノ金融逼迫ニ関スル資料」、前掲『日本金融史資料』昭和編、第 26 巻、310 頁)。

61) 加藤、前掲書、304 頁。

62) 同上書、283 頁 第 114 表。

63) 同上書、308 頁 第 122 表。

64) それは一般的な傾向として普通銀行の預金および貸出の趨勢にもみられる。すなわち、普通銀行の預金は 1927 年 12 月末の 89 億 647 万円から 28 年 12 月末の 92 億 1595 万円へと 3 億 948 万円増加したにもかかわらず、貸出は同期間に 81 億 2293 万円から 75 億 5523 万円へと 5 億 6770 万円の減少となっている。前掲『昭和財政史』126 頁 第 8 表。

65) 同上書、120 頁。

66) 東京では 1928 年 1 月 6 日にコールが協定率以下になり、10 日には最低 4 厘 5 毛という 21 年 1 月 13 日以来の低利となり、大阪では 1 月中旬から猛烈な貸出競争を引き起こし、最低割引日歩は一流事業手形 1 銭 2 厘、紡績手形 7 厘、商業手形 1 銭となり、前年の同期に比べて 7、8 厘方の暴落となった。同上書、120-121 頁。

67) 東京商工会議所「中小商工業金融当面ノ対策ニ関スル建議」(1929 年 6 月)、前掲『日本金融史資料』昭和編、第 25 巻、549 頁。

第1章　日本の中小工業と商工組合中央金庫の創設　　65

68) この恐慌の過程を簡単にみよう。日銀券発行高は1930年1月14億4300万円,6月12億9100万円,12月14億3600万円,31年3月11億6900万円,9月10億5400万円と減少し,これは信用を縮小させる結果を生み,それはまた恐慌を激化させる作用を果たした(大島,前掲書,337頁 第129表)。東京卸売物価指数(1901年10月=100)をみると,29年は219.8であったが30年には180.9と21.5%下落し,31年にはさらに153.0と18.2%低落し,3年間に43.7%の下落となった(前掲『金融事項参考書』1935年調,332-333頁)。この場合,特に生糸,綿糸の下落が激しく,恐慌の深刻さを示した。生糸(横浜相場,100斤)は29年12月は1171円40銭であったが,30年6月には849円,12月には625円,31年6月は527円と低落し,綿糸(1梱)はそれぞれ193円18銭,125円96銭,139円65銭,136円42銭と下落した(前掲『日本資本主義の没落Ⅱ』364頁 第119表：前掲『金融事項参考書』1932年調,354-357頁)。貿易(内地)についてみると,輸出は29年の21億4862万円から30年の14億6985万円へと46.2%減少し,輸入は22億1624万円から15億4607万円へと43.4%の減少であり,30年の入超額は7622万円となっている。この貿易の減退は31年には一層激化し,輸出は11億4698万円で29年に比べて87.3%の減少,輸入は12億3567万円で79.4%の減少であり,31年の入超額は8869万円であった。これを重要輸出品である生糸,綿織物,絹織物についてみると,生糸の輸出は29年の7億8104万円,30年4億1665万円,31年3億5539万円へ,綿織物のそれはそれぞれ4億1271万円,2億7212万円,1億9873万円へ,絹織物は1億4995万円,1億71万円,8277万円へと激しく減少していることがわかる(前掲『金融事項参考書』1933年調,366-369頁および380-381頁)。

69) こうした恐慌の経過のなかで当然のことであるが国内消費は縮小した。個人消費支出(当年価格)は,1929年の122億9086万円から30年の113億2520万円,31年の101億9837万円へと3年間で20.5%減少している。大川一司,篠原三代平,梅村叉次郎編『個人消費支出』(長期経済統計6),東洋経済新報社,1967年,第1表。

70) 『東京朝日新聞』「あへぐ中小商工業」(13)(18)(20),1932年7月20,27,29日および「苦悩の奈落に沈む中小商工業」(13)(18)(20),1932年7月20,27,29日。

71) 由井,前掲書,148頁。

72) 前掲『昭和財政史』246-247頁。

73) 大島,前掲書,351頁。

74) 『東京朝日新聞』「苦悩の奈落に沈む中小商工業」(15),1932年7月22日。

75) 東京市役所編『東京市に於ける中小商工業者の実際』上編,工政会出版部,1932年,38頁。

76) 由井,前掲書,149頁。

77) 同上書,149-150頁(井上準之助論叢編纂会『井上準之助論叢』第3巻,原書房,1982年,462頁)。

78) 同上書,137-138頁(全国商業会議所連合会「中小商工金融疏通ニ関スル建議案」1927年,前掲『日本金融史資料』昭和編,第25巻,546頁)。

79) この答申では，金融恐慌下における中小工業者の金融窮状の実態を「中小工業者が最も普通に難渋とする所のものは工場の設備費及び原料買入資金の調達並に手持商品の資金化難即ち之なり」とし，その改善策として①工場設備費については多数同業者の組合団体の共同工場の施設にたいして補助金を交付すること，②原料買入資金は組合団体の共同購入にたいして貸し付け，この買入原料を担保とすること，③手持商品の資金化についてはその商品が売り捌かれるまで流通資金の融通を図ること，その場合同業者を網羅した強力な組合を組織させ，共同販売や生産額の協定割当の実行と製品の検査の厳格化，また共同倉庫を設けさせること，④組合団体で原料の購入および商品の資金化を共同事業として行えない場合においても，組合は組合員を援助する施策を講じること，⑤政府は預金部資金による特別資金の融通，あるいは同種の組合団体の出資をもって組合の金融を助ける中央金庫を設けることを検討すること，という5つが提案された。由井，前掲書，139-140頁(通商産業省『商工政策史』第4巻，1961年，318-320頁)。
80) 1927年12月に東京商業会議所は中小商工業者の窮状救済のため預金部資金の低利融通を政府に陳情した。同上書，141-142頁。
81) この特別融資の制度概要については，同上書，165-166頁(前掲『商工政策史』第12巻，109頁)参照。
82) この点については，松崎壽『本邦中小工業金融論』文雅堂，1934年，157-160頁参照。
83) 前掲『商工政策史』第12巻，111頁。
84) 諮問第一号と第三号およびこれにたいする答申については，前掲『商工政策史』第4巻，350-351頁および353-357頁参照。
85) 本答申は，中小工業への金融は「同業者協同ノ組合ヲシテ之ニ当ラシムルヲ最モ適当」であるとし，この組合によって資金融通を円滑にするためには①工業組合の事業の範囲を製品の検査取締および事業経営上の制限，共同設備，共同購入，共同販売などのほか，組合員の貯金の取扱，産業資金の貸付，組合員の資金借入にたいする保証業務にまで拡張すべきであり，②組合の責任を拡張し組合員をして出資額のほか一定の保証責任を負わせる組合組織を認めること，③政府は工業組合中央金庫を設立すること，などを提案した。
86) 本特別融資については，由井，前掲書，169-172頁(前掲『商工政策史』第12巻，112-114頁)参照。
87) 産業組合史編纂会『産業組合発達史』第3巻，1965年，114頁。
88) 軍事費は1931年度は4億5462万円であったが，35年度には10億円を超え，37年度は12億3684万円となり，それが一般会計歳出に占める割合も31年度の30.8%から次第に高まっていき37年度には45.7%と5割近くになっている。また土木費(このなかには時局匡救費が大部分含まれている)は31年度8021万円，32年度1億8594万円，33年度2億369万円で，この間に2.5倍の急増を示した。前掲『昭和財政史』第3巻，巻末資料，8-9頁。

89) 東京卸売物価指数(1931年＝100)は，総平均では31年から35年までの間に33%の騰貴を示し，37年までには68%も騰貴した。商品別では金属類が最も騰貴が著しく35年までに57%の騰貴を示し，37年には実に31年の3.28倍にもなっている。楫西光速，加藤俊彦，大島清，大内力『日本資本主義の没落III』東京大学出版会，1977年，668-669頁 第229表。また，民営工場労働者の実質賃金指数と生計費指数(1934～36年平均＝100)をみると，31年から37年の間に，インフレーションの進行にともなって生計費指数は91から107へと上昇したが，実質賃金指数は109.1から99.0へと低下している。同上書，828頁 第314表。

90) 日本の為替相場は金輸出再禁止によって崩落をはじめた。対米為替相場(平均)は，金輸出再禁止直前の1931年12月には49.375ドルと平価に近かったが，32年3月には大幅に下落して32.043ドルとなり，この下落はその後も止まることはなく33年4月には21.761ドルまで崩落した。同上書，755頁 第272表。

91) しかも，同じ時期に重化学工業分野の中小工場でも動力化が進展し，原動機を使用する工場数が著増した。原動機を使用した従業員5～99人の中小工場は，金属工業では3709から9050へ(2.4倍)，機械器具工業では5042から1万3170へ(2.6倍)，化学工業では2604から4583へ(1.8倍)大きく増加した。商工大臣官房統計課『工場統計表』1931年および1937年。

92) 商工大臣官房統計課『機械器具工業外註状況調』1936年。

93) 1937年に大阪市役所が行った調査「大阪市工業経営調査(金属・機械器具工業)」によって大阪市内の機械器具工業の下請関係をみたい。機械器具工業における下請工場数を従業員規模別にみると，下請工場の主力が従業員30人未満といった小零細工場にあることがわかる。また，収入にたいする下請作業収入の割合をみると，割合が高いのは従業員20人未満の零細工場であり，収入のおよそ4分の1であった。20人以上100人未満の中小工場の場合も収入の約10分の1が下請作業収入であった。植田浩史『戦時期日本の下請工業』ミネルヴァ書房，2004年，56頁 表2-9および58頁 表2-11。

94) この下請制について，磯部喜一氏は「第一次世界大戦終結直後に於いて，戦時中生産設備を拡張した機械工業者その他が蒙った企業的失敗の教訓が大機械工業者達の設備拡張を慎重ならしめた結果，急激に増加した軍需のうち供給不能となる虞ある部分の生産便法として，中小機械業者の下請工場化が登場した」と指摘している。磯部喜一編『中小工業統制組織』(時局と中小企業V)，有斐閣，1942年，253頁。

95) 由井，前掲書，238頁。

96) 大阪商工会議所は，政府による中小商工業者への政策金融が農林業と比べて低調であることを問題視し，政府が郵便貯金および簡易保険より1億円を限度として中小商工業者に無担保貸付を含む低利貸出を行うとする案を，1931年5月に政府に提出している。大阪商工会議所「中小商工業資金貸出ニ関スル建議」(1931年5月)，前掲『商工政策史』第12巻，100-101頁。

97) 「中小商工業者等産業資金」の制度については，由井，前掲書，255-257頁(同上

『商工政策史』179-180頁)参照。

98) 破産・廃業や合同により消滅した普通銀行は1931年108行,32年162行と相当数にのぼっており,この間に普通銀行数は683行から538行に145行減少した。これは32年が27年の新銀行法によって最低資本金額100万円に達しない無資格銀行の存続が許された最後の年であったこと,および恐慌のために破綻した地方銀行が多数あったことによるものであった。後藤新一『昭和期銀行合同史』金融財政事情研究会,1981年,48頁 表15。また,5大銀行(三井銀行,三菱銀行,安田銀行,第一銀行,住友銀行)を除く普通銀行の預金額は31年の51億円から32年の48億8800万円へと減少し,貸付額も41億7800万円から37億9900万円へと減少した。前掲『日本資本主義の没落Ⅲ』730頁 第263表。

99) 1932年に各地の商工会議所が行った金融梗塞の実状とその影響についての報告によれば,京都府では32年3月初旬に明治銀行京都支店のほか園部銀行,須知銀行,丹後産業銀行および京都第一信用組合,京都市信用組合が支払停止となったが,その影響について京都商工会議所は「各有力銀行ニ在リテモ新規貸出ハ極力手控ヘル一方回収ヲ急ク傾キアリ金融ノ梗塞可成リ深刻,殊ニ中小商工業者方面ニ対シテハ地方銀行並ニ信用組合等カ極度ノ資金難ニ陥レルヲ以テ金融ノ窮迫ハ其ノ極度ニ達セリ」と中小商工業金融の窮状を伝えている。日本商工会議所『各地金融梗塞ノ実状並ニ之カ対策ニ関スル各商工会議所意見』1932年,24-25頁。

100) 1932年4月1日に関東商工会議所連合会は,農村の疲弊とともに中小商工業の窮乏と没落がいまや「社会問題ヲ惹起シ,不祥事勃発ノ虞ナキヲ保シ難シ」と,事態を憂慮している。由井,前掲書,223頁(同上書,55-56頁)。

101) 中小商工業の救済運動は商工会議所が中心となって行われたが(前掲『各地金融梗塞ノ実状並ニ之カ対策ニ関スル各商工会議所意見』参照),そのほかに共和一新党(東京,1931年2月結成),中堅建設同盟(東京,同年3月),全日本商工党(大阪,同年3月),中産連盟(名古屋,同年3月)といった中小商工業者を基盤とする政治団体が相次いで結成され,これらを母体として全国的に統一された強力な政治運動が展開された。江口圭一『都市小ブルジョア運動史の研究』未来社,1976年,400-448頁。

102) 前掲『商工政策史』第12巻,136-137頁。

103) 同上書,180-181頁。

104) 興業銀行は中小商工業金融の取扱手続きを一層簡便化したり,輸出組合,工業組合,商業組合に無担保貸付をするなどし,商工省と呼応して中小商工業の金融に尽力した。また,興業銀行の中小商工業向け融資(自己資金・預金部資金)は,1931年下期2557万円,32年下期3199万円,33年下期3166万円,34年下期2814万円,35年下期3231万円,36年下期3572万円,37年上期3731万円で,これらは総融資残高のそれぞれ5.8%,7.7%,9.0%,9.1%,9.6%,10.0%,9.5%であった。前掲『日本興業銀行五十年史』344-349頁および348頁 第105表。

105) 日本商工会議所『全国各地方に於ける小売商業振興並に中小商工業金融改善に関する施設状況』1935年4月,12頁。なお,興業銀行は自己資金による中小商工業向

け貸付を行っていたが，34年10月末において，その1口平均貸付金額は1万1946円と非常に大口であった(口数1715件，金額2048万6587円)。

106) これら大都市圏への貸出額は429万円で，これは総額762万円の56.3%を占めた。同上書，12-14頁。

107) 貸付口数は宮城県4件，福島県1件，岩手県2件，青森県1件，北海道1件，静岡県2件で，これらへの貸出額は22万円で，これは総額762万円のわずか2.9%であった。同上書，12-14頁。

108) 地方工業化の基礎資料として作成された1940年3月の商工省振興部『本邦地方工業化の現状及地方工業化の基準』によれば，金属工業，機械器具工業，化学工業といった軍需関係工業の工場数・生産額は，第六段階地域(最高度工業化地域：東京，神奈川，愛知，大阪，兵庫，福岡)において圧倒的に多かったことがわかる。商工省振興部『本邦地方工業化の現状及地方工業化の基準』(第二回報告)1940年，28頁 第12表および30頁 第14表。

109) 前掲『商工政策史』12巻，192-193頁。

110) 由井，前掲書，271頁(同上書，195頁)。

111) 同上書，270頁 第24表。

112) 前掲『商工政策史』第11巻，1964年，75頁。

113) 1931年中に政府の監督・指導の下に業種別の統制が実施されていた輸出縞綿布，輸出綿縮，輸出綿ネル，琺瑯鉄器，陶磁器，輸出羽二重では，金輸出再禁止後の輸出増進によって，工業組合による全国的な自治統制が一気によみがえった。また輸出ゴム靴(32年3月改善委員会設置，同年8月統制実施)，自転車(32年9月委員会設置，同年11月統制実施)，タオル(32年12月委員会設置，33年2月統制実施)，セルロイド刷毛(32年12月委員会設置)，硬質陶器タイル(33年8月委員会設置，同年10月統制実施)では，臨時産業合理局の監督・指導を背景として，全国的な統制が実現をみた。これら中小工業の統制は，いずれも良好で，当該工業の輸出の増進ならびに経営の安定に少なからず成果をあげたことが確認された。詳しくは，前掲『商工政策史』第9巻，71-84頁および87-91頁参照。

114) 法律改正の要点は，次の3点であった。その一は，第8条の統制命令を組合員にたいしてのみならず組合員外にたいしても発しうることにしたこと，その二は，第8条の罰則を厳重にし従来500円以下の過料の賦課であったものを500円以下の罰金にしたこと，その三は，1932年7月に工業組合の普及・発達ならびに連絡機関として工業組合中央会が創立されたが，これを法制上根拠のある団体にしたことであった。前掲『商工政策史』第12巻，142-144頁。

115) 地方工業化政策については，由井，前掲書，311-319頁参照。

116) 同上書，316-317頁。

117) 前掲『商工政策史』第12巻，222-223頁。

118) 植田浩史「1930年代後半の下請政策の展開」(大阪市大)『季刊経済研究』第16巻第3号，1993年12月，35頁。

119) 1938年2月までの下請工業組合への発注累計額は1838万円であったが，このうち865万円(47.1%)は陸軍，918万円(49.9%)は海軍からの発注であり，民間からの発注額は54万円(2.9%)にすぎなかった。由井，前掲書，317頁(前掲『商工政策史』第12巻，225頁)。
120) 1936年末の高知，徳島，愛媛，鳥取，広島，山口における下請工業組合の工場の旋盤は1工場平均で3台弱であり，その旋盤も極めて粗悪なガタガタ旋盤にほかならなかった。田杉競『下請制工業論』有斐閣，1987年，303頁。
121) 注79)と同じ。
122) 注85)と同じ。
123) 前掲『商工組合中央金庫三十年史』48-49頁。
124) 「商工貸付金庫法案」については，同上書，49頁参照。
125) 高橋蔵相は，中小商工業の金融難には，組合形態による中小商工業者の集団的組織化によって信用力を高めることにより，既存の金融機関からの資金借入の途を開いて改善を図るべきであると主張した。商工組合中央金庫『商工組合中央金庫ニ関スル帝国議会議事録』1943年，15頁(1932年8月29日衆議院商業組合法案外一件委員会)。
126) 「工業組合中央金庫案」については，前掲『商工組合中央金庫三十年史』50頁参照。
127) これらの大会での決議，建議については，同上書，51頁参照。
128) この請願書については，同上書，51-52頁参照。
129) 前掲『商工組合中央金庫ニ関スル帝国議会議事録』21-26頁(1934年2月24日貴族院予算委員会および同年3月4日衆議院予算委員会)。
130) 同上書，29-32頁(1935年1月28日衆議院予算委員会)。
131) 柳沢遊「商工組合中央金庫の設立と活動」伊牟田敏充編著『戦時体制下の金融構造』日本評論社，1991年，384頁。
132) 「商工中央金庫案」については，前掲『商工組合中央金庫三十年史』55頁参照。
133) 同上書，55-56頁。
134) この全国大会での宣言・決議，政府への陳情書については，同上書，57-58頁参照。
135) 由井，前掲書，282頁(前掲『商工政策史』第12巻，213頁)。
136) 同上書，282-283頁。また「商工組合中央金庫法」(1936年6月20日施行)については，前掲『商工組合中央金庫三十年史』785頁以降参照。

第2章　イギリスの中小企業と商工金融会社（ICFC）の創設

第1節　第一次大戦前における中小企業とその金融

　19世紀後半における工場法は，チープ・レーバーの追放をし，それらに依存していた小企業を淘汰していき，機械制大工業への移行を促した。また，20世紀初頭までに多数の株式会社が生み出されたが，当時の産業企業の多くは非公募会社ないしはパートナーシップといった形態で経営されており，そのほとんどが中小企業であった。

　本節では，20世紀初頭までのイギリスの中小企業の存立状況を観察するとともに，中小企業が証券市場と銀行でどのような金融を行ったかを考察する。

1. 工場法の整備・拡充と中小企業の存立

　イギリスでは，1825年恐慌を画期として産業資本が確立し[1]，30年代から40年代にかけてさまざまな政治・経済の改革が急速に行われ[2]，自由主義経済が推進されていった。こうして，イギリス経済は，40年代末から70年代初頭まで，「世界の工場」時代として繁栄の時期を迎える。しかし，その後，イギリス産業資本は，1873年にはじまり96年まで継続した「大不況」期に不良企業の淘汰集中を推進しながら，1897年から1900年に至るいわゆる「創業時代」の大合同において，ほぼその独占構造を確立する[3]。1896年から1900年の間に，合同件数は118，合同に参加した企業数706，

合同によって設立された新企業の授権資本額は1億2337万ポンドにおよんだ[4]。ただ，この間に合同によって設立された新企業(118件)を授権資本規模別でみると，授権資本額50万ポンド未満の新企業が77件と圧倒的に多く，この時期の合同が比較的小さな企業による小規模合同であったことがわかる[5]。しかし，この合同運動を反映して，多くの大企業が形成されたのも事実であった。1880年から1904年までに合同によって設立された新企業の授権資本額上位50社のうち，1896年から1900年に設立された大企業は29社もあった[6]。かくして，1907年には製造業における従業員数上位100社の大企業は，労働者数の13%，純生産額の14%を占めるに至った[7]。

ところで，19世紀半ばまでのイギリスの企業は，小経営が支配的であった。表2-1は1851年の従業者規模別の雇用主数を信頼度の高い数字を示していると思われる業種についてだけみたものである。これによると，木綿業，梳毛業，絹業では従業者100人以上を有する雇用主数が合計に占める割合は他の業種に比べて非常に高くなっているが，これら3業種以外のすべての業種では従業者1～9人をもつ雇用主数の割合は50%以上を占めていた。このように，綿業，梳毛業，絹業では大経営も存在していたが，小経営が圧倒的に多かった[8]。では，19世紀半ばごろの小企業の存立状況はどのようなものであったのだろうか。ここでは，小企業が支配的であったメリヤス業と金属製品製造業についてみてみたい[9]。

メリヤス工業を象徴したものは靴下編工業であった。19世紀半ばにおいて，靴下編工業の中心地であったミッドランド地方(レスターシャー，ノッティンガムシャー，ダービーシャー)の靴下編工業では[10]，「下請制」による経営形態が重要性をもっていた。これは，下請人が靴下編業者から一定の価格で仕事を請け負い，編工の一部を家内生産者として，ほかを自らの小規模な仕事場において，それぞれ雇用し，彼らに加工させるというものであった。靴下編業者にしてみれば，下請人は，不況期には関係を絶つことができ，好況期には必要に応じて関係を展開しうる，経済的な「仲介人」であった。しかし，19世紀中期には支配的な経営形態となった下請制によって，靴下編工の窮乏はより顕著なものとなった。すなわち，靴下編工は，下請人によ

第 2 章　イギリスの中小企業と商工金融会社(ICFC)の創設　73

表 2-1　イングランドおよびウェールズにおける業種別・従業者数別の雇用主数(1851年)

(単位：人，%)

	従業者数 0 人		1〜2 人		3〜9 人		10〜19 人		20〜49 人		50〜99 人		100 人以上		合　計	
	実数	構成比	実数	構成比	実数	構成比	実数	構成比	実数	構成比	実数	構成比	実数	構成比	実数	構成比
仕 立 業 者	4,239	38.6	3,852	35.1	2,456	22.4	343	3.1	80	0.7	10	0.1	1	0.01	10,981	100.0
製 靴 業 者	7,311	41.4	6,016	34.1	3,644	20.6	444	2.5	181	1.0	38	0.2	31	0.2	17,665	100.0
機械製造業者	160	18.8	152	17.8	295	34.6	90	10.6	72	8.5	49	5.8	34	4.0	852	100.0
建 築 業 者	292	8.1	417	11.5	1,541	42.6	701	19.4	498	13.8	113	3.1	52	1.4	3,614	100.0
車 大 工	670	32.6	982	47.7	373	18.1	20	1.0	11	0.5	1	0.1	-	-	2,057	100.0
鞣 皮 業 者	31	9.1	41	12.1	147	43.4	68	20.1	39	11.5	8	2.4	5	1.5	339	100.0
羊毛衣服業者	131	11.7	199	17.8	329	29.5	156	14.0	179	16.0	41	3.7	82	7.3	1,117	100.0
梳 毛 業 者	27	17.5	14	9.1	24	15.6	20	13.0	26	16.9	12	7.8	31	20.1	154	100.0
絹 業 者	36	13.2	30	11.0	72	26.5	22	8.1	37	13.6	29	10.7	46	16.9	272	100.0
製 粉 業 者	403	16.8	1,147	47.9	722	30.2	84	3.5	23	1.0	13	0.5	2	0.1	2,394	100.0
醸 造 業 者	120	15.5	228	29.4	319	41.1	67	8.6	34	4.4	3	0.4	5	0.6	776	100.0
レ ー ス 業 者	58	18.3	54	17.0	123	38.8	28	8.8	26	8.2	9	2.8	19	6.0	317	100.0
木 綿 業 者	482	29.0	81	4.9	174	10.5	124	7.5	216	13.0	172	10.4	411	24.8	1,660	100.0
陶 器 業 者	68	18.0	68	18.0	112	29.6	31	8.2	56	14.8	7	1.9	36	9.5	378	100.0
鍛 冶 屋	2,282	31.1	4,035	55.0	967	13.2	31	0.4	15	0.2	1	0.01	-	-	7,331	100.0

(出所)　外池正治「英国産業化過程と小工業」(一橋大)『経済学研究』第 3 巻，1959 年 7 月，176 頁　第一表(J. H. Clapham, *An Economic History of Modern Britain*, Free Trade and Steel 1850-1886, Cambridge, 1952, p. 35)。

る賃金引下げならびに労働時間の延長に加えて，編機賃貸料などといった中間搾取を受けるようになったのである[11]。公にされた下請人による天引額のみで編工の賃金額の 30〜40％に達していた[12]。

さて，靴下編工業では，1860 年ごろから次第に工場制生産が行われるようになった。しかし，全体としてみると工場制生産は非常に限られたものであった。62 年に靴下編工業に従事していた者はおよそ 12 万人と推測されるが，このうち「工場法」(Factory Act, 1853)の適用を受けた者は 4487 人にすぎなかった[13]。また，靴下編工業の中心地の一つであったノッティンガムシャーでは，65 年において動力編機は 2600 台であったが，手織機は 1 万5250 台と手編機が圧倒的多数を占めていた[14]。しかも，これら多数の手動編機のほとんどが，下請人から賃貸されて編工の自宅か，下請人の仕事場に設置されていた。では，靴下編工業において工場制度への移行を妨げた理由はどこにあったのであろうか。それは，編機の賃貸制度の存在とチープ・レーバーの豊富な供給にあった[15]。すなわち，靴下編業者や下請人にとって，手編機の賃貸料は収入の大きな部分を占めており，生産物の販売よりもこの固定的な賃料からの利益の方が重要である場合があったため，手編機の賃貸制度を簡単に止めることができなかったのである。しかし，工場制度への移行を妨げたより大きな障害は，労働市場におけるチープ・レーバーの豊富な存在であった。ミッドランド地方は本質的に農業地帯であって，靴下編工業を除いては特別な産業がなかったから，多くの労働者は低賃金，長時間労働，労働の不規則性が支配的であるこの家内工業にとどまることに満足していた。しかも，長期にわたる不規則な労働の慣習のため，編工たちは厳格な規律の下にある工場への就労を嫌ったのである。したがって，19 世紀半ばごろの靴下編工業では，一部が工場制度へ移行したにもかかわらず，児童労働を中心とするチープ・レーバーに依存した賃機制度にもとづく家内工業制度が支配的であった[16]。

次に，金属製品製造業における小企業の存立状況についてみることにしよう。18 世紀に入るころには，西部ミッドランド地方(バーミンガムおよびブラック・カントリー地帯)は，イギリスにおける錬鉄の最大の生産地になる

と同時に，それを原料とする金属製品製造業[17]の中心地となった。18世紀末になると製鉄業では蒸気機関を生産過程に幅広く使用した大規模な工場組織によって生産が行われるようになったが，金属製品製造業では19世紀後半に至るまで蒸気機関の使用はあまりみられずほとんどが手労働を基礎とする小規模な経営体による生産が支配的であった。例えば，バーミンガムの金属製品製造業では，19世紀半ばごろにおいて，大多数の経営は小経営または小規模マニュファクチュアであった[18]。ここでは，二つの経営形態が認められた。その一つは，小親方が自らの仕事場を所有した独立の経営者であり，彼らは見本を携えて歩き回り店主から注文を集めてくる一種の代理商である「ファクター」を通じて自らの製品を販売していた。この種の独立小親方は，バーミンガムにおいて最も多く存在し，その多くは家族労働に依存した「屋根裏親方」と呼ばれたような「一人経営」であった。いま一つは，小親方（＝下請人）が，金属製品製造業者から一定の請負額で仕事を請け負い，その仕事のために製造業者の所有する工場内の仕事場を間借りし，作業に必要な設備・道具なども賃貸して，自分の家族や自らが雇用した数人の成人や児童とともに製造するというものであった。では，なぜ，西部ミッドランド地方の金属製品製造業では，19世紀後半に至るまで，こうした小規模な経営組織が根強く存在したのであろうか[19]。第一に，金属製品にたいする需要は極めて多様で標準化生産が困難であって，そのような製品の性格から小規模生産単位が必然的に選ばれた。第二に，こうした多品種少量生産という製品の性格から金属製品製造業では，機械化の普及が非常に遅れ，ほとんどの生産工程が手労働によってなされており，わずかな資本で生産を行うことができた。第三に，家族労働者，特に児童労働者といったチープ・レーバーの利用が可能であったことが，小規模な経営組織を残存させる重要な条件となっていた。それ故に，19世紀半ばごろの金属製品製造業では，家族労働や児童労働といったチープ・レーバーに大きく依存した小経営または小規模マニュファクチュアが広範に存在していた。

　これまでみてきたように，19世紀半ばごろの靴下編工業や金属製品製造業の小企業は，児童・婦人労働を中心とするチープ・レーバーを，その競争

能力の唯一の武器として，企業経営を維持していた。しかし，こうした小企業は，19世紀後半における工場法などといった社会立法によって，大きな影響を蒙るのであった[20]。1853年の「工場法」(Factory Act, 1853)は，標準労働日を確定し，初期工場法の体系がこの法をもって一応完結，整備された。児童，年少者，婦人の労働時間制限と，幼少児童の就業禁止は，それなりに実効をもちはじめた。しかし，当時の家内工業や小零細工場においては，その労働状況や作業環境の悪さは想像を超えるものがあり，工場の規制以上に小規模な作業場を規制することが一層必要であると痛感されたため[21]，64年に「工場法拡張法」(Factory Acts Extension Act, 1864)が成立した。同法によって，家内工業や小零細工場を主体とする5業種(陶器，マッチ，壁紙，弾薬筒，雷管)が新たに規制の対象となった。さらに，64年の拡張法を基礎として，工場法の集大成ともいえる1867年法が制定された。これは，「工場法拡張法」(Factory Acts Extension Act, 1867)と「作業場規制法」(Workshops Regulation Act, 1867)の二法から成っていた。前者の法律によって，従来の工場法の規制対象の上にさらに鉄鋼関連製造業，機械製造業，金属加工業，紙・ガラス・タバコ製造業，印刷・製本業と，従業員50人以上のすべての工場が新たに加えられた。また，後者の法律が規制するものは，従業員50人未満のすべての家内工業であった。つまり，1867年法によって，事実上ほとんどの産業や規模の企業が工場法の規制対象の射程に入ることになったのである。そして，67年の工場法拡張法と作業場規制法の統合法たる「1878年法」(Act to Consolidate and amend the Law relating to Factories and Workshops, 1878)の成立をみるに至った。1878年法は規制対象を，①繊維工場，②繊維以外の工場，③婦人，年少者，児童の雇用されている作業場，④成人婦人だけの作業場，⑤家内労働力だけの家内作業場，に区分した。この1878年法をもって工場法はほぼ完成の域に達した。その後，工場法は，1891年法，1895年法，1901年法へと引き継がれ，1901年の「工場・作業場統合法」(Factory and Workshop Consolidation Act, 1901)によってそれ以前の工場法は廃止された。かくして，19世紀後半における工場法の整備・拡充は，一方では児童や婦人労働の制限，チープ・レーバーの

追放をし，それらに依存していた家内工業または小経営を漸次淘汰していき，機械制大工業への移行を促した[22]。他方では，それは大工場にたいして低廉労働力を唯一の武器とした小工場との過当競争を排除する防壁を与え，小工場主たちは新しい改良に投資できる資力をもつ大工場主と競争が次第にできないようになってきた。大企業への集積・集中と小企業の衰退・駆逐への道をたどりだしたのである。

2. 中小企業の資金調達の困難

(1) 証券市場での中小企業の資金調達難

イギリスでは，1844年から62年にかけて会社法が整備され，株式会社の設立が容易になり，多数の株式会社が生み出された。1863年から1910年における株式会社の年々の設立登記数をみると[23]，1860年代から80年代前半にかけてはその数は1000〜2000件で推移したが，80年代後半以降は株式会社が広く導入されるようになり，特に96年からは小刻みな変動はあるものの毎年4000〜5000件の株式会社が設立登記された。ただ，このような株式会社の多くは，有限責任制はもつが株式の公募を行わない「非公募会社」(private limited company)であった。設立された株式会社のうち非公募会社の割合は，1863〜66年で75％，1875〜83年で23.5％，1890年50％，1901年79％，1904年88％，1913年86％と推定されている[24]。そして，こうした非公募会社の設立の多くは，既存企業の有限責任を求める組織変更によるものであった。殊にはじめて明文をもって「公募会社」(public limited company)と「非公募会社」を区別し，非公募会社を社員50人以内とした1907年の「会社法」(Companies Act, 1907)の制定以後，「これまで形の上でのみ公募会社となっていた会社が何千となく非公募会社に定款を変更し，非公募会社は有限責任制を獲得したいと思う中規模の企業にとって普通の組織になった」といわれる[25]。こうしたことから，19世紀後半から20世紀初頭にかけての株式会社のかなりの部分は，中規模ないし小規模の非公募会社であったといえよう。しかし，この時期に株式会社が産業界に普及したといっても，当時のイギリスの産業企業の多くは個人企業または少人数のパー

表 2-2　発行規模別の公募結果

（数字は会社数，カッコ内は各規模別の割合）

	1896 年		1897 年		1898 年	
	成 功	失 敗	成 功	失 敗	成 功	失 敗
10 万ポンド未満	36(47.4)	40(52.6)	34(42.0)	47(58.0)	35(63.6)	20(36.4)
10 万〜20 万ポンド未満	48(62.3)	29(37.7)	43(66.2)	22(33.8)	40(66.7)	20(33.3)
20 万〜50 万ポンド未満	29(76.3)	9(23.7)	28(80.0)	7(20.0)	31(77.5)	9(22.5)
50 万〜100 万ポンド未満	6(85.7)	1(14.3)	13(92.9)	1(7.1)	6(75.0)	2(25.0)
100 万ポンド以上	4(80.6)	1(20.0)	3(60.0)	2(40.0)	4(80.0)	1(20.0)
計	123	80	121	79	116	52

出所）　飯田隆『イギリスの産業発展と証券市場』東京大学出版会，1997 年，41 頁 表 1-11。

トナーシップ(無限責任制)といった形態で経営されており，そのほとんどが中小企業であった[26]。

　では，19 世紀後半から第一次大戦前において，このような企業形態をとる中小企業の金融にたいして，証券市場はどのような役割を果たしていたのであろうか。まず，第一次大戦前のロンドン証券取引所において，どれほど一般産業証券[27]が上場されたかをみると，国内外の各種公債と内外鉄道証券の上場額は圧倒的に多かったが，一般産業証券の上場額はまったく微々たるものであった。ロンドン取引所の上場総額に占める一般産業証券の割合は 1883 年 0.9％，1893 年 2.5％，1903 年 7.5％，1913 年 7.7％であった[28]。またマンチェスター，バーミンガム，ニューキャッスルの各取引所における上場銘柄の状況もロンドン取引所のそれとほとんど変わらなかった[29]。このように，第一次大戦前のロンドンや地方の証券取引所において，一般産業証券のもつ意義は極めて小さかった。それでは，こうした証券市場において中小企業の小口発行は受け入れられたのであろうか。表 2-2 で証券を発行した国内一般産業会社の公募結果を発行規模別にみると，発行規模が小さくなるほど成功の会社の比重は低く，失敗した会社の比重が高いことがわかる。例えば，1896 年と 98 年において，失敗した会社の比重は 20 万ポンド未満の小口発行[30]でそれぞれ 45.1％(69 件)，34.8％(40 件)，20〜100 万ポンド未満の発行で 22.2％(10 件)，22.9％(11 件)，100 万ポンド以上の大口発行で 20.0％(1 件)，20.0％(1 件)，これにたいして成功した会社の比重は 20 万ポ

第2章　イギリスの中小企業と商工金融会社(ICFC)の創設　79

表 2-3　国内一般産業の証券発行と設備投資

(単位：A〜D は 100 万ポンド，E は％)

		1899	1900	1901	1902	1903	1904	1905	1906	1907	1908	1909	1910	1911	1912	1913
A	発行額	44.6	49.1	15.6	17.5	13.6	9.3	12.1	13.0	10.2	15.1	8.6	11.8	12.8	19.3	18.2
B	売主への現金支払	26.2	26.1	6.4	6.0	3.3	1.0	2.9	1.6	1.5	2.1	1.1	2.4	1.8	2.4	1.3
C	A－B	18.4	23.0	9.2	11.5	10.3	8.3	9.2	11.4	8.7	13.0	7.5	9.4	11.0	16.9	16.9
D	固定資本形成	69	79	73	70	77	68	63	64	52	48	51	56	56	57	74
E	C／D×100	26.7	29.1	12.6	16.4	13.4	12.2	14.6	17.8	16.7	27.1	14.7	16.8	19.6	29.6	22.8

出所）　飯田，前掲書，31 頁 表 1-6。

ンド未満で 54.9％(84 件)，65.2％(75 件)，20〜100 万ポンド未満で 77.8％(35 件)，77.1％(37 件)，100 万ポンド以上で 80.0％(4 件)，80.0％(4 件)であった。このことは，中小企業が公的な証券市場に出向いても投資家の支援を受けることは困難であったことを示しており，ハリスンの「(第一次大戦前において－引用者)明らかに資本市場は小企業にたいして差別を行う傾向があった」[31] という主張を実証したものといってよい。

　ところで，第一次大戦前の産業企業は，その蓄積資金を自己投資することによって経営の拡大を十分に賄うことができたので，証券市場からの資金供給に依存することはほとんどなかった[32]。このことは，産業企業の固定資本形成にたいして証券発行の意義が極めて小さかったことからもうかがえる。表 2-3 で国内一般産業部門における証券発行と固定資本形成との関係をみると，1899 年から 1913 年において設備投資額に占める証券発行額の割合(E 欄)は，1899 年，1900 年，1908 年，1912 年では 30％近くになっているものの，その他の年では 10〜20％で，15 年間の平均の割合は 19.3％にすぎなかった。そして，こうした産業企業は，その長期資金需要の一部分を，企業のパートナーや取引関係をもつ富裕な仲間との私的取引によって満たしていた。そうした取引は公的な証券市場の水面下で私的な証券取引によって行われていた。表 2-4 は 1899 年の国内一般産業部門における上場会社の証券発行件数を発行方法別・発行規模別にみたものであるが，これによると全体で 370 件のうち公募が利用されたのは 256 件で圧倒的に多かったが，株主割当と不明(プレイシングもしくは割当による発行であろう)は 109 件で，株主割当を

表 2-4　発行方法別・発行規模別の国内一般産業証券発行件数(1899年)

	公募発行	プレイシング	株主割当	不　明
3万ポンド以下	43	3	21	45
3万0001～5万ポンド以下	49	1	7	7
5万0001～10万ポンド以下	92	1	5	10
10万0001～50万ポンド以下	63	0	7	7
50万0001ポンド以上	9	0	0	0

注）　公募発行・プレイシング・株主割当・不明の発行件数は，普通株，優先株，社債の発行件数を合計したもの。
出所）　飯田，前掲書，60頁　表2-3。

含む私募発行の重要性はかなりのものであった[33]。そのうえ，この109件のうち95件までが10万ポンド以下の小口発行によるものであり，3万ポンド以下の小口発行では株主割当を含む私募発行の件数は66件で公募の43件を上回っていた。こうしたことから，20世紀初頭に産業企業の多くを占め，またパートナーシップあるいは非公募会社という形態で営まれていた中小企業にとって，割当のような私募発行の意義はより高いものであった。

(2)　地方銀行の破綻と銀行合同の進展による地方中小企業の金融難

イギリスでは1880年代までにロンドン・地方に数多くの個人銀行や株式銀行が存在していた。84年までにロンドンでは21行(支店数52)，地方では91行(1052)の株式銀行が設立されており，個人銀行はそれぞれ35行(支店数10)，172行(433)が存在していた[34]。支店数を含めると，地方の株式銀行が金融部門のなかで最も重要な部分を構成していたことがわかる。こうした地方の株式銀行や個人銀行は，地元の中小企業にたいして，もっぱら手形割引や当座貸越によって短期資金を提供していた[35]。ただし，実際には短期の貸出であるが期限を更新することによって，あるいは当座貸越の長期延長によって実質的な長期貸出を行っていた[36]。このような長期貸出が可能であったのは，当時の地方の株式銀行や個人銀行が地元企業と密接な関係をもっていたからであった[37]。

しかし，1878年における一連の地方銀行の経営危機，特に10月2日のシティ・オブ・グラスゴー銀行(City of Glasgow Bank)の倒産は，これまで

表 2-5 イングランド・ウェールズの銀行合同件数

	個人銀行と個人銀行の合同	株式銀行による個人銀行の吸収	株式銀行と株式銀行の合同	個人銀行による株式銀行の吸収	合　計
1867年～1876年	7	19	9	0	35
1877年～1886年	15	17	18	1	51
1887年～1896年	37	46	26	1	110
1897年～1906年	5	37	46	0	88
1907年～1916年	1	13	17	0	31
1917年～1924年	0	11	27	0	38
合　計	65	143	143	2	353

出所) Joseph Sykes, *The Amalgamation Movement in English Banking, 1825-1924*, P. S. King & Son, Ltd., 1926, pp.193-195 Appendix I.

の銀行の貸出政策を一変させる重大な契機となった。地方銀行が大きな打撃を受けた最大の原因は，当時大不況下にあったことを考慮する必要があるが，加えて地方銀行が少数・特定の企業への貸付に深く関与していたことがあげられる[38]。そして，この一連の銀行危機の後，銀行経営において「流動性・安全性の重視」(すなわち資金の固定化の回避)の傾向が強まり，前貸の回収に最大の関心が払われるとともに，現金，コール，手形など流動性の高い資産での保有が増大することになった。このような傾向は，大打撃を受けた地方銀行に限られるのではなく，イギリスの銀行全般にみられた[39]。この結果，イギリスの銀行が産業企業に長期資金を供与することはかなり困難となった。

そのうえ，銀行合同の進展は銀行の貸付政策にさらに大きな影響をもたらした。銀行合同は，78年のシティ・オブ・グラスゴー銀行の倒産，さらには90年のベアリング恐慌の発生によって，その動きを加速させた。表2-5は1867年から1924年までのイングランド・ウェールズにおける銀行合同の推移をみたものである[40]。これによると，1887～96年の110件の合同と，1897～1906年の88件の合同が注目される。これを合同形態別にみると，1887～96年は，株式銀行による個人銀行の吸収が一番多く，株式銀行が個人銀行を自己の支店に転化することにより一層の拡張を図っていたことがわかる。1897～1906年は，株式銀行相互間の合同が特色となり，しかも88件

の合同のうち68件までがわずか6行(Barclay & Co., Capital & Counties Bank, Lloyds Bank, London City & Midland Bank, Parr's Bank, Union of London and Smith's Bank)の株式銀行によってなされていた[41]。このような銀行合同の結果，1875年から第一次大戦直前の1913年までに，個人銀行は行数で236から29へ，支店数で595から147へ激減し，株式銀行は行数で122から41へ整理統合されたが，支店数は1364から6426へと4.7倍も増加した[42]。そして，1913年において，ロンドン手形交換所に加盟している12の株式大銀行(Barclay & Co., Capital and Counties Bank, Lloyds Bank, London and County Bank, London and South Western Bank, London City & Midland Bank, London Joint Stock Bank, Metropolitan Bank of England and Wales, National Provincial Bank of England, London County & Westminster Bank, Parr's Bank, Union of London and Smith's Bank)は，株式銀行の総預金量8億935万ポンドの75.5％(6億1071万ポンド)を，総支店数5792店の67.8％(3929店)を支配するに至った[43]。こうして，第一次大戦までに，ロンドンに拠点をもち，地方に多数の支店をもつ全国規模の大銀行が誕生したのである。しかし，このような全国的銀行の出現により，銀行の貸付政策は変更されることになった。貸出状況の管理はロンドンにある本店で集中的に行われるようになり，地方支店の貸出に関する独自性は弱まり，以前のように地元の個別企業に密接に関与することはできなくなった。そのうえ，貸付にあたっては厳格な貸付条件が課せられるようになった[44]。したがって，地方の中小企業の長期資金調達は，銀行からは困難となり，内部資金かあるいは友人からの融資に大きく依存せざるをえなくなったのである。

第2節　両大戦間期における中小企業とその金融

両大戦間期のイギリスでは，相対的に高い経済成長がみられた。こうしたなかで，産業企業は大規模な合同運動を通じて独占企業体制を確立していったが，他方では多数の中小企業が当時の技術的諸条件に規定されて存在し，

大企業の一時的な妥協によって,あるいは大企業の下請企業として,執拗に残存していた。そして,このような中小企業にとって証券市場はかなり重要な長期資金供給源としての性格をもつようになってきた。しかし,銀行は中小企業金融にたいして慎重な経営姿勢を守り続けた。

　本節では,両大戦間期における中小企業の存立条件の変化を概観し,証券市場や銀行が中小企業金融にどのような役割を果たしたかを究明したい。

1. 経済合理性をもった中小企業の残存

　イギリスは,第一次大戦終結後の1919年春から20年3月にいわゆる戦後好況期を迎えるが,国防費の削減を中心とした超均衡財政への転換[45]を契機として,20年夏から22年春ごろまで急激で深刻な戦後恐慌に陥った。その後1年半ほど景気は回復に向かったが,回復は順調には進まず,金本位制への復帰の年である25年あたりで停滞し,26年に炭坑大ストライキによる一層の景気下降をへて,ようやく再び27年から29年に微弱な回復が現れた。ところが,その直後の30年に入ってイギリスの商品輸出が減少しはじめ,特に31年に急減して,32年には底に達した[46]。この輸出の減退とともに,生産も低下しはじめ,30年から32年にはいわゆる恐慌期を迎えることになった。しかし,33年春ごろからは低金利政策[47]に支えられてイギリスの景気回復は着実に進み,36年から37年の好況期に入っていき,続く38年の急激な景気後退も再軍備やその他の公共支出に支えられて比較的軽く経過した。

　このような景気の動きは,主として旧主要産業(石炭,鉄鋼,造船,綿)の活動に左右されながら,新産業(自動車,レーヨン,化学ないし合成染料,電機)の旧主要産業とはかなり対照的な活動に影響されたものであった。表2-6で諸産業の生産についてみると,20年代から30年代の生産の動きは,旧主要産業と新産業との間で重要な相違があった。概していえば,旧主要産業の生産は景気変動とほぼ同じ動きをしながら低調に終始したが,新産業では景気後退の影響は少なく着実に生産を拡大していった。旧主要産業の生産の不振は,第一次大戦後における世界経済の構造変化(後進諸国の工業の成

表 2-6 生産指数 (1913年=100)

年	全産業（建築を含む）	消費財	生産財	石炭	銑鉄・鋼	鉄鋼製品（機械、工具を含む）	自動車	綿糸	綿布	合成染料	電力
1913	100.0	100.0	100.0	100.0	100.0	100.0	100.0	100.0	100.0	100.0	100.0
14	99.3	96.7	90.7	92.4	93.5	94.0	102.0	95.4	96.5	108.0	—
15	98.5	102.2	87.6	88.1	96.8	96.9	105.0	88.7	88.1	112.0	—
16	97.5	91.3	87.9	89.2	100.6	96.9	108.0	90.5	91.3	120.0	—
17	96.5	82.6	87.9	86.5	106.2	102.5	110.0	82.7	84.4	130.0	—
18	95.7	76.1	85.6	79.2	103.9	101.7	115.0	68.8	70.8	145.0	—
19	95.3	95.6	82.0	79.9	85.3	84.6	120.0	70.1	68.9	160.0	—
20	95.1	94.8	87.4	79.8	95.4	95.0	130.0	79.2	79.9	175.0	215.0
21	95.2	61.9	52.2	56.8	35.3	39.8	140.0	48.9	46.5	200.0	200.0
22	96.3	84.3	71.6	86.8	60.2	58.0	166.0	64.7	60.9	264.4	220.0
23	97.8	80.3	88.5	96.0	88.8	87.5	200.0	62.5	61.8	367.7	255.0
24	99.6	87.1	94.2	92.9	86.5	91.1	300.0	62.9	61.2	368.9	290.0
25	101.5	90.0	88.9	84.6	76.1	81.3	348.0	73.9	72.0	363.3	330.0
26	103.9	91.6	60.9	43.9	33.8	43.7	409.0	69.3	68.0	336.7	345.0
27	106.4	96.4	103.8	87.4	91.4	103.0	475.0	71.5	68.8	440.0	405.0
28	109.2	98.7	98.3	82.6	84.4	89.3	482.0	69.8	68.8	565.6	455.0
29	112.3	101.5	109.7	89.7	96.1	99.6	543.0	68.8	68.0	620.0	505.0
30	115.5	98.5	100.1	84.9	75.4	81.6	529.0	58.4	57.9	473.3	540.0
31	118.8	97.2	84.6	76.4	50.1	57.7	514.7	45.2	43.4	540.0	570.0
32	121.6	101.3	81.7	72.6	49.3	53.5	529.2	57.7	56.4	548.9	610.0
33	124.3	103.6	91.3	72.1	62.3	63.9	651.1	54.0	52.6	587.8	680.0
34	126.6	110.8	109.4	76.8	82.7	85.3	778.9	60.7	60.3	587.8	760.0
35	128.5	111.9	116.4	77.3	90.8	92.6	918.1	57.9	56.5	652.2	870.0
36	141.0	—	—	79.2	107.6	110.2	994.5	61.8	—	—	—
37	150.0	—	—	83.7	119.7	116.9	1,085.1	64.1	—	—	—
38	137.0	—	—	77.1	95.9	99.5	979.5	50.9	—	—	—

出所) 森恒夫『イギリス資本主義』(宇野弘蔵監修『帝国主義の研究』第4巻)，青木書店，1975年，50頁 表10 B。

長によるイギリス輸出市場の縮小)のなかで，旧主要産業の輸出が大きく減少したこと[48]，この新たな事態にたいして旧主要産業が徹底した合理化・再編をもって対応しえなかったことにあった。他方，新産業の生産の拡大は，国内市場の拡大と新産業が保護関税の下で，輸入を抑え国内市場を掌握したことに支えられたものであった。

こうした20年代から30年代における経済状況のなかで，イギリスの産業

表2-7 イギリスの製造業における事業所数の推移

(単位:件, %)

	中小事業所 実数	中小事業所 構成比	大事業所 実数	大事業所 構成比	合計 実数	合計 構成比
1924年	160,000	98.2	3,000	1.8	163,000	100.0
1930年	164,000	97.6	4,000	2.4	168,000	100.0
1935年	144,000	97.3	4,000	2.7	148,000	100.0
1948年	103,000	95.4	5,000	4.6	108,000	100.0

注)　「中小事業所」とは，従業員数200人以下の事業所。
出所)　商工組合中央金庫調査部『英国の中小企業』(ボルトン委員会報告書)，1974年，103頁　表5・Ⅲ。

　企業は合同を通じてさらに大規模化していった。イギリスでは世紀転換期の第一次合同運動に続き，両大戦間期に第二・三次合同運動が訪れた。20年から38年までに合同により消滅した企業数は3204社，消滅企業の資本額(時価)は5億3100〜6億1200万ポンドで，両大戦間期の合同運動が大規模なものであったことがわかる[49]。このような活発な合同運動が原因で，製造業における従業員数上位100社の大企業が占める割合は，労働者数で07年の13％から35年には21％へ，純生産額では14％から24％へ増大した[50]。しかも，製造業上位100社の1社当たりの労働者数は07年の6820人から35年の1万2000人へと拡大した[51]。こうしたことは両大戦間期にイギリスが大企業中心の経済に移行したことを証明するものである。

　では，両大戦間期におけるイギリスの中小企業の存立状況はどのようなものであったのだろうか。すでに述べたように，イギリスでは1890年代後半から1900年代初頭にかけての第一次合同運動に続き，1920年代から30年代の第二・三次合同運動を通じて，資本の集積・集中が進み，独占企業体制が確立していった。こうした過程で，中小企業のなかには独占資本に吸収・合併されたり，あるいは整理・淘汰されていったものも多かった。表2-7で製造業の事業所数の推移をみると，1924年から35年の間に，従業員数200人以下の中小事業所は1万6000件も減少した。しかし，それでも多数の中小企業が執拗に残存していた。これらの中小企業は，当時の技術的諸条件に規定されて存在し，大企業の一時的な妥協によって，あるいは特殊な部品や

表2-8 イギリスの製造業における純生産高(1963年価格)の推移

(単位：1,000ポンド，%)

	中小事業所		大事業所		合計	
	実数	構成比	実数	構成比	実数	構成比
1924年	1,079,000	41.7	1,507,000	58.3	2,586,000	100.0
1930年	1,470,000	39.9	2,217,000	60.1	3,687,000	100.0
1935年	1,870,000	41.2	2,671,000	58.8	4,541,000	100.0
1948年	2,241,000	36.8	3,848,000	63.2	6,089,000	100.0

注) 表2-7と同じ。
出所) 商工組合中央金庫調査部，前掲書，100頁 表5・II。

外注加工にみられる大企業の下請企業として，それぞれ存在していた。そして，この下請企業は，産業資本主義段階での間接雇用形態としての下請制や請負制，あるいは問屋制や工場の外業部としての下請制とはすでに異なり，新たな技術革新を基礎とした独占資本主義段階での下請制へと移行していた[52]。また，残存する中小企業は経済合理性をもち，適正規模企業として成り立っていた。表2-8は製造業の純生産高をみたものであるが，従業員200人以下の中小事業所の純生産高が全体に占める割合は24年の41.7％から35年の41.2％で推移しており，しかも従業員1人当たりの純生産高は，大事業所を100とすると，中小事業所では24年90.7，30年87.1，35年89.4であり，大事業所と中小事業所の純生産高における著しい格差はみられなかった[53]。さらにいえば，大企業との賃金格差も小さかった。これは，20世紀初頭における工場法や最低賃金法の成立，社会保障制度の整備が，中小企業に大企業と同様な賃金水準や労働条件をとらせていく作用をしたためであった[54]。

2. 証券市場の中小企業金融にたいする役割

両大戦間期のイギリスの証券市場は，第一次大戦前のような海外証券の発行を中心とする市場から国内産業証券を主に発行する市場へと転換した。表2-9は両大戦間期の海外証券発行と国内証券発行の推移をみたものであるが，これによれば，海外証券発行が国内証券発行を上回った年もあるものの，海外証券発行は第一次大戦前のような圧倒的な意義はもっておらず，両大戦間

第2章　イギリスの中小企業と商工金融会社(ICFC)の創設　　87

表2-9　イギリスにおける新規証券発行の動向

(単位：1,000ポンド，%)

	1919年		1920年		1921年		1922年		1923年	
	実数	構成比	実数	構成比	実数	構成比	実数	構成比	実数	構成比
国内証券	187,670	79.0	324,552	85.1	100,073	46.4	100,469	42.6	67,584	33.2
産業証券										
海外証券	49,871	21.0	56,695	14.9	115,722	53.6	135,200	57.4	136,176	66.8
総発行額	237,541	100.0	381,247	100.0	215,795	100.0	235,669	100.0	203,760	100.0
	1924年		1925年		1926年		1927年		1928年	
	実数	構成比	実数	構成比	実数	構成比	実数	構成比	実数	構成比
国内証券	89,323	40.0	132,099	60.1	140,862	55.6	176,043	55.9	219,135	60.4
産業証券							73,956	23.5	129,525	35.7
海外証券	134,223	60.0	87,798	39.9	112,404	44.4	138,671	44.1	143,384	39.6
総発行額	223,546	100.0	219,897	100.0	253,266	100.0	314,714	100.0	362,519	100.0
	1929年		1930年		1931年		1932年		1933年	
	実数	構成比	実数	構成比	実数	構成比	実数	構成比	実数	構成比
国内証券	159,402	62.8	127,356	53.9	42,588	48.0	83,817	74.2	95,059	71.5
産業証券	107,171	42.2	45,178	19.1	20,943	23.6	36,747	32.5	51,029	38.4
海外証券	94,347	37.2	108,803	46.1	46,078	52.0	29,211	25.8	37,810	28.5
総発行額	253,749	100.0	236,159	100.0	88,666	100.0	113,028	100.0	132,869	100.0
	1934年		1935年		1936年		1937年		1938年	
	実数	構成比	実数	構成比	実数	構成比	実数	構成比	実数	構成比
国内証券	106,741	71.1	161,934	88.6	190,808	87.8	138,768	81.2	92,746	78.5
産業証券	60,299	40.1	88,548	48.4	89,910	41.4	75,784	44.3	59,281	50.2
海外証券	43,449	28.9	20,890	11.4	26,413	12.2	32,138	18.8	25,351	21.5
総発行額	150,190	100.0	182,824	100.0	217,221	100.0	170,906	100.0	118,097	100.0

注1)　「産業証券」とは，製造業および商業分野の新規証券。
注2)　「国内証券」とは，製造業および商業分野に加えて，公共団体，運輸，金融分野の新規証券を含む。
注3)　「総発行額」とは，国内証券と海外証券の合計。
出所)　Thomas Balogh, *Studies in Financial Organization*, Garland Publishing, Inc., 1983, pp. 249-250 Table XLVI (A).

期の発行市場はほとんど国内証券発行のために機能していたといえよう。しかも，国内証券発行のうち国内産業(製造業・商業)証券が占める割合は，27年42.0%，28年59.1%，29年67.2%，30年35.5%，31年49.2%，32年43.8%，33年53.7%，34年56.5%，35年54.7%，36年47.1%，37年54.6%，38年63.9%であり，国内証券発行の過半を国内産業の発行する証券が占めていた。そして，両大戦間期の証券市場は国内産業のための長期資金供給源

表 2-10 第一次大戦直後の証券発行ブームにおける発行規模別の資金調達状況

(単位：1,000 ポンド，%)

	1918 年 会社数	発行額 実額	発行額 構成比	1919 年 会社数	発行額 実額	発行額 構成比	1920 年 会社数	発行額 実額	発行額 構成比
10 万ポンド未満	8	340.9	1.9	58	2,926.9	3.1	132	6,338.6	4.1
10 万〜20 万ポンド未満	3	370.0	2.1	75	9,893.0	10.3	120	15,815.7	10.1
20 万〜50 万ポンド未満	10	2,936.4	16.4	67	19,412.0	20.3	108	30,545.5	19.6
50 万〜100 万ポンド未満	7	4,940.0	27.7	19	12,128.4	12.7	30	19,646.3	12.6
100 万〜200 万ポンド未満	7	9,270.0	51.9	24	29,030.0	30.3	25	31,040.0	19.9
200 万ポンド以上	−	−	−	5	22,359.8	23.4	17	52,459.3	33.7
合　計	35	17,857.3	100.0	248	95,750.1	100.0	432	155,845.4	100.0

出所）飯田，前掲書，141 頁 表 5-2。

としての機能をかなり果たしうるようになった。例えば，国内一般産業会社の証券発行額に占める会社の手元に残った額[55]の割合（会社が実物資本への投資に振り向けることのできる資金の証券発行額にたいする割合）をみると，それは第一次大戦直後の証券発行ブームの 18 年では 109.1%，19 年 91.2%，20 年 93.2%で，30 年代後半の発行ブームの 35 年では 50.7%，36 年 81.0%，37 年 90.8%であった[56]。1890 年代後半の証券発行ブームにおいては発行額に占める手元額の割合が 2 割程度であったことを考えると[57]，各個別企業への長期資金供給源としてのイギリス証券市場の意義は，第一次大戦直後と 30 年代後半の発行ブームにおいてはかなり大きかったといえよう。リチャードソンも「資本市場は，戦間期のイギリス産業にとって，それ以前の時期あるいはそれ以降の時期に比べて相対的により重要だった」と述べている[58]。

　それでは，両大戦間期のイギリス証券市場は中小企業の長期資金調達源としてどれほどの役割を果たしていたのであろうか。まず，表 2-10 で第一次大戦直後の発行ブームにおいて証券を発行した国内一般産業会社の会社数と発行額を発行規模別にみると，1918 年から 20 年の 3 カ年において発行規模 20 万ポンド未満の小口発行は，発行額で全体（2 億 6945 万ポンド）の 13.2%（3569 万ポンド）を占めるにすぎなかったが，会社数では全体（715 社）の 55.4%（396 社）を占めていた。他方，100 万ポンド以上の大口発行は，発行

第 2 章　イギリスの中小企業と商工金融会社(ICFC)の創設　89

表 2-11　1930 年代後半の証券発行ブームにおける発行規模別の資金調達状況

(単位：1,000 ポンド，％)

	1935 年			1936 年			1937 年		
	会社数	発行額 実額	構成比	会社数	発行額 実額	構成比	会社数	発行額 実額	構成比
10 万ポンド未満	83	4,157.6	7.1	176	8,008.7	13.3	141	6,645.7	15.3
10 万〜20 万ポンド未満	81	11,031.9	18.9	89	11,288.9	18.7	58	7,535.4	17.3
20 万〜50 万ポンド未満	58	17,160.2	29.4	57	17,306.8	28.7	31	8,155.8	18.8
50 万〜100 万ポンド未満	14	9,079.1	15.5	26	15,989.4	26.5	7	4,250.0	9.8
100 万〜200 万ポンド未満	8	9,750.0	16.7	2	2,250.0	3.7	6	7,845.0	18.1
200 万ポンド以上	3	7,250.0	12.4	2	5,550.0	9.2	2	9,000.0	20.7
合　計	247	58,428.8	100.0	352	60,393.8	100.0	245	43,431.9	100.0

出所)　飯田，前掲書，174 頁 表 6-9。

表 2-12　証券発行を行った国内産業会社の資本金規模別の分類

(単位：件)

	1935 年	1936 年	1937 年
10 万ポンド以下	9	21	15
10〜19 万ポンド	27	46	34
20〜49 万ポンド	35	33	16
50〜99 万ポンド	18	19	9
100 万ポンド以上	14	11	10
計	103	130	84

出所)　飯田隆「第一次大戦以降のイギリス産業金融について」『証券経済学会年報』第 17 巻，1982 年，152 頁 表 3。

額で全体の 53.5％(1 億 4416 万ポンド)を占めており，会社数では 10.9％(78社)であった。この時期のイギリス証券市場は大企業による大口発行を主軸としていたが，中小企業の小口発行もかなりの数にのぼっていた。次に，表 2-11 で 30 年代後半の発行ブームにおける証券発行についてみると，35 年から 37 年において小口発行が重要な地位を占めるようになってきたことがわかる。この 3 カ年において，大口発行は会社数で全体(844 社)の 2.7％(23社)，発行額で全体(1 億 6225 万ポンド)の 25.7％(4165 万ポンド)を占めたが，小口発行は会社数で全体の 74.4％(628 社)，発行額で全体の 30.0％(4867 万ポンド)を占めており，会社数，発行額とも小口発行が大口発行を上回っていた。そして，表 2-12 で証券発行を行った国内一般産業会社を資本金規模

表 2-13 イギリス国民の相続税規模別の遺産構成 (単位：100万ポンド)

	1919年度				1925年度				1935年度			
	I	II	III	IV	I	II	III	IV	I	II	III	IV
現　　　金	8.21	5.44	2.90	3.94	11.76	8.17	4.73	5.34	19.76	12.27	7.96	8.01
保 険 証 券	3.24	2.78	1.46	1.41	5.39	4.08	2.60	1.93	7.85	5.49	3.35	3.21
国　　　債	\}9.94	14.87	12.37	16.47	13.79	17.63	15.45	21.15	20.01	25.39	21.36	23.83
その他証券					4.87	11.91	10.10	11.39	2.95	14.33	15.37	12.22
会 社 証 券	10.57	23.20	23.40	38.18	14.87	39.70	44.82	51.44	13.35	54.78	60.80	74.90
証券類小計	20.51	38.07	35.77	54.65	33.53	69.24	70.37	83.98	36.31	94.50	97.53	110.95
家屋, 営業所	17.48	14.38	8.61	10.79	26.42	21.04	11.83	11.15	32.14	23.26	11.56	7.98
土　　　地	3.17	4.55	5.62	12.23	3.38	4.16	4.48	12.32	3.14	3.80	4.32	7.61
そ の 他	20.96	19.58	14.33	19.98	21.36	25.83	20.26	20.98	24.96	29.74	20.93	18.19
合　　　計	73.57	84.80	68.69	103.00	101.84	132.52	114.27	135.70	124.16	169.06	145.65	155.95

注) Ⅰは100〜5,000ポンド, Ⅱは5,000〜25,000ポンド, Ⅲは25,000〜100,000ポンド, Ⅳは100,000ポンド以上の, 相続税が課せられた遺産の内訳である。
出所) 飯田, 前掲書, 209頁 表8-1。

別にみると，資本金20万ポンド未満の中小企業[59]は，35年では全体の35.0%，36年51.5%，37年58.3%であり，30年代後半の証券市場において中小企業の重要性が高まってきたことがわかる。こうしたことから，両大戦間期の中小企業において，ようやく証券発行による資金調達が一般的になったとみることができよう。

では，両大戦間期の中小企業は，なぜ積極的に証券市場に出向くようになったのであろうか。それは，富裕階層の産業証券投資が大きく増加し，証券市場での資金供給基盤が拡大したことによるものであった。表2-13は両大戦間期におけるイギリス国民の遺産構成を相続税規模別にみたものである。これによれば，全体の会社証券の保有額は19年度9535万ポンド，25年度1億5083万ポンド，35年度2億383万ポンドと増加をみせており，遺産合計に占めるその割合もそれぞれ28.9%，30.2%，34.3%と上昇した。特に比較的富裕な階層である相続税5000ポンド以上の各階層ではそれぞれ会社証券の保有額を大きく増加させた。19〜35年度の間に，相続税5000〜2万5000ポンドの層では保有額は2.4倍，遺産合計に占めるその割合は27.4%から32.4%に，相続税2.5万〜10万ポンドの層ではそれぞれ2.6倍，34.1%から

41.7％に，相続税10万ポンド以上の層では2.0倍，37.1％から48.0％に増加している。このように富裕階層の産業証券投資が増加した背景には，第一次大戦中・戦後の税制改革による課税率の上昇，特に直接税の大幅な増徴があった。周知のように，第一次大戦中にイギリスの財政規模は飛躍的に増大し，戦後もその規模をほぼ保っていた。その際，財政赤字は極力抑えられなければならなかったから，租税負担の軽減は強く制限され，逆に平時には前例のない強度の累進課税が導入された。それは富裕階層により大きな影響を与える形で行われた[60]。こうして，高率課税の対象となった富裕階層は，第一次大戦以後，資本利得には課税されなかったということもあって[61]，その資産運用を産業証券投資に大きく振り向けることになったのである。そして，このことが，産業企業の金融，特に中小企業の資金調達に大きな影響をおよぼすことになった。すでに述べたように，第一次大戦前の産業企業は，個人またはパートナーシップで営まれている無限責任会社を重要な構成要素としており，その長期資金需要の一定部分を縁故関係をもつ富裕階層からの出資で満たしていた。ところが，戦中戦後の税制改革によって富裕階層の可処分所得が減少ないしはその資産運用が産業証券投資へシフトしたため，産業企業にとって第一次大戦前のような長期資金の調達方法は困難となった。そこで，個人またはパートナーシップで営まれていた産業企業，すなわちそのほとんどを占めていた中小企業は，有限責任の株式会社へ改組し，長期資金を証券市場に依存するようになったのである。例えば，両大戦間期に証券を発行した会社をみると[62]，組織変更新設株式会社による発行は18〜20年には200件，35〜37年は299件と既存株式会社による発行件数に次ぎ多く，個人企業やパートナーシップから株式会社に組織変更して，証券市場で長期資金を調達しようとする事例はかなり多かった。

3. 銀行の中小企業金融にたいする慎重な経営姿勢

1920年代の銀行は貸出額を大いに増加させた。表2-14は両大戦間期におけるロンドン手形交換所加盟銀行の預金額・貸出額の推移をみたものである。これによると，まず第一次大戦直後の好況期である19年から20年に貸出額

表 2-14 ロンドン手形交換所加盟銀行の預金額・貸出額の推移

(単位：100万ポンド，%)

	預　　金	対前年比	貸　　出	対前年比
1919 年	1,510.7	－	579.6	－
1920 年	1,719.7	13.8	831.6	43.5
1921 年	1,753.6	2.0	790.2	－5.0
1922 年	1,707.5	－2.6	711.8	－9.9
1923 年	1,614.1	－5.5	729.5	2.5
1924 年	1,615.7	0.1	774.2	6.1
1925 年	1,602.7	－0.8	821.6	6.1
1926 年	1,608.9	0.4	858.0	4.4
1927 年	1,658.6	3.1	899.2	4.8
1928 年	1,708.9	3.0	923.6	2.7
1929 年	1,738.0	1.7	964.0	4.4
1930 年	1,740.8	0.2	933.4	－3.2
1931 年	1,760.4	1.1	918.7	－1.6
1932 年	1,790.6	1.7	843.6	－8.2
1933 年	1,952.9	9.1	758.4	－10.1
1934 年	1,879.7	－3.8	752.8	－0.7
1935 年	1,998.9	6.3	768.7	2.1
1936 年	2,215.9	10.9	865.1	12.5

出所）　泉川節「産業と金融をめぐる問題」『金融経済』(金融経済研究所)，222号，1987年，56頁 表2。

が大幅に拡大したことがわかる。20年のそれは19年に比べて43.5％も増加し8億3160万ポンドとなった。好況期が終わると貸出額は漸次減少したが，23年以降再び貸出額は増加に転じ，貸出額の対前年比伸び率は預金額のそれを上回る伸び率で推移した。29年の貸出額は9億6400万ポンドとなりピークに達した。そして，20年代の銀行は重工業や繊維産業といったイギリスの伝統産業(旧主要産業)に大量の貸出を行い工場設備の増強を支援した。つまり，当時の銀行は，20年の戦後恐慌以後に展開された政府・イングランド銀行による産業の資本蓄積ないし合理化にたいする保護・介入政策[63]に促されて，鉄鋼，綿，造船といった旧主要産業の設備合理化のために貸出を積極的に行ったのである。表2-15で手形交換所加盟銀行の業種別の貸出額をみると，29年の加盟銀行は商工業に5億4790万ポンド(全体の55.5％)

表 2-15 ロンドン手形交換所加盟銀行の業種別の貸出額

(単位：100万ポンド，%)

	1929年 貸出額	構成比	1936年 貸出額	構成比
繊維(綿，毛，絹，リネン，ジュート)	81.6	8.3	39.9	4.6
重工業(鉄鋼，機械，造船)	63.0	6.4	40.7	4.7
農業・水産業	68.6	7.0	57.7	6.6
鉱業・採石業(石炭含む)	30.0	3.0	18.1	2.1
飲料，食料，タバコ	63.2	6.4	29.4	3.4
皮革，ゴム，化学	22.0	2.2	12.6	1.5
海運・運輸(鉄道含む)	25.2	2.6	23.2	2.7
建築業	47.8	4.8	61.5	7.1
小売業	146.5	14.8	60.1	6.9
雑	—	—	67.4	7.8
商工業小計	547.9	55.5	410.6	47.2
地方自治体・公益事業会社(鉄道除く)	52.4	5.3	50.4	5.8
娯楽，クラブ，教会，慈善事業など	26.5	2.7	40.5	4.7
金融(銀行，割引商会，証券取引所など)	142.5	14.4	109.6	12.6
その他	218.4	22.1	258.5	29.7
合　計	987.7	100.0	869.6	100.0

注) 1929年の加盟銀行数は10行，1936年は11行。
出所) T. バロー(西村閑也，藤沢正也共訳)『英国の金融機構』法政大学出版局，1964年，76頁　第17表。

を貸し出しており，なかでも重工業(鉄鋼，機械，造船)と繊維産業(綿，毛，絹，リネン，ジュート)へ1億4460万ポンドの貸出を行っていた。これは全体の14.6%を占め，小売業の14.8%に次ぐものであった。しかし，この保護・介入政策にもかかわらず，旧主要産業は戦前の国際競争力の水準を回復することができず，彪大な過剰資本を露呈したため，銀行は旧主要産業の過剰資本を整理し経営危機を救うためにも不本意ながらさらに貸出を行わざるをえなかった。例えば，銀行によっては，海外需要の減少から通常の量を超える在庫品の累積をみた綿工業にたいして，貸出の回収は不可能であったため，貸出の一定の割合を更新する政策をとるものもあった[64]。しかし，このことは，銀行の利益に損害を与え，長期融資にたいする偏見や資産の流動性の重視を強めた[65]。

表 2-16　ロンドン手形交換所加盟銀行の資産構成

(単位：100万ポンド)

	資産合計		現　金		コール・マネー，短期資金		手形割引		投　資		貸付金	
	実数	構成比	実数	構成比	実数	構成比	実数	構成比	実数	構成比	実数	構成比
1921年	1,997	100.0	211	10.6	105	5.3	363	18.2	331	16.6	833	41.7
1923年	1,874	100.0	197	10.5	110	5.9	275	14.7	356	19.0	761	40.6
1925年	1,888	100.0	196	10.4	117	6.2	226	12.0	286	15.1	856	45.3
1927年	1,942	100.0	198	10.2	137	7.1	218	11.2	254	13.1	928	47.8
1929年	2,139	100.0	194	9.1	145	6.8	229	10.7	257	12.0	991	46.3
1931年	2,010	100.0	182	9.1	121	6.0	256	12.7	301	15.0	919	45.7
1933年	2,182	100.0	212	9.7	102	4.7	354	16.2	537	24.6	758	34.7
1935年	2,235	100.0	215	9.6	142	6.4	266	11.9	615	27.5	769	34.4
1936年	2,456	100.0	228	9.3	165	6.7	320	13.0	643	26.2	865	35.2

出所）　B. R. ミッチェル(犬井正監訳，中村壽男訳)『イギリス歴史統計』原書房，1995年，664頁。

　ところが，1930年に入ると，銀行の貸出量は減少しはじめた。前表2-14をみると，30年から34年にかけて加盟銀行の貸出額の対前年比伸び率は低下を示し，35年には貸出額は増加に転じたものの，36年の貸出額は29年のそれに比べて10.3％(9890万ポンド)減少した。これを前表2-15で業種別にみると，地方自治体・公益事業会社，娯楽，金融，その他には増加しているものの，商工業には大きく減少していることがわかる。36年の商工業にたいする加盟銀行の貸出額は，29年のそれに比べて25.1％(1億3730万ポンド)も減少しており，その構成比も8.3ポイントの低下をみせた。特に，旧主要産業である重工業および繊維産業への貸出は，絶対額では29年の1億4460万ポンドから36年の8060万ポンドへと6400万ポンド(44.3％)減少し，構成比では14.6％から9.3％へとおよそ半分にまで低下した。こうした30年代における銀行の商工業にたいする貸出の減少について，コリンズは「第一次大戦以後政府証券の発行が急増し，このことがその大量の買い手であった銀行の資産構成を変化させた」とし，結論的に「30年代のイギリスの銀行は，その資金供給を大きく公共部門にシフトさせ，民間部門の資金供給を制限した」と述べた[66]。例えば，表2-16で加盟銀行の資産構成をみると，資産に占める貸出額の割合は29年の46.3％から36年の35.2％まで低下してい

るのにたいし，投資(事実上の政府証券投資)の割合は12.0%から26.2%へと上昇をみせている。しかも，手形割引は主に短期の政府証券の割引であり，コール・マネーは間接的に政府証券の購入に利用されたから，これらを加えると36年の銀行資産の45.9%が公共部門へ供給されたことになる。

このようにみてくると，1890年代以降の銀行合同によって「ロンドン＝地方銀行」として知られる全国的銀行が形成され，このことは全国的銀行の産業金融の拡大を可能にすることを意味したが[67]，両大戦間期の銀行は1878年の銀行危機以来の「流動性・安全性の重視」という慎重な経営態度を守り続けたのであり，産業金融まして中小企業金融に積極的に取り組むようになったとはいいがたい。

第3節　雇用政策と商工金融会社(ICFC)の創設

イギリスにおける戦後再建の論議は，財政・雇用政策を中心として1940年にははじまっていた。第二次大戦後の政府の役割として最も重要なことは，福祉国家の実現のために高水準かつ安定的水準の雇用の維持を図ることであった。そして，44年に産業立地政策を戦後の雇用政策の重要な手段として位置づけた報告書が発表され，そのなかでICFCの設立が勧告された。

本節では，両大戦間期の大量失業問題と戦後の雇用政策の形成過程を概観し，またICFCがどのような経緯で設立されたかをみたい。

1. 両大戦間期の大量失業問題

イギリスでは，両大戦間期，輸入農産物価格の低下によって生じた交易条件の改善にともなう生計費の低下により，実質賃金が上昇したといわれている。1924年を100とした指数をみると，生計費は26年98.3，30年90.3，34年80.6，38年89.1であり，週賃金は101.5，98.0，94.5，106.0で[68]，週賃金の低下は生計費の低下より小さかった。そして，この実質賃金の上昇が内需拡大という形で高い工業生産の成長をもたらした。工業生産の年平均成長率をみると，1902～13年は1.6%であったが，20～29年と29～38年はそれ

表 2-17　失業期間別の失業

	3 カ月以内		3 カ月以上 6 カ月以内		6 カ月以上 9 カ月以内	
	実数	構成比	実数	構成比	実数	構成比
1929 年 9 月	758,000	78.5	102,900	10.6	37,250	3.8
1932 年 8 月	1,485,152	59.0	277,783	11.1	184,518	7.3
1936 年 8 月	727,863	54.9	125,307	9.5	80,549	6.1
1937 年 8 月	666,625	56.3	111,326	9.4	71,894	6.0
1938 年 8 月	957,069	61.3	161,705	10.3	101,770	6.5
1939 年 8 月	622,408	57.7	95,772	8.9	63,104	5.9

出所）　原田聖二『両大戦間イギリス経済史の研究』関西大学出版部，1995 年，

それ 2.8%，3.2%であり[69]，両大戦間期の工業生産成長率は第一次大戦前のそれよりも高いものであった。しかし，こうした相対的に高い経済成長率がみられた一方で，両大戦間期は大量失業の時期という特徴をもっていた。失業者数は，21 年から 38 年の間に 130 万人を下回ることはなく，21 年には 221 万人で，32 年の最悪の年には実に 340 万人が失業していた。失業率をみても，21 年に 11.3%を記録し，27 年には 6.8%まで低下したものの，30 年に入るとそれは急速に高まり，32 年には 15.6%とピークに達した。その後，失業率はゆるやかに低下したが，38 年に再び上昇して 9.3%の高率を示した[70]。ただ，両大戦間期の特徴は，失業者の多さというよりも，慢性的失業者の多さにあった。表 2-17 で失業給付あるいは失業手当を受けた失業者を失業期間別にみると，長期失業者(1 年以上失業状態にある者)は，29 年には 4 万5100 人で失業者全体の 4.7%を占めるにすぎなかったが，恐慌期(30〜32 年)に入ると激増し，その後経済回復がかなり進んだ 36 年においてもそれは 33万 1635 人におよび，その割合は実に 25.0%に達した。すなわち，長期失業者は不況によって大きく増加したが，不況が終わり経済が回復に向かっても不況以前の 29 年の水準には戻らなかったばかりか，それが増加し累積する傾向さえみられたのである。

　そして，こうした失業の波はイギリス全土に一様におよんだわけではなかった。表 2-18 は両大戦間期における失業率を地域別にみたものである。これによると，イングランド南東部・南西部，ロンドン，ミッドランドが含

第 2 章　イギリスの中小企業と商工金融会社(ICFC)の創設　97

あるいは失業手当を受けた失業者　　　　　　　　　　　　　　　　　　　　　　(単位：人，%)

9ヵ月以上 12ヵ月以内		1年以上		合　　計		被保険失業者	
実　数	構成比	実　数	構成比	実　数	構成比	実　数	構成比
22,750	2.4	45,100	4.7	966,800	100.0	1,132,255	117.1
156,443	6.2	412,245	16.4	2,516,141	100.0	1,781,019	110.5
60,219	4.5	331,635	25.0	1,325,573	100.0	1,503,558	113.4
47,295	4.0	287,821	24.3	1,184,961	100.0	1,270,752	107.3
62,159	4.0	279,840	17.9	1,562,543	100.0	1,668,145	106.8
52,819	4.9	244,000	22.6	1,078,103	100.0	1,179,584	109.4

7頁　Ⅶ-1 表。

まれる Inner Britain(I.B.)では，失業率は 20 年代には 4〜10% で 30 年代には 6〜20% に増大したが，イングランド北東部・北西部，スコットランド，ウェールズが含まれる Outer Britain(O.B.)の失業率は，20 年代には 6〜23% で 30 年代には 11〜36% に上昇した。また，20〜30 年代において，O.B. の各地域ではイギリス全体の平均失業率より数%〜十数%高い失業率がみられたのにたいし，I.B. ではミッドランドが平均失業率に近かったのを除けば各地域は平均失業率より 2〜5% も低い失業率であった。失業率は明らかに O.B. が高く，I.B. の方が低かった。しかも，表 2-19 で 32 年と 38 年における地域別の長期失業者の割合をみると，それは両年とも I.B. においてよりも O.B. の各地域において相当高かった。

では，なぜ，このように失業率に地域間格差が生じたのであろうか。それは，それぞれの地域がもつ産業構成の相違にもとづいていた。地域別の産業構造についてみてみよう[71]。表 2-20 は 23 年における旧主要産業(石炭，綿，羊毛，造船，鉄鋼)への依存の割合を地域別にみたものである。これによると，I.B. のロンドンおよびホーム・カウンティーズでは旧主要産業に従事していた被保険労働者の割合は極めて少なく，ミッドランドもその割合は少ないものであり，これらの地域では旧主要産業への依存は小さかった。ところが，一方，O.B. のグラアモーガン，モンマス(ウェールズ)，ノーザンバーランド，ダラム(イングランド北東部)，ランカシャー(北西部)においてはその割合は非常に高く，旧主要産業への依存が高かった。しかも，O.B. のこ

表 2-18 両大戦間期における地域別の失業率

	ロンドン	南東部	南西部	ミッドランド	北東部	北西部	ウェールズ	スコットランド	全体
1923 年	9.9	9.2	10.4	9.9	11.5	14.2	6.3	13.8	11.2
1924 年	8.6	7.1	8.7	8.3	10.4	12.3	9.0	13.3	9.9
1925 年	7.1	5.5	8.0	8.5	14.6	10.9	16.9	14.7	10.7
1926 年	6.3	5.0	7.8	10.4	16.8	14.0	18.2	15.8	11.9
1927 年	5.5	4.8	7.3	8.3	13.9	10.6	20.7	10.4	9.7
1928 年	5.2	5.2	8.1	9.8	15.5	12.5	23.2	11.6	10.8
1929 年	5.3	5.6	8.3	9.2	14.1	12.3	19.9	12.3	10.6
1930 年	7.9	8.0	10.5	14.9	20.8	23.9	26.7	18.7	16.3
1931 年	11.6	11.8	14.4	20.7	27.4	28.2	32.4	26.5	21.4
1932 年	12.9	14.3	17.2	19.6	28.8	25.6	36.8	28.2	22.1
1933 年	11.4	11.8	16.0	17.0	26.7	23.6	35.3	27.1	20.2
1934 年	8.9	9.0	13.8	12.7	23.0	21.3	33.5	24.5	17.2
1935 年	8.2	8.5	12.3	11.1	21.8	20.4	33.3	23.2	16.1
1936 年	7.7	7.5	9.8	8.9	17.7	17.7	31.8	20.2	13.6
1937 年	6.0	7.2	8.3	7.1	11.4	14.4	24.2	17.4	11.2
1938 年	7.8	8.9	8.8	10.1	14.1	18.4	26.6	17.9	13.3

注）「イングランド南東部」とは、ロンドン、ベッドフォード、バッキンガムシャー、ケンブリッジ、エセックス、ハートフォードシャー、ケント、ミドルセックス、ノーフォーク、サフォーク、サーレイ、サセックス。「イングランド南西部」とは、バークシャー、コーンウォール、デヴォン、ドーセット、グロスター、ハンティングドンシャー、オクソン、サマーセット、ウィルトシャー。「イングランド中央部」とは、ダービー、ヘレンフォード、ハンティングドン、ライスター、ノーザンプトンシャー、ノッティンガムシャー、ラットランド、サロップ、スタッフォード、ワーウィック、ウォースター、ソーク・オブ・ピーターバラとスタンフォード。「イングランド北東部」とは、ダラム、リンカン（スタンフォードを除く）、ノーサンバーランド（バーウィックを除く）、ヨークシャー。「イングランド北西部」とは、チェシャー、カンバーランド、ランカシャー、ウェストモーランドとグロソップとダービーからニューミルズを除く部分。
出所）前掲『イギリス歴史統計』125頁。

表 2-19 地域別の長期失業者の割合

	1年以上の失業者(%)		平均失業期間(週)	
	1932年6月	1938年2月	1932年6月	1939年2月
ロンドン	4.4	5.8	16.2	15.5
南東部	3.8	6.6	15.3	17.0
南西部	8.8	8.6	19.7	20.0
ミッドランド	14.6	15.9	25.4	30.3
北部・北西部・北東部	19.6	25.0	31.0	49.3
スコットランド	27.6	29.7	41.8	56.1
ウェールズ	21.1	30.7	33.3	61.8

出所）原田、前掲書、190頁 VII-8 表。

表 2-20 旧主要産業の総被保険労働者が地域ごとに占める割合(1923 年 7 月)

	グレート・ブリテン	ロンドン,ホーム・カウンティーズ	ミッドランド	ウェスト・ライディング,ノッティンガム,ダービイ	中部スコットランド	ランカシャー	ノーザンバーランド,ダラム	グラアモーガン,モンマス
石炭	11.2	0.1	8.8	21.0	10.7	6.6	37.6	51.3
綿	5.2	0.0	0.2	3.5	2.5	26.5	0.0	0.0
羊毛	2.4	0.1	0.5	15.1	0.2	0.5	0.1	0.0
造船	2.2	0.9	0.0	0.1	7.3	1.4	8.9	2.2
鉄鋼	2.1	0.05	2.8	3.7	3.6	0.8	2.6	5.6
合計	23.1	1.15	12.3	43.4	24.3	35.8	49.2	59.1

出所) 原田,前掲書,116 頁 IV-5 表。

れらの地域は,旧主要産業のなかでも,特定の 1,2 の産業に集中的に依存していた。さらに,表 2-21 で同年における産業グループ・地域別の被保険人口の割合をみると,O.B.(上記地域)の各地域ではその地域の被保険人口の30%をはるかに超える人々が 5 つの衰退基礎産業(石炭,綿織物,造船,鉄鋼,毛織物)に従事していたが,I.B.(上記地域)ではこれらの産業に被保険人口のわずか 1%が従事しているにすぎず,ミッドランドにおいてさえもその割合は 12%にすぎなかった。他方,急速に拡大しつつある 16 の急成長基礎産業・7 つの地方産業(自動車,電気機械,人絹,流通,建設など)に従事する被保険人口の割合は,I.B.のロンドンおよびホーム・カウンティーズでは 56%,ミッドランドでは 42%とかなり高かったが,O.B.のグラアモーガン,モンマスでは 17%,ノーザンバーランド,ダラムでは 22%,ランカシャーは 28%とずっと低かった。このようにみてくると,両大戦間期における失業率の地域間格差は,それぞれの地域がもつ中心的産業の相違と密接な関係があったことがわかる。すなわち,O.B.のように衰退産業である旧主要産業に依存していた地域では失業率は高く,I.B.のように成長産業である新産業に依存していた地域では失業率は低かったのである。

こうして,旧主要産業に特化した不況地域の失業を是正し,地域間の均衡的発展を達成するために,地域政策が講じられることになった。それは,34年の「特別地域法」(Special Areas [Development & Improvement] Act)

表 2-21 産業グループ・地域別の被保

	イギリス全体	ロンドン, ホーム・カウンティーズ	ミッドランド諸州	ウェスト・ライディング, ノッティンガム
7の地方産業	24	35	16	14
16の急成長基礎産業	14	21	26	9
5の衰退基礎産業	23	1	12	43
18の他の産業	39	43	46	33
全産業	100	100	100	100

注)「地方産業」とは, 流通業, 建設, ガス・水道・電力, 路面電車・バスサービス以外ーニング, パン・ビスケット・ケーキ。「急成長基礎産業」とは, 自動車, 自転車, 航ストランなど。「衰退基礎産業」とは, 石炭産業, 綿織物, 毛織物, 造船・船舶修理,
出所) 伊藤喜栄, 小杉毅, 森川滋, 中島茂共訳『イギリスの産業立地と地域政策』(バーロー

の施行とともにはじめられた。この法律は, 産業の不振によって極めて深刻な影響を受けた4地域, すなわちウェールズ南部, イングランド北東部, カンバーランド西部, スコットランドのクライドサイド(北ランカシャー)を「特別地域」として指定し, これらの地域に雇用の新しい源泉として新産業を誘致するというものであった。特別地域にたいする産業誘致政策は, 金融支援, 工場団地の建設, 労働者の移動政策によって行われた[72]。金融支援については, スチュワート卿(Sir Malcolm Stewart)の第二次報告書(36年2月)のなかで, 特別地域に新産業を誘致する困難, 特に中小企業が特別地域で創業する場合の資金調達の困難が指摘されたため, 政府は36年4月に「特別地域復興法」(Special Areas Reconstruction Act)を制定し, 同法によりイングランド銀行は公称資本金100万ポンドの「特別地域復興協会」(Special Areas Reconstruction Association Co., Ltd., SARA)を創設した。この協会の目的は, 民間金融機関が特別地域の中小企業に返済期間5年, 市場金利に近い貸付金利で限度額1万ポンドの融資を行う場合, 25%までの損失保証をするというものであった。工場団地の建設については, 政府は, 非営利事業体である「工場団地会社」(Trading Estate Co.)を, 北東海岸地域(36年), サウス・ウェールズ(36年), スコットランド(37年と38年)に設立し, 成長産業の特別地域への誘致を進めることになった。この工場団地会社は, 特別地域のコミッショナーを通じて「特別地域基金」(Special

口の割合(1923年)

ッド・スコッ ランド	ランカシャー	ノーサンバーラ ンド，ダラム	グラアモーガン， モンマス
25	19	16	13
10	9	6	4
24	36	49	59
40	36	28	24
100	100	100	100

路輸送，路面電車・乗合バスサービス，洗濯・染物業・ドライクリ
，電線，電気器具，電球，電気機械，絹，ホテル，簡易ホテル，レ
業。
ポート），ミネルヴァ書房，1987年，280頁 表付7。

　Areas Funds)から低利(当初5年間は利子免除，以後4％)の融資を受けて工業団地を造成し，民間企業に貸与・払下げのための工場の建設や工業用地の整備を行うものであった。そして，特別地域に新産業の誘致を意図したこれらの政策手段を補完するものが，労働者の移転政策であった。労働者の移動を促進する措置は，28年に労働省に新設された「産業移転局」(Industrial Transference Board)の計画にもとづいて実施された。これは，旧主要産業が集中する不況地域の構造的失業者を新産業が集中し相対的に繁栄している地域に移動させ，同時に職業再訓練センターを設置して新産業への労働力流動化を図ろうとするものであった。

　しかし，このような産業誘致政策の成果は小さいものであった。地域政策が開始された34年以降の工業開発についてみると，特別地域の新設工場数は増加傾向にあるが，イギリス全体の新設工場数に占める割合は特別地域の新設工場数が最も多い38年においても14.7％(61件)であり，この数字は大ロンドンでの新設工場数の全体に占める割合40.6％(168件)と比べて見劣りするものであった[73]。したがって，確かに特別地域の失業率は30年代末には低下を示したが(特別地域のなかでも最も高かったウェールズの失業率はその最悪の年であった32年の36.8％から38年の26.6％に低下した。前表2-18参照)，この主たる理由は地域政策の成果というよりも35年からはじまった再軍備計画による景気回復に起因するものとみるべきであろう。因みに，

イギリスの国防支出は，35年度には1億3690万ポンド，36年度1億8610万ポンド，37年度1億9730万ポンド，さらに38年度には2億5440万ポンドへと急増した[74]。そして，この35〜38年度の国防支出は民間雇用増加分の81%(148万1584人)を創造したといわれ[75]，また国防支出のうち特別地域への発注割合は35年度の12%，36年度に27%に急上昇し，37年度上半期には31%に達した[76]。

2. 1944年政府白書『雇用政策』と産業立地政策

イギリスの失業は，第二次大戦中に極端なほど低い水準に減少した。軍備の必要と船舶喪失とが一緒になって，造船業および鉄鋼業は能力一杯まで操業していた。また公共支出の巨額の増加は，激しいインフレーションを招くほどに総需要水準を引き上げた。これらの要因によって，イギリス全体の失業者数は39年の134万人から44年の7万人へと記録的な低水準まで減少し，失業率も5.8%から0.4%まで急速に低下した[77]。しかし，第二次大戦の終結直後の平時経済への移行には，戦時期に繰り延べられてきた各種需要の爆発と生産能力の不均衡，および産業構造の変化と労働力の配置転換(特に復員軍人の再配置)などの諸問題から，インフレーションと失業が共存する困難な状況が予想された[78]。しかも，ウィリアム・ベヴァリッジ(William H. Beveridge)による42年12月の「社会保険および関連サービス」(Social Insurance and Allied Services)の公表以降，経済を統制しながら社会保障の実現[79]のために最も重要な雇用維持を図ることが，第二次大戦後の政府の役割として広く理解されるようになった。かくして，44年5月に連立政府は，第二次大戦後における高水準かつ安定的水準の雇用の維持を公約した政府白書『雇用政策』(Employment Policy)を発表した。この白書は，イギリスにおける現代福祉国家成立途上の決定的に重要な一道標とみなしうる歴史的文書であった[80]。では，『雇用政策』が発表された経緯とその内容はどのようなものであったのであろうか。

イギリスにおける戦後再建の論議は，財政・雇用政策を中心として40年にははじまっていたが[81]，43年に入り連合軍勝利の予測に世論の関心が集

まってくると，軍需省の勤労動員解除による戦後の雇用見通しへの懸念が出されはじめた。そこで，政府は43年7月に「戦後雇用に関する運営委員会」(Steering Committee on Post-War Employment, CPWE)を設置し，産業立地，労働力流動化と構造的失業，公共投資の管理と時期，民間投資の管理と時期，消費規制と労使双方の制限的慣行などの問題を検討することになった。こうして，財政・雇用政策を中心とした戦後再建計画の論議のなかに，戦後の地域政策の論議が組み込まれていったのである。戦後再建計画のなかに地域政策の新たな枠組みを当てはめていくうえで重要な役割を果たしたのは，商務省が43年10月に作成した「産業立地」と題する覚書であった。これは，第一に特別地域において第二次大戦後に構造的な高失業が再発する可能性があること，第二に産業の平時転換期に有利な機会を利用できれば特別地域の産業構造の多様化が可能なこと，第三にこの平時転換期における多数の企業および工場の立地に関する緊急の政策決定が構造的失業を最小にするために不可欠であること，第四に経済全体の超過需要の抑制のために規制が必要とされる限りでは特別地域に有利な処理が可能なこと，第五に政府工場の生産施設が払い下げられれば特別地域は民需生産をいち早くスタートできることなどを主張し，第二次大戦後における産業立地政策の必要性を強く訴えた[82]。そして，CPWEは，この覚書の主張を受け入れ，44年1月に「戦後雇用に関する運営委員会報告」(Report of the Steering Committee on Post-War Employment)を発表した。さらに，この運営委員会報告は，出版寸前となっていたウィリアム・ベヴァリッジの『自由社会における完全雇用』(Full Employment in a Free Society, 44年11月)に影響を受けながら修正され，44年5月の政府白書『雇用政策』になっていったのである。

この政府白書『雇用政策』は，産業立地政策を戦後の雇用政策の重要な手段として位置づけており，白書の第3章「産業と労働力の均衡的配分」では，特定産業と特定地域における失業の対策として，産業の立地・誘致政策を論じている。第3章の主な特徴点は次の通りである[83]。まず第一は，特定地域の構造的失業の原因は衰退しつつある少数の基礎産業への過度の依存にあると規定し，このような失業を克服するために特定地域にたいする三つの独

自の施策(産業多角化のための新企業立地の促進,労働力流動化の障害除去,職業訓練の推進)を掲げたこと。第二は,戦前の「特別地域」に代わって「開発地域」(development areas)を指定し,そこでの新企業立地を促進する手段として,過密地域での新工場の立地規制と開発地域における特別誘導策の実施を明記したこと。特別誘導策とは,①国営軍需工廠の貸与・払下げ,②戦時立地規制の戦後適用の性格をもつ工場建築許可の優先権の付与,③国営産業団地の建設の再開と拡大,④立地企業にたいする財政的助成(長期・短期融資,発行株式の政府引受)の実施,である。第三は,開発地域への新企業立地や工場誘致を促進するためにインフラストラクチュアの整備を掲げたこと。第四は,こうした産業立地政策の主管官庁を30年代の労働省に代わって商務省と定め,労働省や都市・農村計画省などが補完=分担する体制としたこと。同時に,戦前の特別地域コミッショナー制度の廃止が提案された。第五は,労働力の地域間,産業間のミス・マッチを克服するために職業訓練・賃貸住宅建設を新たに推進し,同時に戦前・戦中の労働者移動政策の延長である再定住手当支給などの労働力流動化政策の推進を掲げたことであった。

3. 商工金融会社(ICFC)の設立

マクミラン委員会の勧告がICFC設立の端緒であった。不況が深刻化した1930年代の初頭ごろから,長びく経済不況の改善策に関する議論が激しくなり,特に金融制度の機能に注意が注がれはじめた。こうしたなかで,29年11月に産業・貿易の発展のためにとられるべき施策の勧告を目的とした「金融と産業に関する委員会」(Committee on Finance and Industry, マクミラン委員会)が設置され,同委員会は31年7月に最終報告書を発表した。報告書の末尾で,中小企業の長期資金調達の困難が指摘され(いわゆるマクミラン・ギャップ),この問題の解決策として中小企業が発行する小額の産業・商業証券を専門に取り扱う会社の設立が勧告された[84]。そして,中小企業に長期資金を供給するために,34年にクレジット・フォア・インダストリー(Credit for Industry, CFI)とチャーターハウス・インダストリア

ル・ディベロップメント・カンパニー (Charterhouse Industrial Development Company, CID) が設立された[85]。CFI は，イングランド銀行の指導の下でユナイティド・ドミニオンズ・トラスト (United Dominions Trust) の子会社として，資本市場では消化されない 100 ポンドから 5 万ポンドの資本を発行する工業に償還期限 20 年の長期信用を供与するという目的で設立された。CFI の貸付金 (返済分を除く) は 39 年 7 月現在で 38 万ポンドであった。CID は，チャーターハウス・インベストメント・トラスト (Charterhouse Investment Trust) の子会社であり，プルデンシャル保険会社，ロイズ銀行，ミッドランド銀行との提携によって設立され，資本金は 50 万ポンドであった。また，すでに述べたように 36 年には特別地域の中小企業に信用保証事業を行う特別地域復興協会 (SARA) が設立された。しかし，SARA はその対象が指定された不況地域の中小企業に限られていたし，CFI と CID はわずかな成果しか残さなかったから，これらの機関の活動は 30 年代のマクミラン・ギャップを埋めるには不十分であった。

ところで，42 年ごろから戦後再建の議論が本格的に行われるようになった。イングランド銀行は 43 年 3 月に「戦後の国内金融に関する委員会」(Committee on Post-War Domestic Finance, CPWDF) を設置し，中小企業のための金融機関の設立に関する議論をはじめた。そして，10 月に CPWDF は，銀行が出資者となり，中小企業に長期資金を供給する公称資本金 5000 万ポンドの金融機関の設立を提案した。当時のイングランド銀行は，中小企業を社会・環境に順応できない "不適応者" (Misfits) とみなしており，中小企業のための金融機関の必要性を感じていなかった。それにもかかわらず，こうした提案がなされたのは，中小企業の金融機関の設立を政府が強く望んでいたこと，その設立が銀行の中小企業金融への消極姿勢にたいする政治的批判を和らげることになる，といったことにイングランド銀行が関心をもっていたからであった[86]。また，政府は 43 年 7 月に前述の「戦後雇用に関する運営委員会」(CPWE) を設置し，ここで中小企業のための金融機関についての議論を行った。この議論の中心となったのは商務省からの提案であった。その提案の主な内容は，①中小企業のための金融機関の貸付

は，担保や過去のバランス・シートと同じくらい，申請者の個性，現在の商売方法，成功の見込みにたいして注意を払いながら行われるべきであること，②このような高いリスクをもった貸付を行う場合，政府が信用保証を行う必要があること，③民間の金融機関から融資を受けられないような企業や新設企業のなかで，特に資金の供与を必要とする技術進歩が進んでいる分野において，有能な企業を選び，中小企業の専門金融機関に推薦する権限を商務省に与えるべきこと，④その専門金融機関は民間企業であるべきこと，といったものであった[87]。こうして，翌年1月にCPWEは戦後の雇用政策の重要な手段として産業立地政策の必要性を訴えた前述の「戦後雇用に関する運営委員会報告」を発表し，この報告のなかで中小企業の専門金融機関の設立が勧告されたのである。これにイングランド銀行と大蔵省は直ちに反応を示した[88]。イングランド銀行は，設立される中小企業専門金融機関には銀行の出資による独立した法人企業の形態をとることが望まれると言及した。大蔵省は，そのころ前述の『雇用政策』の第3章「産業と労働力の均衡的配分」にもとづいて「産業配置法」(Distribution of Industry Act in 1945)が制定されようとしていたこともあって，その専門金融機関は完全雇用を維持するための諸政策と密接に関係しながら運営されるべきであると主張した。このことは，設立される中小企業専門金融機関が，戦後に再び高い失業の発生が予想される開発地域(産業配置法の下で特別地域が再定義された)で，可能な限り業務を行っていくことを意味していた。

かくして，中小企業のための専門金融機関を設立すべく，設立準備委員会が設置されることになった。同委員会はこの新設機関の株主に予定されていた5大銀行の専務取締役によって構成されていた[89]。当初5大銀行は，中小企業に貸付を行う独立した会社の設立に銀行が参加することは不穏当であるとしていた。ところが，44年初めに5大銀行は，中小企業金融に銀行が消極的であるとの政治的批判をなだめるために，中小企業のための金融機関の設立になんらかの形で参加しなければならないと考えはじめ，ついに設立準備委員会に参加することになったのである[90]。同委員会は議論を重ねた結果，44年10月に中小企業専門金融機関の設立趣意書を発表した。これに

よれば，新設機関の名称は「商工金融会社」(Industrial and Commercial Finance Corporation, ICFC)とされ，その目的は，商工業を営む企業が銀行や証券市場を容易に利用できないような場合に，これらの企業にたいして貸付を行ったり，社債・株式の募集に応じたりして資金を提供することであった。ICFCが中小企業に提供する資金の範囲は，明文化されなかったが，5000～20万ポンドとされた。これは，5000ポンドより少なければたとえ長期であっても諸銀行から借入ができるし，20万ポンドを超える額ならば証券市場を利用できるという判断にもとづいていた。ICFCの設立時の資本金は1500万ポンドで，このうちイングランド銀行への割当は50万ポンド，5大銀行へは1115万ポンドであった。ICFCの融資元金は，一つは資本金，もう一つは株主である銀行からの借入金であった。借入金の限度額は払込資本額の2倍と規定された[91]。そして，この設立趣意書は44年12月に大蔵省に提出され，それはほぼそのまま認められ，翌年の1月に大蔵大臣はICFCの設立を公表した。その際，大蔵大臣はイングランド銀行総裁にたいして「ICFCは過去の経験や記録が十分な担保になる新規の申請者を支援してもらいたいし，またそれは開発地域の申請者にあらゆる配慮を払うべきである」[92]と主張した。こうしてICFCは45年7月に設立された。

1） 吉岡昭彦編著『イギリス資本主義の確立』御茶の水書房，1968年，3頁。
2） 1832年の選挙法改正，1834年救貧法改正，1846年穀物法の廃止，1849年航海条例廃止などの一連の改革が行われ，自由主義経済を推進していく環境が整備された。湯沢威編『イギリス経済史』有斐閣ブックス，1996年，31頁。
3） 生川栄治『イギリス金融資本の成立』有斐閣，1968年，39頁。
4） 永田啓恭，谷口明丈，土屋慶之助，大月誠『「大不況」期における国際比較』同朋舎，1985年，19頁 表1-3。
5） 同上書，55-65頁 付表B。
6） 例えば，1898年に設立されたWatney Combe Reid & Co.の授権資本額は1500万ポンド，1899年に設立されたCalico Printers' Associationのそれは920万ポンド，1900年に設立されたBleachers' Associationは825万ポンド，同年設立されたAssociated Portland Cement Manufacturersは800万ポンドであった。なお，1896年から1904年までに設立された大企業は40社であった。同上書，29-31頁 表1-6b。

7) 1907年の製造業の全労働者数は520万人であった。安部悦生，岡山礼子，岩内亮一，湯沢威『イギリス企業経営の歴史的展開』勁草書房，1997年，44頁 表5。
8) また，1851年において1雇用主当たりの平均従業者数は8.3人であった。J. H. Clapham, *An Economic History of Modern Britain*, The Early Railway Age 1820-1850, Cambridge, 1959, p. 70.
9) 資料2-1は1871年の工場と作業場に関する調査(これは「工場法」の下で検査官が12万7000の工場・作業場と，そこで働く10歳以上の労働者241万7000人について調査したもの)にもとづいて繊維工業の工場数，労働者数をみたものである。これによると，繊維工業では機械化が進展し，工場制度が一般化しつつあることがうかがえる。しかし，1工場当たりの平均労働者数をみると，綿業，梳毛業，亜麻業，黄麻業ではかなり大経営が行われていたとみられるが，羊毛業，絹業，レース業，メリヤス業では小経営が支配的であったことがわかる。しかも，レース業・メリヤス業では，

資料2-1 繊維工業における工場数・労働者数(1870～71年)

	工場数	労働者数	1工場当り平均労働者数
綿	2,469	436,000	177
羊　　毛	1,768	124,000	70
梳　　毛	627	109,500	175
亜　　麻	346	70,000	202
黄　　麻	58	16,900	291
絹	692	47,000	68
レ　ー　ス	223	8,300	37
メリヤス類	126	9,000	71

注) 1838年における1工場当り平均労働者数は，綿では137人，羊毛では46人，梳毛では76人であった。
出所) 外池，前掲論文，177頁 第三表(Clapham, *op. cit.*, p. 117)。

資料2-2 金属・機械工業における工場数・労働者数(1870～1871年)

	工場数	労働者数	1工場当り平均労働者数
全金属製造業	18,000	622,000	34.5
製　鉄　業	761	166,700	219.0
鉄製造船業	78	44,500	570.5
機械製造業	1,933	163,600	84.6
釘・鋲	1,604	13,200	8.2
刃　物　類	1,143	24,600	21.5
その他金属製品	7,900	75,400	9.5

出所) 外池，前掲論文，177頁 第二表(Clapham, *op. cit.*, p. 117)。

この当時までまだ大部分下請仕事によって生産がなされていたから，下請仕事場をも含めると，これらの業種の平均労働者数はさらに小さいものとなるであろう。また，資料2-2は前述の調査にもとづいて金属・機械工業における1工場当たりの平均労働者数をみたものである。これによると，一方に鉄製造船業，製鉄業という大経営があり，他方には釘・鋲，刃物，その他の金属製品製造業といった小経営が存在し，その間に機械製造業が位置していることがわかる。

10) 1871年において，イングランドおよびウェールズの靴下編工業の就業者数は4万2038人であったが，このうちミッドランド3州(レスターシャー，ノッティンガムシャー，ダービーシャー)のそれは3万9733人で，靴下編工の94.5％がミッドランド3州に集中していた。武居良明『イギリスの地域と社会』御茶の水書房，1990年，38頁 第3表。
11) 靴下編工業における下請制については，同上書，44-59頁参照。
12) 公にされた中間搾取項目として，次のようなものがあった。それは，製品を靴下編業者の倉庫まで運搬・納入する際の「納品料」，「編機賃借料」，編工の自宅が狭く，編機を自宅に設置できず下請人の自宅または仕事場に置いた場合には「場所代」，さらに編工が家族労働力なりほかの労働力なりを調達できない場合は，糸巻き，縫合，飾り縫いなどの付属的作業を下請人の差し向ける労働力に依存するのが通例で，そのための費用，などがあった。同上書，48-49頁。
13) S. D. Chapman, *The Textile Industries*, I. B. Tauris & Co. Ltd., p. 222 Table 1.
14) Roy A. Church, *Economic and Social Change in a Midland Town*, Frank Cass & Co. Ltd., pp. 258-259.
15) この点については，外池正治「英国産業化過程と小工業」(一橋大)『経済学研究』第3巻，1959年7月，184-186頁，および武居，前掲書，45-46頁，59-61頁参照。
16) 19世紀半ばごろの靴下編工業について，ウェールズは「多分この産業における最も著しい特徴は，家内制組織の非常に長い期間にわたる残存である。1870年代になってすらも，メリヤス工業労働者の大部分は，自宅や小さな仕事場で働いていた編立工であり手縫工であった。その時までに，この古い組織の消滅は不可避にみえたけれども，工場生産への移行が完成するまでにはまだ長期間を必要とした」と述べた。同上論文，191頁 註1(F. A. Wells, *The British Hosiery Trade, Its History and Organization*, London, 1935, pp. 14-15)。
17) これらの金属製品には非常に多くの種類があったが，そのうち主なものをあげると，鍛造釘，管，琺瑯容器，錠，鎖，馬具，真鍮製品，銃器，宝石細工品，玩具，ボタン，ブリキ製品，刃物，スプリングなどである。同上論文，214頁 註6。
18) 19世紀半ばごろにおけるバーミンガムの金属製品製造業の経営特質については，武居，前掲書，76-83頁参照。
19) この点については，外池，前掲論文，206-208頁参照。
20) この点については，太田進一「イギリス資本主義の発展過程と中小企業」(2)『同

志社商学』第35巻第4号，1983年12月，71-77頁参照。
21) 「第三次児童雇用委員会」(1861～65年)は，実態調査から「さまざまな産業において，過度の労働時間，不衛生な状態，過労，生命と体力の浪費は何ら特殊な事態ではないこと，これらの状態は，何らかの種類の職種や，また何らかの形の産業に固有なものではなく，労働者が低賃金で雇用され，無制限の競争が行われているところではどこでも見出され，おそらくそれが最も明確な形をとっているのはイングランドの棟割長屋(cottage home)においてである」と述べた。B. L. ハチンズ，A. ハリソン(大前朔郎，石畑良太郎，高島道枝，安保則夫共訳)『イギリス工場法の歴史』新評論，1976年，165頁。
22) 例えば，靴下編工業や金属製品製造業では，19世紀末に機械制大工業へと移行するのであるが，この移行を促進した最大の原因は，家内工業や小工場にたいする工場法の適用や1876年の児童にたいする義務教育の強制によって，児童労働を中心とするチープ・レーバーの供給が減少したことであった。太田，前掲論文，76頁参照。また，1853年工場法の制定の結果，53年から63年の10年間に，300以上の零細工場(cottage factories)が閉鎖され，大工場への集中が工場立法によって一層速められた。戸塚秀夫『イギリス工場法成立史論』未来社，1966年，328頁。
23) 森恒夫「イギリス産業における株式会社の展開」(明治大)『経営論集』第10巻第3号，1963年2月，35頁 第3表，55頁 第14表，63頁 第19表。
24) 同上論文，39頁 第7表。
25) 同上論文，63頁(Clapham, *op. cit.*, Machines and National Rivalries 1887-1914 with an Epilogue 1914-1929, 1951, p. 268)。
26) 産業革命期から19世紀を通じてイギリスでは，企業社会の経営倫理が極めて低く，経営環境が非常に不安定で常に倒産という危険にさらされていたので，無限責任制のパートナーシップは社会的に高い信用を獲得した。パートナーとして企業経営に加わることは，常に倒産にともなう無限責任の危険を無条件に分担することとなるから，おのずからパートナーとして受け入れられる者は，一族の者か宗教団体などを通じたごく親しい知人に限られた。Mary B. Rose, "The family firm in British business, 1780-1914", in Maurice W. Kirby and Mary B. Rose (ed.), *Business Enterprise in Modern Britain*, Routledge, 1994, pp. 63-66. そして，イギリスの同族企業は中・小規模であること，あるいはそうならざるをえないことを運命づけられていた。P. L. Payne, "Family Business in Britain: An Historical and Analytical Survey", in Akio Okochi and Shigeaki Yasuoka (ed.), *Family Business in the Era of Industrial Growth*, University of Tokyo Press, 1984, p. 179.
27) 「一般産業証券」には海外企業の証券が含まれている。
28) 飯田隆『イギリスの産業発展と証券市場』東京大学出版会，1997年，75頁 表3-2参照。
29) 一般産業証券の占める割合は，1914年のマンチェスターでは7.5%，13年のバーミンガムでは9.7%，14年のニューキャッスルでは7.1%と，ロンドン取引所におけ

る状況とほぼ同じであった。同上書，79頁 表3-5，80頁 表3-6，81頁 表3-7参照。
30) 1931年の「金融と産業に関する委員会」(Committee on Finance and Industry, マクミラン委員会)では，20万ポンド以下の小額資本金の市場公募は，コスト面その他の理由によって実質上困難であるとし，いわゆるマクミラン・ギャップにたいする特別の助成措置の勧告を行っているが(マクミラン委員会報告，瀧口義敏訳『現代金融論』東京書房，1933年，290-291頁)，その対象となる階層の企業を資本金20万ポンド未満の企業と推定し，これを「中小企業」とした。また，マクミラン・ギャップをもって発行規模20万ポンド未満を「小口発行」とした。
31) 飯田，前掲書，25頁(A. E. Harrison, "Joint Stock Company Flotation in the Cycle, Motor Vehicle and Related Industries, 1882-1914", *Business History*, Vol. 23, No. 2, p. 178)。
32) 例えば，ジェイムズ・マーシュ兄弟会社の場合をみると，この会社は，19世紀初頭，シェフィールドの製鋼業者から棒鋼を買い入れ，各種ナイフを製造しているパートナーシップ形態の家族的企業であったが，このころ国内市場やアメリカ市場が急速に拡大したので，1817〜19年には20％前後の総収益をあげ，1810年1000ポンド余りであった資本金は，28年には2万9000ポンドを超えた。そして，この年には，坩堝製鋼炉や圧延設備を擁する新工場を建設して製鋼業へ発展，さらに1830年代には当時収益の多かったヤスリ生産にも乗り出し，同時に製鋼用転炉も建設するなど，着々と経営の拡大を実現したが，これらはすべて，企業利益の内部蓄積の再投資によって行われ，企業外からの借入資金は導入されていなかった。中川敬一郎『イギリス経営史』東京大学出版会，1986年，238頁。
33) 1899年における上場会社の発行方法別の証券発行額は，発行総額4232万ポンドのうち，公募発行は3635万ポンド(85.9％)，プレイシングは15万ポンド(0.4％)，株主割当・不明は582万ポンド(13.8％)であった。飯田，前掲書，60頁 表2-2。
34) 株式銀行・個人銀行の数値は，1884年のイングランド・ウェールズのもの。Thomas Balogh, *Studies in Financial Organization*, Garland Publishing, Inc., 1983, p. 7 Table II。
35) 1870年代以前には，地方銀行はロンドン貨幣市場に依存することなしには，地方企業の強い資金需要に応じえなかった。これは，当時の地方銀行の預貸率が極端に高い水準にあったため(オーバーローン状態)，手形以外の多額の流動性資産を保有することができず，したがって貸出の手段であると同時に，流動性資産でもある手形の割引が，地方銀行にとって最も都合の良い貸出の方法であったからである。しかし，1880年代以降になると，地方銀行の預貸率が低下したため(預金の増加がその主因)，手形以外にも多量の流動性資産を保有することができるようになり，地方銀行は貸出の方式として手形の割引を特に選好する理由はなくなった。他方で，利益率の水準を維持するために，地方銀行は，企業の要望にそって，当座貸越の便宜を企業に供与せざるをえなくなったのである。詳しくは，西村閑也『国際金本位制とロンドン金融市場』法政大学出版局，1980年，第二部Ⅰ章参照。

36) *cf*. P. L. Cottrell, *Industrial Finance 1830-1914*, Gregg Revivals, 1993, pp. 212-228.
37) 当時の地方銀行業者の多くはもともと地域の有力な事業の出身者であり，事業活動をしているうちに次第に業務を金融業に移し銀行業者に転換していく場合が多かった。したがって，地方の銀行は地域の特定の企業との結びつきを強めていた。この点については，R.キャメロン（正田健一郎訳）『産業革命と銀行業』日本評論社，1973年，66-69頁，P.マサイアス（小松芳喬監訳）『最初の工業国家』日本評論社，1972年，183-184頁参照。
38) 1878年においてシティ・オブ・グラスゴー銀行の貸付額上位5社の貸付額が全貸付額に占める割合は70.1％におよんでいた。しかも，グラスゴー銀行の役員はしばしばこうした会社の出資者であったり，あるいはこれらの会社の利害とグラスゴー銀行の役員の利害とは深く結びついていた。この点については，福光寛「シティ・オブ・グラスゴー銀行の倒産」（上）『金融経済』194号，1982年6月，54-56頁参照。
39) 忽那憲治「イギリス産業企業の金融と証券市場」『証券経済学会年報』第27巻，1991年，153頁および忽那憲治「イギリス産業企業の金融と銀行合同」（大阪市大）『経営研究』第42巻第3号，1991年9月，93頁。
40) 第一次大戦までの銀行合同には三つの形態があった。一つ目は純粋地方銀行のうち有力銀行がロンドン手形交換所に進出するためにロンドンの個人銀行を吸収するというものであり，二つ目は地方銀行が全国的な展開を図るために他の地方銀行を合併するという形態であり（この合同形態は一つ目の形態と同時に進行した），三つ目の形態は純粋ロンドン銀行がかかる地方銀行の進展に対抗するために地方銀行を吸収するというものであった。生川，前掲書，90-91頁参照。
41) 1897～1906年における各銀行の合同数は，Barclay & Co.が14，Capital & Counties Bankが10，Lloyds Bankが18，London City & Midland Bankが10，Parr's Bankが3，Union of London and Smith's Bankが13であった。同上書，89頁 第9表。
42) 安部，岡山，岩内，湯沢，前掲書，288頁 第1表。
43) なお，1913年において，株式銀行のうちいわゆる5大銀行（Barclay & Co., Lloyds Bank, London City & Midland Bank, National Provincial Bank of England, London County & Westminster Bank）は，総預金量の49.4％（3億9943万ポンド）を，総支店数の43.0％（2490店）を支配していた。Balogh, *op. cit.*, pp. 108-111.
44) サイクスは「融資の申込はすべて本店へ持ち込まれなければならず，特に巨額の申込については取締役会への提出が要求された。また，一般的には担保が必要とされた。支店長の仕事は，顧客との話し合い，本店への連絡，支店スタッフの仕事の監視が中心であり，貸出などに関する権限はかなり限定されたものになった」と述べている。忽那，前掲「イギリス産業企業の金融と銀行合同」90頁（Joseph Sykes, *An Outline of English Banking Administration*, Sir Isaac Pitman & Sons, Ltd.,

1925, pp. 14-15, 18-19)。また，銀行の貸出態度の変化について，ラヴィントンは「1880年代後半から銀行は産業企業にたいし，恒常的な資金，特に工場の設備などの長期資金を提供することを避けるようになり，さらに1890年代と1900年代の銀行合同運動によって，その傾向は強まることになった」と指摘した。F. Lavington, *The English Capital Market*, Methuen & Co. Ltd., 1921, pp. 125-133.

45) 国防費は1919年度の6億400万ポンドから20年度の2億9220万ポンド，21年度の1億8940万ポンドへ急減した。政府の財政収支については，森恒夫『イギリス資本主義』(宇野弘蔵監修『帝国主義の研究』第4巻)，青木書店，1975年，126-127頁 表44参照。

46) 商品輸出総額は1929年の7億2930万ポンドから30年度の5億7080万ポンド，31年度の3億9060万ポンド，32年度の3億6500万ポンドへと減少した。詳しくは，同上書，112頁 表36および177頁 表52参照。

47) 1932年5月には公定歩合は2%に引き下げられ，これは39年8月まで続いた。

48) 例えば，1923年度から33年度の間に，鉄・鋼の輸出額は7620万ポンドから2990万ポンドへ，綿製品のそれは1億7740万ポンドから5890万ポンドへ大きく減少した。詳しくは，森，前掲書，112頁 表36および177頁 表52参照。

49) レスリー・ハンナ(湯沢威，後藤伸訳)『大企業経済の興隆』東洋経済新報社，1987年，249-250頁 第A.1表。

50) なお，純生産額において製造業の従業員数上位100社の大企業が占める割合は，1909年は16%，24年は22%であった。また，35年の製造業の全労働者数は540万9000人であった。安部，岡山，岩内，湯沢，前掲書，44頁 表5。

51) 同上書，44頁 表5。

52) 例えば，イギリスの鉄鋼業において，内部請負制という間接管理から直接管理である内部昇進性への移行は，労働面での古い熟練タイプである熟練労働力から新しい熟練タイプである半熟練労働力への変化と，他方で技術面での鉄の段階のパドル法から鋼の段階の平炉製鋼法への変化によるものであった。新しい技術が新しい労働を必要とし，さらに管理労働と作業労働とを分離し，間接雇用＝間接管理から直接雇用＝直接管理への移行を必然化させたといえよう。また，機械工業でも同様な過程をたどった。1890年代初めにおいて，機械工業では三つの雇用形態が存在した。それは，第一に下請制，第二に請負制，第三に直用制であった。しかし，次第に，第一の形態から第二の形態へ，さらには第三の形態へと，あるいは第一と第二の形態から第三の形態へと比重が移行していった。太田，前掲論文，79-81頁。

53) 中小事業所の従業員数は24年225万7000人，30年223万8000人，35年237万5000人で，大事業所のそれはそれぞれ285万8000人，294万1000人，303万4000人であった。商工組合中央金庫調査部『英国の中小企業』(ボルトン委員会報告書)，1974年，100頁 表5・I。

54) 1908年には「炭坑8時間労働法」(Coal Mines Eight Hours Act)が成立し，同年に「老齢年金法」(Old Age Pensions Act)が制定された。さらに09年に「労資協

議会法」(Trade Boards Acts)によって最低賃金制が規定され,同年に「職業紹介所法」(Labour Exchange Act)が成立した。11年には「国民保険法」(National Insurance Act)が制定されて,健康保険と失業保険が実施されることになった。12年には「炭坑最低賃金法」(Coal Mines Minimum Wage Act)が制定されたものの,実際には地域別標準賃金にとどまった。さらに13年に「労働組合法」(Trade Union Act)が成立して労働組合の政治献金が合法化された。太田,前掲論文,87頁。

55) 会社の手元に残った額とは,証券発行によって調達された金額から債務返済や他企業買収や新設会社の場合の既存企業買収にともなう売主への現金支払いの金額を控除した額のこと。

56) 国内一般産業会社の証券発行額は,1918年1786万ポンド,19年9788万ポンド,20年1億5585万ポンド,35年5843万ポンド,36年6039万ポンド,37年4343万ポンドであり,会社の手元に残った額はそれぞれ1948万ポンド,8927万ポンド,1億4520万ポンド,2962万ポンド,4889万ポンド,3943万ポンドであった。飯田,前掲書,140頁 表5-1,173頁 表6-8。

57) 発行額に占める手元額の割合は,1896年22.9%,97年23.9%,98年22.5%であった。同上書,37頁 表1-9参照。

58) 同上書,135頁(Harry W. Richardson, *Economic Recovery in Britain in 1932-39*, Weidenfeld & Nicolson, 1967, p.149)。

59) 注30)参照。

60) 増税(特に直接税の課税率の上昇)が富裕階層に大きな影響を与えたことについては,飯田,前掲書,212頁 表8-2参照。

61) イギリスでは,1965年までキャピタル・ゲインのほとんどは無税であった。

62) 飯田,前掲書,142頁 表5-3,175頁 表6-10。

63) それは,重要産業の保護関税と反ダンピング関税を規定した1921年の「産業保護法」(Safeguarding of Industries Act)およびイギリス産業のための原料資源の開発や重工業品の輸出の促進というねらいをもった帝国特恵政策であり,一定の条件で設備投資のための借入に国庫保証を与えるものとした21年の「産業振興法」(Trade Facilities Acts,同法は1年の時限をもって23年を除く21年から26年まで毎年制定された)であった。詳しくは,森,前掲書,141-143,149-151頁参照。

64) W. A. Thomas, *The Finance of British Industry 1918-1976*, Methuen & Co. Ltd., 1978, p.62.

65) Michael Collins, *Banks and industrial finance in Britain 1800-1939*, Cambridge, 1995, p.75.

66) *ibid*., pp.66-67. ただ,トーマスは,銀行の商工業にたいする貸出の減少について「このような趨勢についての最も重要な理由は,産業活動の状態であり,一方において物価,とりわけ商品価格の水準の低下が(30年から32年の間に卸売物価は27%減少した)在庫保有のための貸出需要を削減したことであった」,また「産業の回復が銀行に最初にもたらしたことは,企業が在庫を使い果たし,それらの一般的金融ポジ

ションが改善したので，企業が借入残高を返済できるようになったことであった」とし，結論的に「30年代において銀行の貸出の伸びが遅々としたものであったのは，銀行が産業の真に必要とするものを満たすことに不本意であったと理解されるが，大部分の主たる問題は資金需要の欠如であった。銀行が"適格な銀行融資"を避けたとは思われない」と述べた。泉川節「産業と金融をめぐる問題」『金融経済』第222号，1987年11月，64-66頁(W. A. Thomas, *op. cit.*, pp. 66, 68, 75)。

67) 生川, 前掲書, 93-99頁参照。
68) *Statistical Abstract for the United Kingdom*, H. M. S. O., No. 83, p. 155, No. 137, 138, p. 257, No. 191.
69) Derek H. Aldcroft, Harry W. Richardson, *The British Economy 1870-1939*, Macmillan, 1969, p. 225 Table 5.
70) 原田聖二『両大戦間イギリス経済史の研究』関西大学出版部，1995年，147-148頁 V-3表。なお，両大戦間期における大量失業問題については，同書，第II部参照。
71) 両大戦間期におけるイギリスの産業構造の変化について一瞥しよう。まず，総雇用者数に占める割合をみると，旧主要産業(石炭，鉄鋼，造船，綿)は20年の13.7%(243万人)から38年の7.7%(145万人)へとその地位を低下させたが，新産業(自動車，レーヨン，化学・合成染料，電機)および建築業では8.6%(153万人)から12.4%(235万人)へとかなりの上昇をみせた(総雇用者数は20年は1774万人，38年は1888万人)。森，前掲書，92頁 表29。また，旧主要産業と新産業のパフォーマンスをみると，国内粗固定資本形成は，新産業では24〜29年に11.4%，32〜37年に20.9%の年平均成長率を示したが，旧主要産業ではそれぞれ2.2%，20.4%のマイナス成長率であった。純生産高に占める割合については，新産業は24年に14.1%，30年に15.9%，35年に21.0%と増加していったが，旧主要産業では24年の37.0%から30年の29.6%，35年の27.8%へと減少していった。Sidney Pollard, *The Development of the British Economy 1914-1980*, Edward Arnold, 1983 (3rd. ed.), p. 54 Table 2・4. したがって，両大戦間期において，旧主要産業は衰退産業であり，新産業は成長産業であったといえよう。まさに，この時期，イギリスの産業構造は，旧主要産業から新産業へ転換しはじめたのである。
72) 両大戦間期におけるイギリスの地域政策については，ゲヴィン・マックローン(加藤譲監修，杉崎真一訳)『イギリスの地域開発政策』大明堂，1973年，93-109頁，小杉毅「イギリスにおける地域開発」(2)(関西大)『経済論集』第17巻第3号，1967年9月，59-63頁，若林洋夫「現代イギリス地域政策の段階と特質」(1)『立命館経済学』第39巻第5号，1990年12月，274-295頁参照。
73) 詳しくは，若林，同上論文，292頁 表I-4参照。
74) 森，前掲書，126-127頁 表44。
75) Mark Thomas, "Rearmament and Economic Recovery in the late 1930s", *The Economic History Review*, Second Ser., 36, 1983, p. 566 Table 7, p. 567.
76) W. R. Garside, *British Unemployment 1919-1939: a study in public policy*,

Cambridge University Press, 1990, p. 361.
77) 詳しくは，原田，前掲書，147-148頁　表V-3参照。
78) 一調査によれば，労働者階級も中流階級も同じく3分の2が戦後の雇用の展望に不安を表明したといわれる。内藤則邦『イギリスの労働者階級』東洋経済新報社，1976年，6頁。しかも，イギリスの失業者数は第二次大戦中に大きく減少したけれども，労働争議件数は39年の940件から毎年増加を続け44年には2194件に達し，それによる損失労働日はこの間に135万6000日から371万4000日へと著増した。B. R. ミッチェル編（犬井正監訳，中村壽男訳）『イギリス歴史統計』原書房，1995年，143頁，145頁。このことは，雇用問題の悪化を示すとともに，体制維持の観点からも退っ引きならない状況であった。
79) 1942年8〜10月に実施された政府機関の世論調査は次の結果を報告している。大多数の国民は将来の事態についてまったくといってよいほど無関心であるが，人口の5ないし20％にあたる確固たる意見の持主がいる。この「考える少数派(a thinking minority)」が深い関心を寄せ，また抱く信念とは次の通りである。①労働能力あるすべての者に生活賃金を与える仕事の保障。②私的利潤を仕事の主要動機とすることをやめること。共同社会の利益を最優先する仕事。③労働能力なきすべての者への財政援助。④すべての者に貧困を代償としない適正価格での適正な住宅の提供。⑤すべての者が均等な機会を享受しうる同一教育の提供。これを一言で要約すれば戦後における社会保障の実現への期待だといえよう。事実，当該世論調査報告書はこう書いている。「三年前には社会保障という言葉は世間全体にはほとんど知られていなかった。現在それは戦後の緊急必要事項としてあまねく理解されているようにみえる。一般にそれは『全ての者にたいする適当十分な最低限の生活水準の保障(a decent minimum standard of living for all)』と受け取られている」と。毛利健三『イギリス福祉国家の研究』東京大学出版会，1990年，261-262頁。
80) 同上書，255頁。
81) 第二次大戦後の復興の論議は40年8月の戦時内閣戦争目的委員会の設置にはじまり，その流産の後，翌41年1月には戦後復興委員会が設置され，その下に議長名を冠した周知の「ベヴァリッジ委員会」（社会保険・関連サービス委員会），国土計画に関わる「ユスウオット委員会」（土地開発補償・居住環境改善委員会）や「スコット委員会」（農村区域土地利用委員会）等とともに，戦後の財政・雇用政策を論議する国内経済問題委員会(Committee on Post-War Internal Economic Problems)が省庁間委員会として設置された。若林洋夫「現代イギリス地域政策の段階と特質」(2)『立命館経済学』第40巻第4号，1991年10月，130頁。
82) 同上論文，135-136頁。
83) 同上論文，142-143頁。
84) 前掲『現代金融論』290-291頁。
85) CFIとCIDについては，Balogh, *op. cit.*, pp. 301-302 および Richard Coopey, Donald Clarke, *Fifty Years Investing in Industry*, Oxford University Press,

1995, pp. 11-12 参照。
86) CPWDF の設置とその提案については，Coopey, Clarke, *ibid*., pp. 19-20 参照。
87) *ibid*., pp. 16-17.
88) CPWE の勧告，イングランド銀行と大蔵省の反応については，*ibid*., pp. 16-18 参照。
89) 委員長は Charles Lidbury (Westminster Bank)，その他のメンバーは，A. W. Tuke (Barclays Bank), R. A. Wilson (Lloyds Bank), H. L. Rouse (Midland Bank), Ernest Cornwall (National Provincial Bank) であった。
90) 設立準備委員会の設置と5大銀行の動向については，Coopey, Clarke, *op. cit*., pp. 21-22 参照。
91) ICFC の内容については，浜田康行「イギリスにおける中小企業金融機関の生成と発展」(上)(久留米大)『産業経済研究』第 22 巻第 3 号，1981 年 11 月，61-62 頁参照。
92) Coopey, Clarke, *op. cit*., p. 17.

第3章　アメリカの中小企業と中小企業庁(SBA)の創設

第1節　大不況期における中小企業とそれへの金融施策

　大恐慌を契機とした1930年代のアメリカ経済の長期停滞は，労働者や農民ばかりではなく，中小企業の経営にも深刻な影響を与えた。しかし，中小企業にたいする政策的対応の必要性は認識されたものの，中小企業政策が失業者対策や農業対策に比べて大きく進展することはなかった。

　本節では，1930年代の大不況期における中小企業の存立状況と金融状況を観察し，政府による中小企業にたいする施策を考察したい。

1．独占体制の強化と中小企業の経営基盤の悪化

　周知のように，アメリカでは資本主義諸国のなかでも比較的早く近代的な独占が形成され，1890年にはすでに「シャーマン法」(Sherman Act)という独占禁止法が制定されていた。しかし，自動車産業，公益事業の発展を中核とした1920年代のアメリカ経済の発展は，巨大企業の独占的基礎をかつてないほどに進展させた。例えば，鉱工業では巨大企業が20年代に著しく資産額を増大させ，その資産集中率を大きく高めた。大企業100社の資産額は19年の175億7380万ドルから29年の294億640万ドルへ増加し，29年には大企業100社で全鉱工業会社総資産の25.5％を所有するに至っている(19年は16.6％)[1]。20年代の独占化の進展については，資産についてばかりでなく，純所得についてもいえる。銀行を除く全株式会社の純所得のうち

表 3-1(A)　1920年代の大製造業会社(45社)の純資産，利益率，
留保利益などの推移　　　　　　　　(単位：100万ドル)

	1922年	1923年	1924年	1925年	1926年	1927年	1928年	1929年
純資産	6,362	6,724	7,025	7,341	7,837	8,132	8,380	9,057
純利益	334	559	539	728	885	769	1,036	1,266
利益率	5.3	8.3	7.7	9.9	11.3	9.5	12.4	14.0
留保利益	86	258	223	359	413	231	442	611

表 3-1(B)　1920年代の中・小製造業会社(73社)の純資産，利益率，
留保利益などの推移　　　　　　　　(単位：1,000ドル)

	1923年	1924年	1925年	1926年	1927年	1928年	1929年
純資産	30,854	32,443	34,003	35,914	37,387	38,427	39,332
純利益	3,659	2,491	3,492	3,699	3,828	2,936	3,309
利益率	11.9	7.7	10.3	10.3	10.2	7.6	8.4
留保利益	1,995	944	1,695	1,363	1,204	321	778

注)　利益率(％)＝純利益／純資産×100
出所)　Sergei P. Dobrovolsky, *Corporate Income Retention 1915-1943*, National Bureau of Economic Research, 1951, pp. 110, 114 table C2, C6, pp. 111, 115 table C3, C7.

　200社の大会社が享受した純所得の割合は，20年の33.4％から29年には43.2％にもなった[2]。このような20年代の独占体制の強化の過程で，アメリカの中小企業はその経済的実力を弱体化させていった。表3-1(A・B)によると，大製造業会社(資産500万ドル以上)の純利益は20年代を通じて急増しており，利益率も上昇傾向を示している。これにたいし，中・小製造業会社(資産500万ドル未満)の純利益は停滞しており，利益率は低落傾向を示していた。中・小製造業会社の利益率の低下は，20年代を通じて独占体制が強化され，それとともに中・小製造業会社の経済的地位が一層弱められつつあったという事情によるところが大きいといえよう。
　こうした中小企業の弱体化の進行のなかで，29年に大恐慌がアメリカ経済を襲った。大恐慌が経済に与えた影響の大きさについては改めて指摘するまでもない。29年6月以降工業生産は過剰生産の反動から低下し続け，大恐慌以前の水準に戻るのは40年以降であった[3]。では，30年代のアメリカ経済の大不況期において，中小企業はどのように存立していたのであろうか。

表 3-2 資産規模別にみたアメリカ法人企業の営業損益の推移(1931〜40 年)

(単位:100 万ドル)

資産規模(万ドル)	1931 年	1932 年	1933 年	1934 年	1935 年	1936 年	1937 年	1938 年	1939 年	1940 年
5 未満	−412	−609	−377	−250	−183	−101	−131	−204	−120	−96
5〜 10 未満	−214	−312	−113	−47	−10	56	38	−21	41	57
10〜 25 未満	−340	−484	−188	−28	72	225	178	50	193	275
25〜 50 未満	−251	−379	−129	21	132	283	242	106	248	345
50〜 100 未満	−252	−395	−101	55	178	364	317	162	316	427
100〜 500 未満	−539	−834	−258	285	674	1,167	1,108	561	1,104	1,401
500〜 1,000 未満	−138	−335	−110	172	343	605	542	302	541	687
1,000〜 5,000 未満	−36	−495	−68	748	1,202	1,528	1,640	958	1,565	1,849
5,000〜10,000 未満	1,694	332	706	2,080	3,093	775	752	474	649	939
10,000 以上	na	na	na	na	na	2,716	3,090	1,755	2,700	3,587

注1) 資産規模 5,000〜10,000 万ドル未満の 1931 年から 35 年の数字には,資産規模 10,000 万ドル以上の数字が含まれている。
注2) na は not available。
出所 寺岡寛『アメリカの中小企業政策』信山社,1990 年,64 頁 第 3-1 表(アメリカ合衆国商務省編『アメリカ歴史統計』原書房,1987 年,933-938 頁)。

30 年代の大不況の影響は企業利益の面にはっきりと現れた。表 3-2 で資産規模別の法人企業の営業損益をみると,資産 500 万ドル以上の大企業の利益は 31 年 15 億 2000 万ドル,33 年 5 億 2800 万ドル,35 年 46 億 3800 万ドル,37 年 60 億 2400 万ドル,39 年 54 億 5500 万ドルと大不況下でも黒字を維持したが,資産 25 万ドル未満の中小企業の利益は▲9 億 6600 万ドル,▲6 億 7800 万ドル,▲1 億 2100 万ドル,8500 万ドル,1 億 1400 万ドルと赤字ないし低い水準で低迷した。殊に資産 5 万ドル未満の零細企業では 31 年以降赤字を続け,40 年になっても営業損失を記録している。このように,30 年代の大不況は,法人企業全体の利益を悪化させたが,特に中小企業に大きな打撃を与え,その経営を著しく困難にさせた。そして,このような企業利益の悪化は,当然のことながら倒産件数を増加させた。倒産件数は 30 年になって急増し,32 年には 3 万 1822 件におよび,その後は 1 万〜2 万件で推移した[4]。また,表 3-3 で 35〜39 年までの倒産を負債規模別にみると,製造業,卸売業,小売業ではそれぞれ 80〜90%が負債額 2 万 5000 ドル未満の倒産であり,製造業,卸売業では約 4 分の 1 が,小売業では約半分が負債額 5000 ドル未満の倒産であった。これにたいし,負債額 10 万ドル以上の倒産はど

表 3-3 アメリカにおける負債額規模別の企業倒産の状況(1935〜39 年)

(単位:%)

負債額(ドル)	1935 年	1936 年	1937 年	1938 年	1939 年
製　造　業					
5,000 未満	25.0	28.0	21.4	22.0	22.8
5,000〜 25,000 未満	53.2	51.5	51.6	50.9	52.3
25,000〜100,000 未満	16.3	16.3	17.5	20.1	18.2
100,000 以上	5.5	4.2	9.5	7.0	6.7
合　　計	100.0	100.0	100.0	100.0	100.0
卸　売　業					
5,000 未満	26.4	24.7	23.2	23.4	26.1
5,000〜 25,000 未満	53.3	54.5	55.0	55.0	55.9
25,000〜100,000 未満	16.8	17.5	19.4	18.4	15.6
100,000 以上	3.5	3.3	2.4	3.2	2.4
合　　計	100.0	100.0	100.0	100.0	100.0
小　売　業					
5,000 未満	51.8	51.1	52.0	48.7	49.8
5,000〜 25,000 未満	41.4	42.0	42.3	44.2	44.2
25,000〜100,000 未満	5.9	6.2	5.2	6.5	5.6
100,000 以上	0.9	0.7	0.5	0.6	0.4
合　　計	100.0	100.0	100.0	100.0	100.0

出所)　寺岡,前掲書,67 頁 第 3-4 表(Temporary National Economic Committee (TNEC), *Investigation of Concentration of Economic Power*, "Problems of Small Business" Monograph No. 17, 1941, p. 212 table 6)。

の業種においてもわずかであった。中小企業の倒産の多さをうかがわせる。

　以上のように,アメリカの中小企業は,20 年代の独占体制の強化の過程で,その経済的実力を弱体化させており,30 年代の大不況期には脆弱な経営基盤を悪化させ,その倒産を増加させたのである。

2. 中小企業の金融問題の発生

　表 3-4 によって,大恐慌前と以後における中小企業の資金調達構造を比べてみると,次のようなことが見出される。第一に各部門とも内部資金の比重が低下し,逆に外部資金および資産処分のウェイトが増大していること,第二に外部資金のなかでも資本金のウェイトが家具製造業および工作機械製造業を除いて低下していること(ただし家具製造業では絶対的には資本金が減少している),第三にこうしたことから必然的に負債のウェイトが増加する

第3章 アメリカの中小企業と中小企業庁(SBA)の創設　123

表3-4　中小企業の資金調達構造　（単位：1,000ドル）

	製パン業(81社)		紳士用衣類製造業(46社)		家具製造業(66社)	
	1927〜29年	1934〜36年	1927〜29年	1934〜36年	1927〜29年	1934〜36年
支払手形	55.1(15.8)	—	29.6(4.0)	209.2(39.5)	184.1(18.3)	44.8(6.5)
支払勘定	124.1(35.6)	125.7(42.4)	451.6(61.3)	256.3(48.4)	16.3(1.6)	382.9(55.8)
その他流動負債	60.1(17.3)	53.8(18.2)	21.7(2.9)	53.9(10.2)	119.2(11.8)	87.0(12.7)
小　計	239.3(68.7)	179.5(60.6)	502.9(68.3)	519.4(98.1)	319.6(31.7)	514.7(75.0)
債　券	40.7(11.7)	66.4(22.4)	49.7(6.8)	0.6(0.1)	480.8(47.7)	19.0(2.8)
その他負債	8.0(2.3)	16.3(5.5)	1.0(0.1)	2.6(0.5)	2.4(0.2)	0.8(0.1)
資本金	60.3(17.3)	34.1(11.5)	182.6(24.8)	6.7(1.3)	204.4(20.3)	151.8(22.1)
外部資金計	348.3(13.8)	296.3(19.4)	736.2(63.4)	529.3(47.3)	1,007.2(34.0)	686.3(45.8)
減価償却	1,292.1(63.3)	1,025.5(100.0)	99.6(38.9)	61.2(37.6)	514.4(29.8)	353.0(92.4)
留保利益	749.4(36.7)	—	156.8(61.1)	101.6(62.4)	1,212.4(70.2)	29.0(7.6)
内部資金計	2,041.5(80.8)	1,025.5(66.9)	256.4(22.1)	162.8(14.6)	1,726.8(58.2)	382.0(25.5)
資産処分	136.2(5.4)	209.3(13.7)	169.2(13.4)	426.5(38.0)	229.9(7.8)	429.7(28.7)
合　計	2,526.0(100.0)	1,531.1(100.0)	1,161.8(100.0)	1,118.6(100.0)	2,963.9(100.0)	1,498.0(100.0)

	土石・粘土製造業(70社)		工作機械製造業(118社)	
	1927〜29年	1934〜36年	1927〜29年	1934〜36年
支払手形	113.4(33.5)	7.5(5.1)	38.6(3.8)	80.3(12.0)
支払勘定	78.9(23.3)	6.5(4.5)	240.4(23.7)	269.9(40.3)
その他流動負債	76.3(22.5)	105.0(71.9)	199.7(19.7)	103.8(15.5)
小　計	268.6(79.4)	119.0(81.5)	478.7(47.2)	454.0(67.8)
債　券	11.4(3.4)	3.1(2.1)	389.6(38.4)	39.5(5.9)
その他負債	3.0(0.9)	15.2(10.4)	1.7(0.2)	7.4(1.1)
資本金	55.4(16.4)	8.7(6.0)	143.8(14.2)	168.7(25.2)
外部資金計	338.4(19.7)	146.0(13.5)	1,013.8(29.7)	669.6(35.7)
減価償却	1,019.1(90.0)	566.6(89.0)	1,112.1(46.8)	724.2(71.4)
留保利益	113.4(10.0)	70.2(11.0)	1,263.8(53.2)	289.9(28.6)
内部資金計	1,132.5(65.9)	636.8(58.7)	2,375.9(69.5)	1,014.1(53.9)
資産処分	249.6(14.4)	299.6(27.8)	26.4(0.8)	192.3(10.3)
合　計	1,720.5(100.0)	1,082.4(100.0)	3,416.1(100.0)	1,876.0(100.0)

注1)　中小企業とは，資産25万ドル未満の企業のこと。
注2)　業種名の横のカッコ内は調査対象企業数。
注3)　外部資金計，内部資金計，資産処分のカッコ内は合計にたいする割合。その他のカッコ内は外部資金計あるいは内部資金計にたいする割合。
出所)　山崎広明「1930年代におけるアメリカの中小企業金融問題」(神奈川大)『経済貿易研究』第3号, 1966年4月, 63頁 第7表(TNEC, "Financial Characteristics of American Manufacturing Corporations" : Monograph No. 15, pp. 147-161 table 72-81)。

表 3-5　工業における会社資産規模別の総資産にたいする自己資本の比率

会社資産規模	利益会社 1932年	利益会社 1936年	欠損会社 1932年	欠損会社 1936年
～　　5万ドル未満	67.5%	58.1%	49.2%	33.8%
5～　10万ドル未満	72.4	64.0	60.2	45.8
10～　25万ドル未満	77.1	67.4	65.3	51.4
25～　50万ドル未満	80.1	71.0	70.3	54.2
50～100万ドル未満	82.4	73.2	73.6	53.6
100～500万ドル未満	83.5	75.6	75.9	57.3
500～1,000万ドル未満	84.6	74.0	73.6	58.2
1,000～5,000万ドル未満	81.5	75.6	75.0	53.1
5,000万ドル～	79.4	77.0	71.4	42.0

注）　自己資本には内部留保を含む。
出所）　瀧澤菊太郎「1930年代のアメリカにおけるスモール・ビジネス金融問題と対策」(名古屋大)『経済科学』第15巻第4号, 1968年3月, 105頁 表4(TNEC, Monograph No. 17, p. 210 table 4)。

ことになるが，負債のなかでは債券のウェイトが急減し，支払手形や支払勘定などといった流動負債の比重が急増していること，である。このことは，表 3-5 と表 3-6 によってさらに明らかとなる。表 3-5 は総資産にたいする自己資本(内部留保を含む)の割合を会社資産規模別にみたものであるが，32年，36年とも資産25万ドル未満の中小工業の自己資本比率は低く，このことは欠損会社において顕著であった。次に，表 3-6 で負債総額に占める流動負債の割合を会社資産規模別にみると，工業については32年，36年とも資産規模が小規模なほど流動負債の割合は高く，中小工業では77～86%と非常に大きかった。商業では全体的に工業よりも流動負債の割合が高く，小規模なほどその割合は大きかった。このように，恐慌以後の30年代における中小企業の財務上の弱さは，端的にいえば，自己資本(資本金，内部留保)が著しく貧弱になり，流動負債への依存が高くなったことに現れたのである(これはすでにみた中小企業の利益悪化の結果にほかならない)。30年代に至って，アメリカの中小企業の金融問題が問題化せざるをえなかった根拠はまさにここにあったといえよう。では，こうしたなかで，中小企業はどのような金融問題を抱えていたのであろうか。

表3-6 会社資産規模別の負債総額にたいする流動負債の比率

会社資産規模	工　業		商　業	
	1932年	1936年	1932年	1936年
～　　5万ドル未満	86%	77%	91%	90%
5～　10万ドル未満	80	81	84	81
10～　25万ドル未満	77	79	79	84
25～　50万ドル未満	71	75	77	83
50～100万ドル未満	69	73	75	83
100～500万ドル未満	58	68	69	81
500～1,000万ドル未満	44	50	69	85
1,000～5,000万ドル未満	43	56	56	78
5,000万ドル～	42	55	68	91

出所）　瀧澤，前掲論文，104頁　表3(TNEC, Monograph No.17, p.209 table 3)。

(1) 地方中小銀行の弱体化による金融の梗塞

　いま，1929年6月末の商業銀行(国法・州法銀行)をみると，全商業銀行2万4912行のうち1万7929行(72.0%)が資本金10万ドル未満の中小銀行であった。また人口1万人以上の都市にある商業銀行は4901行，1万人未満の都市にあるそれは2万行であり，人口1万人未満の小都市にほとんどの商業銀行が位置していた[5]。これは，「単一銀行制度」を基調とする州法銀行制度によって小規模な銀行の創設が認められ，地方の経済社会組織と密接な結びつきをもつ中小銀行が簇生したからであった[6]。そして，こうした地方の中小銀行は中小企業金融に有力な機能を果たしていた。すなわち，29年ごろまでは，地方の中小企業の経営者や資産家が地方銀行を所有・経営していたため，地元の中小企業の実情をよく知っており，したがって中小企業への融資も円滑に行われたのである[7]。ただ，資料の制約上，具体的に地方の中小銀行が中小企業金融にどれだけの役割を果たしたかは示せない。しかし，20年代を通じて大企業は内部資金および証券市場からの資金調達によって工場・設備支出を大幅に上回る豊富な資金をもっており，これが大企業の債務の返済を容易にするとともに商業銀行への短期信用需要を減退させたし，また第一次大戦前において商業銀行の商業貸付(短期信用)のかなりの部分を構成していた農業にたいする貸付が20年代には激減したことから，商業銀

行は余資を中小企業へ振り向けたであろうことは容易に想像できる[8]。

しかし，29年の恐慌とともに事態は一変した。29年から36年に至るまでの間に多くの地方中小銀行が営業停止を余儀なくされたのである。表3-7によれば，この間に営業停止した商業銀行は9561行であり，このうち国法銀行の営業停止数は2017行(21.1%)，州法銀行のそれは7544行(78.9%)であった。このように州法銀行の営業停止が非常に多かったが，これらの州法銀行の多くが小都市の中小銀行であったことに注意しなければならない。同表をみると，29〜36年の間に営業停止した州法銀行のうち，資本金10万ドル未満の中小銀行は6275行で実に83.2%を占め，営業停止中の州法銀行の圧倒的部分が中小銀行であったことがわかる。そして，営業停止した州法銀行のうち6405行(84.9%)が人口1万人未満の小都市に位置していた[9]。多くの地方中小銀行の営業停止が，中小企業に金融難をもたらしたのは当然であった。そのうえ，30年代の銀行集中がこれを一層困難にした。アメリカでは20年代に続いて30年代に支店銀行制が発展をみせた。29年から39年にかけて支店経営商業銀行は764行から939行に増え，支店数は3353店から3497店へ増加した。しかし，注目すべきは支店経営銀行の資産の増大で，その貸付・投資は同期間に214億ドルから308億ドルへと増加し，全商業銀行のそれにたいする割合は43.0%から57.2%へ上昇した。すなわち，39年には全商業銀行1万4667行の6.4%(939行)にすぎない支店経営商業銀行が，全商業銀行の資産539億ドルの6割近くをもつようになったのである[10]。これは，20〜30年代を通じて銀行合同および支店銀行制に関する法的規制が緩和され，新規の支店設置が増加したばかりでなく，大規模な銀行が他の独立銀行を合同し自行の支店に転換させる方法が比較的多くとられるようになったためである[11]。こうした銀行集中は，地方の中小銀行と中小企業との密接なつながりを破壊し，中小企業の金融難を深刻化させた。例えば，合同によって大銀行の支店が多くなったことが中小企業の金融難をもたらした理由としては，大銀行は中小企業融資の経験がないため，大銀行の支店長では地元の中小企業の実情や経営者の能力をよく知ることができず，また危険性の高い中小企業にたいして思い切って融資する権限もなかったこと，があ

表 3-7　資本金規模別の国法・州法銀行の営業停止行数

	1929年		1930年		1931年		1932年		1933年	
	国法銀行	州法銀行	国法銀行	州法銀行	国法銀行	州法銀行	国法銀行	州法銀行	国法銀行	州法銀行
25,000 ドル未満		210		441		503		366		876
25,000 ドル	15	135	56	231	102	406	64	278	257	664
25,001〜49,999 ドル	6	59	15	125	34	182	25	113	56	326
50,000 ドル	20	78	29	139	101	251	57	169	291	352
50,001〜99,999 ドル	6	15	10	37	20	77	18	46	80	101
100,000 ドル	9	36	27	70	59	125	41	58	185	178
100,001〜199,999 ドル	4	9	3	31	30	64	17	28	65	79
200,000〜499,999 ドル	3	14	12	43	45	133	40	56	112	141
500,000〜999,999 ドル	—	3	7	5	11	38	11	18	32	37
1,000,000〜4,999,999 ドル	1	5	2	8	7	25	3	8	21	28
5,000,000 ドル以上	—	—	—	1	—	—	—	—	2	6
合　　計	64	564	161	1,131	409	1,804	276	1,140	1,101	2,790

	1934年		1935年		1936年		合計	
	国法銀行	州法銀行	国法銀行	州法銀行	国法銀行	州法銀行	国法銀行	州法銀行
25,000 ドル未満		16		17		18		2,447
25,000 ドル	1	11	1	4	—	5	496	1,734
25,001〜49,999 ドル	—	1	1	2	—	6	137	814
50,000 ドル	—	3	1	4	—	—	499	996
50,001〜99,999 ドル	—	1	—	—	—	7	134	284
100,000 ドル	—	4	—	2	—	3	321	476
100,001〜199,999 ドル	—	1	—	—	1	2	120	214
200,000〜499,999 ドル	—	4	1	1	—	1	213	393
500,000〜999,999 ドル	—	2	—	—	—	—	61	103
1,000,000〜4,999,999 ドル	—	—	—	—	—	—	34	74
5,000,000 ドル以上	—	—	—	—	—	—	2	7
合　　計	1	43	4	30	1	42	2,017	7,544

注1)　州法銀行には連邦準備制度加盟銀行および非加盟銀行が含まれる。
注2)　1933年の州法銀行の合計には資産規模の不明な営業停止銀行2行が含まれる。
出所)　Board of Governors of the Federal Reserve System, *Federal Reserve Bulletin*, Sept. 1937, pp. 897–899 table 8.

表 3-8 会社資産規模別の流動比率

会社資産規模	工業 1932年	工業 1936年	商業 1932年	商業 1936年
〜 5万ドル未満	1.36	1.43	1.81	1.78
5〜 10万ドル未満	1.73	1.82	2.34	2.14
10〜 25万ドル未満	1.95	2.08	2.44	2.17
25〜 50万ドル未満	2.36	2.40	2.70	2.41
50〜 100万ドル未満	2.68	2.54	2.80	2.35
100〜 500万ドル未満	3.11	3.16	3.03	2.28
500〜1,000万ドル未満	3.94	3.58	2.27	2.07
1,000〜5,000万ドル未満	3.83	3.65	2.42	2.02
5,000万ドル〜	3.54	3.12	2.13	2.10

出所) 瀧澤，前掲論文，103頁 表2(TNEC, Monograph No.17, p.209 table 2)。

げられる[12]。

(2) 商業銀行の信用制限

　まず，法人企業の資産規模別の流動比率(流動資産／流動負債)をみてみよう。流動比率は，企業の流動資産で流動負債をどの程度弁済する能力があるかを示す比率で，銀行業者などによって古くから貸付先の返済能力，支払能力の見極めを行う分析において重要視されている比率である。アメリカでは「2：1の原則」(流動資産2にたいして流動負債1の関係)によって，流動比率は2以上が必要だとされている。表3-8をみると，商業についてははっきりとした規模別相違がみられなかったが，工業については資産25万ドル未満の中小企業は32年，36年とも流動比率が2以下なのにたいして，資産100万ドル以上の企業では3以上となっていた。流動比率2以下の中小企業が商業銀行から信用拒絶もしくは信用制限を受けるのは当然であった。表3-9は33〜38年の間に銀行信用を拒絶された企業(1775社)の割合を資本金規模別にみたものであるが，これによると資本金50万ドル以下の中小企業(この調査を行った全国産業会議事務局 "National Industrial Conference Board" は資本金5万ドル以下の企業を very small firm，5万〜50万ドル以下の企業を small firm としている)において信用の拒絶の割合が圧倒的

表 3-9 資本金規模別でみた銀行より信用拒絶された割合（1933～38 年）

	回答企業割合(%)	信用を拒絶された企業割合(%)
50,000 ドル以下	12.9	31.8
50,001～ 500,000 ドル	39.0	49.4
500,001～1,000,000 ドル	7.9	7.1
1,000,001 ドル以上	36.0	9.1
分類不明	4.3	2.6
合　　計	100.0 (1,775 社)	100.0

出所) A. D. H. Kaplan, *Small Business: Its Place and Problems*, Arno Press, 1979 (Reprint of the 1948 ed.), p. 144 table 39 (L. H. Kimmel, *Auailability of Bank Credit 1933-1938*, National Industrial Conference Board, New York, 1938, p. 66).

表 3-10　従業員規模別・流動比率別にみた金融難企業の割合（1933 年）

		21～50 人	51～100 人	101～250 人
流動比率	～0.9	76.7%	76.6%	79.9%
	1.0～1.4	67.2%	68.3%	62.0%
	1.5～1.9	66.0%	56.9%	56.3%
	2.0～2.4	52.0%	51.8%	45.6%
	2.5～2.9	49.0%	47.0%	35.1%
	3.0～	29.8%	22.6%	18.4%
	計	50.9%	43.7%	39.8%

注) それぞれのグループの調査対象企業数のなかで，金融難であると回答した企業の割合を示したもの。
出所) 瀧澤，前掲論文，109 頁 表 6 (TNEC, Monograph No. 17, p. 225 table 23)。

に多いことがわかる。しかし，表 3-10 で 33 年に借入困難を報告した企業の割合を従業員規模別および流動比率別にみると，通常商業銀行が貸付の適否を決定する場合の基準と考えられていた流動比率 2 以上においても，従業員 21～50 人の最小規模層ではかなりの割合の企業が借入困難を訴えていることが注目され，しかもこの割合は従業員 51～100 人，101～250 人の上位層の割合よりも高いものとなっていた。こうした事実からみる限り，30 年代のアメリカでは，信用不適格の中小企業はもちろんのこと，信用適格性を有する多くの中小企業さえも商業銀行の信用拒絶ないしは信用制限を蒙ってい

表3-11 1930年代の中・小製造業会社(73社)の純資産, 純利益, 留保利益の推移

(単位：1,000ドル)

	1930年	1931年	1932年	1933年	1934年	1935年	1936年	1937年	1938年	1939年
純資産	39,278	37,586	34,855	32,909	31,987	30,868	30,301	30,332	29,854	28,081
純利益	367	−837	−2,310	−483	−20	−240	929	941	110	223
留保利益	−1,649	−2,127	−2,895	−1,034	−946	−993	11	−164	−703	−609

注) 1939年は中・小製造業会社70社のデータ。
出所) Dobrovolsky, op. cit., p.111 table C3.

たことは明らかである。この結果, 中小企業の多くは, 金融会社(financing company)やファクター(factor)などの少額貸付機関(small loan company)に大きく依存することになった。しかし, こうした少額貸付機関は金利や手数料が高かったので, 高い資金調達コストが中小企業の利益を圧迫するという問題を生んでいた。例えば, 臨時全国経済委員会(Temporary National Economic Committee, TNEC)の中小企業調査では, デトロイトのある独立中小部品会社は, 大自動車会社から部品の注文を受けたときに, 多くの場合その発注書を金融会社に購入してもらって資金を調達していたが, 金融会社の手数料が高かったため(ミシガン州の高利貸業に関する法律では金融会社の手数料率は30%であった), 利益が手数料に吸収されてしまうことがある, と報告されている[13]。

(3) 中・長期資金および自己資本の調達難

1939年に実施されたTNECの公聴会における証言や中小企業調査によれば, 当時の中小企業は短期資金の調達難よりはむしろ中・長期資金の調達に困難を感じていたことがわかる[14]。それでは, なぜ, 30年代のアメリカの中小企業は中・長期資金の調達が困難となったのであろうか。中小企業にたいする中・長期資金の供給構造の変化を検討してみよう。

アメリカ中小企業の中・長期資金の第一の源泉は留保利益である。その基礎になるものは利益であるから, 前表3-1Bと表3-11で中・小製造業会社(資産500万ドル未満)の純利益についてみると, 20年代は停滞傾向であるもののそれは300〜400万ドルで推移したが, 30年代の大不況期に入ると一気にマイナスに転じ36年以降の回復も20年代の水準に遠くおよばなかった。

また，すでに前表3-2でみたように，30年代における資産25万ドル未満の中小企業の利益は赤字ないし低い水準で低迷していた。

　第二の源泉は個人投資である。29年の大恐慌以前における中小企業の中・長期資金の調達について，ワイスマンは「多額の資産のある人々や，いわゆる中流の上クラスの人々が，設立されようとしている地方企業や追加資金を必要としている企業にたびたび投資したということは常識である」と述べた[15]。このように20年代においては，高額所得者層を中心に個人貯蓄が急増し(このことは個人貯蓄のより大きな部分を投資目的のために留保することを容易にする[16])，中小企業の利益率も比較的高かったため(前表3-1 B参照)，地方投資家層の投資資金の一部が地方の中小企業にも流れ，それが中小企業の中・長期資金需要を一応充足させていたと考えられる。しかし，大恐慌とそれに続く30年代のアメリカ経済の慢性的不況期においては，地方の中小企業の倒産が頻発し，これらを経営したり株主として経営に参加していた地方資産家の多くが大きな打撃を蒙ったばかりか，投資の源泉たる所得が急減し地方投資家層の資力が収縮した[17]。しかも，財政支出の増大という事態のなかで，30年代の租税政策(個人所得税率の累進度の引き上げ，配当所得への課税，キャピタル・ロスの所得控除の厳しい制限)と公債政策(連邦および州・地方政府は社会的資金を幅広く集めるため多くの免税証券を発行した)によって地方資金が国家に吸収されるメカニズムが作り出され，地方投資家層の株式への投資が著しく妨げられることになった[18]。こうして，30年代の中小企業は，地方投資家層からの中・長期資金の調達が困難となったのである。この辺りの事情について，ワイスマンは「この資金源泉(＝地方投資家層の資力—引用者)は，29年恐慌およびそれに続く一連の出来事により縮小した。それは，所得税やキャピタル・ゲインおよびロスに関する法律の改正によってさらに収縮させられた。この種の地方資金が今では以前よりかなり少なくなっていることや，それを中小企業に投資することを以前より嫌がる傾向があることに疑問の余地はほとんどない」と述べている[19]。

　中小企業の中・長期資金の第三の源泉は商業銀行である。TNECの報告によれば，20年代の商業銀行は中小企業にたいして，建物や企業そのもの

を担保にした抵当貸付や短期融資の自動的書き換えにより，事実上の1〜5年の中・長期貸付をかなり行っていた[20]。この当時の地方銀行と中小企業との密接なつながりが，このような短期融資による事実上の中・長期貸付を可能にしたのであろう。しかし，30年代になると，前述のように多くの地方銀行の営業停止と銀行集中が地方銀行と中小企業との密接な関係を破壊し，しかも流動性の低い資産の焦げ付きによる預金取付の波及を経験した商業銀行は資産の流動性と安全性には特に留意するようになったから，中小企業が商業銀行から中・長期資金を調達することは困難となった。

ところで，中小企業の自己資本調達の源泉としては資本市場が考えられる。しかし，中小企業が株式や社債を発行したとしてもその発行額は小さいものであって，発行額が小さいと発行に要する費用が割高になり，このことが中小企業の資本市場を通じての自己資本の調達に困難を与える重要な原因となっていた。アメリカ証券取引委員会(Securities and Exchange Commission, SEC)による40年の調査では，中小企業の株式や社債の発行費用は通常の費用の2倍を要することが明らかにされている[21]。また，カプランは「投資銀行では100万ドル以下の証券発行は不利とみなしており，……10万ドル以下の株式を発行してもそれを引き受けてくれる組織はない」と述べている[22]。

3. 中小企業にたいする若干の施策

1930年代におけるアメリカ中小企業の経営や金融の困難にたいして，連邦政府はどのような対策を実行したのであろうか。この点についてみていきたい。

(1) 1933年「全国産業復興法」下の中小企業と34年「産業融資法」の成立

1933年3月にアメリカ大統領になったフランクリン・ルーズヴェルト(Franklin D. Roosevelt)は，6月に「全国産業復興法」(National Industrial Recovery Act, NIRA)を成立させた。これは，労働時間や賃金などの労働条件を改善する一方で(労働条項)，反トラスト法の適用を緩和し産業

界ごとの生産制限や製品価格の引き上げによる利益回復を保証することによって(資本条項)、29年の大恐慌以来沈滞しきっていたアメリカ経済を回復させようとするものであった。具体的には、各産業部門ないし業種の商工業団体にたいし、団体交渉によって決定された労働条件の順守や価格規制・生産制限の自主規制方法を盛り込んだ「公正競争コード」(Codes of Fair Competition)の提出を求め、これを大統領が認可し法的拘束力を与えたのである。ただし、このコードは、独占を促進したり、中小企業を排除、圧迫、差別したりするものでないことが認可の条件とされた[23]。したがって、過当競争と製品価格の下落に苦しむ中小企業にとって、労働賃金の引き上げを容認しなければならないものの、競争を制限し生産コストをカバーする製品価格の引き上げを認めた「公正競争コード」は中小企業の救済策となるはずであった。しかし、中小企業では、このコード体制による賃金コストの上昇に見合った製品価格の引き上げは、コードにしたがわない多くのアウトサイダー企業のため困難であった。いま、表3-12でコード産業の業種別の平均時間賃金について33年6月にたいする同年11月の上昇率をみると、コード締結前の6月時点で平均時間賃金が40セント以下であった競争産業分野の業種では40〜60%ほどの高い上昇率を示したが、40セント以上の大量生産産業分野の業種では10〜20%と低かった。これにたいし、図3-1(A・B)でコード体制下の業種別の卸売物価指数をみると、皮革、衣服、綿製品、羊毛といった中小企業の競争的産業とみられる分野では、33年半ばごろまでに同年初頭に比べて30〜40%卸売物価指数が上昇しその後低下するという推移を示しているが、化学、鉄鋼、タイヤ・チューブといった大企業の独占的産業部門とみられる分野では、34年後半までに10〜15%上昇した後もよく価格を維持していた。すなわち、競争的産業分野の中小企業では、賃金コストの上昇分さえ十分に吸収する価格を実現できず、労働コストの負担増を通じてその経営をますます困難にした。しかも、33年初頭からの原材料価格の激しい上昇は(前図3-1 B参照)、中小企業にさらなるコスト負担の増加を招いた。これにたいして、独占的な大企業分野では、賃金コストの上昇分をほぼ完全に価格引き上げによって吸収できたばかりでなく、コード体制の最低

表 3-12　NIRA施行前後の産業別平均時間賃金の比較(産業グループ別)

	1933年6月	1933年11月	増加率
1. 大量生産産業	セント	セント	%
ゴ ム タ イ ヤ	57.8	70.7	22.3
石 油 精 製	63.2	69.8	10.4
自 動 車	57.9	66.9	15.5
鉄 鋼	48.2	59.0	22.4
電 材	50.8	56.8	11.8
農 機	44.7	53.8	20.4
セ メ ン ト	40.6	54.2	33.5
造 船	55.0	67.5	22.7
2. 競 争 産 業	セント	セント	%
小 売	39.9	47.7	19.5
羊 毛 業	34.3	49.4	44.0
綿 業	23.7	37.7	59.1
木材・木工所	28.4	42.2	48.6
クリーニング・染色	36.6	43.2	18.0
下 着 ・ 類 似 品	24.3	38.4	58.0
綿 実 油	19.7	26.9	36.5
缶 詰	31.2	37.6	20.5
綿 衣 服	24.9	38.0	52.6

注)　「大量生産産業」(特殊条件の産業コード)とは,量産工業で労働条件も相対的に高い水準にあった業界の支配的大企業が,アウトサイダー排除のために労働条件の規制を有利としたことで成立したコード。「競争産業」(直接的な市場規制の産業コード)とは,衰退産業ないしは不況下で激しい過当競争に陥った産業で,取引慣行条項としてカルテル行為ないしはその法的な強制化を強く希求し,資本がこれら直接的な市場規制と交換に国家の要請する労働条項に譲歩したことで成立したコード。そして,このグループの業種は,もともと低い労働条件が一般的で,コードで大幅な改善が行われた。榎木正敏編著『現代資本主義の基軸』雄松堂出版,1984年,130-131頁参照。

出所)　同上書,第2章 第6表(Office of U.S. National Recovery Administration, Division of Review, *Employment, Payrolls, Hours and Wages 115 Selected Code Industries, 1933-1935*, Washington, D.C., 1936)。

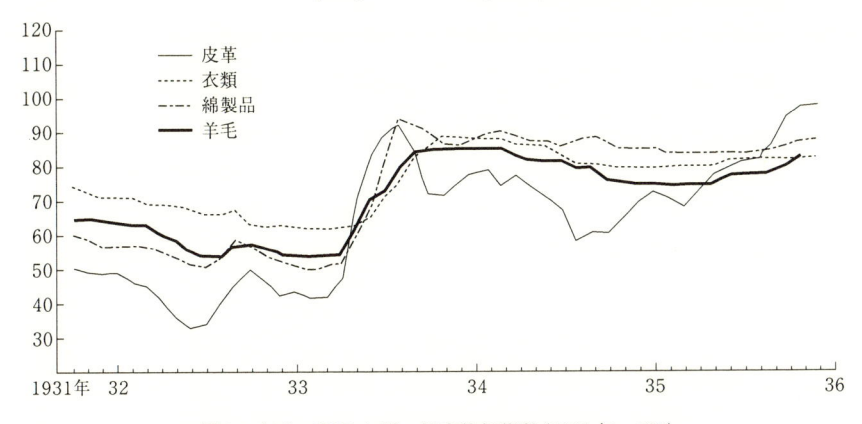

第3章 アメリカの中小企業と中小企業庁(SBA)の創設　135

図3-1(A)　NIRA期の卸売物価指数(1926年＝100)

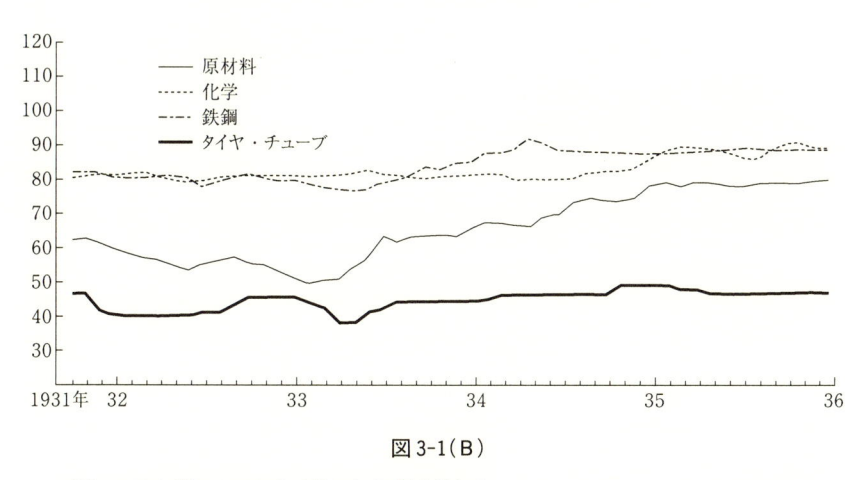

図3-1(B)

注) NIRA期とは1933年6月から35年6月まで。
出所) U.S. Department of Commerce, *Survey of Current Business*, 1932, 1933, 1934, 1935, 1936, December of each years.

価格が低能率＝高コスト企業を基準にして設定されたから，低コストの大企業は高い利益を確保する結果となった。したがって，前表3-2をみると，資産500万ドル以上の大企業では33年に5億2800万ドルであった営業利益が34年には30億ドルに達したが，資産25万ドル未満の中小企業では33年に6億7800万ドル，34年に3億2500万ドルの営業損失を記録している。またNIRA政策の下での企業倒産件数は，32年12月～33年5月は1万3544件，33年6月～11月は8100件，同年12月～34年4月は5699件とめざましい減少を示したが，このなかで中小企業の倒産とみられる負債額5000ドル未満の小口倒産の割合は平均で35％，37％，38％と増加する傾向にあった[24]。

こうして，NIRAの公正競争コードは事実上大企業に支配され，中小企業の利益が無視されているだけでなく，生産統制や価格管理などを通して独占体の成長が急速に進行している，との批判が展開されるに至った。なかでも中小企業家たちは，労働条項によるコスト上昇の吸収において，大企業に比べて不利な立場に立たされていることに不満を示し，価格規制政策の再検討を強く主張した。また，中小企業の側からのコード体制批判にたいして，ルーズヴェルトは34年3月に全国復興再検討委員会(National Recovery Review Board)を設置したが，ここにおいてもコード体制下での大企業による中小企業の圧迫と独占助長傾向の結論が下された[25]。そこで，ルーズヴェルト大統領は，NIRA政策の実施にともなう中小企業のコスト上昇に対処するために，34年3月に上下両院の銀行・通貨委員会(Banking and Currency Committee)にたいし，中小企業向け融資制度の創設を求める立法措置を勧告した。これを受けて，上院のフレッチャー(Fletcher)と下院のスティーガル(Steagall)の両議員は，それぞれ同じ主旨の法案を提案した[26]。この法案は，12の連邦準備区に12の産業信用銀行(Credit Banks for Industry)を設立し，連邦準備銀行はこの新しい銀行を通じて，通常の金融機関から合理的な条件で必要な融資を受けられない中小企業に，償還期限5年以内の中期の運転資金を供与することを規定したものであった。ただ，このように大統領の勧告および2議員の提案がなされたのは，次のような政府の中小企業にたいする認識があったことを忘れてはならない。すなわち，ア

メリカの有給雇用者人口の大きな部分に生計を提供していた中小企業はこの当時の大量失業者問題を解決するものとして存在意義を有することになったが[27]，そういった中小企業の間には商業銀行が十分に供与しえる立場にない中期の運転資本信用の需要が広範に存在しているという認識[28]が勧告および提案の背景にあったのである。しかし，この法案にたいして議会は，既存の金融機関とは別に新たに独立した信用銀行を設立する必要を認めず，当初の法案を修正し復興金融公社など既存の金融機関の融資制度の拡充を求める「産業融資法」(Industrial Advances Act)を34年6月に成立させた。かくして，ここに，NIRAのコード体制下で賃金コストと原材料価格の上昇により存立条件を一層厳しくした中小企業にたいして，復興金融公社(Reconstruction Finance Corporation, RFC)や連邦準備銀行(Federal Reserve Bank)を通じ中期の公的融資が実施されることになったのである。

(2) 連邦準備(13b)融資と復興金融公社(RFC)融資

産業融資法にもとづいて連邦準備銀行は，連邦準備法に13条b項を追加し，商工業分野の既存企業にたいし，通常の金融機関から合理的な条件で融資を受けられない場合，健全かつ合理的な担保をとったうえで，1件当たりの融資制限を設けず，償還期限5年以内の運転資金を融資できるようになった。一方，RFCは，RFC法に5条d項が追加され，償還能力のある34年1月1日以前に設立された商工業分野の企業が通常の金利で銀行から融資を受けられない場合に，適切な担保をとったうえで，1件当たり50万ドルまでの運転資金を5年以内の期限で，直接単独で融資するかまたは銀行と協調して融資することができるようになった。そして，38年4月のRFC法の改正で，貸付対象は全産業分野の企業に拡大され，また新設企業も融資対象になった。さらに，設備資金も融資できるようになり，1件当たり融資限度額は撤廃され，償還期限も10年に延長された。

では，RFC融資と連邦準備(13b)融資は，どれだけ中小企業金融に貢献したのであろうか。表3-13は両融資を受けた企業を資産規模別にみたサンプル調査である。これによると認可件数ではRFC融資は全体の62.9％，連邦

表 3-13 RFC融資および連邦準備(13b)融資を受けた企業の資産規模別の割合

	RFC融資[1]		連邦準備融資[2]	
	認可件数	認可額	認可件数	認可額
5,000ドル未満	7.4	[3]	—	—
5,000〜1万ドル未満	5.6	[3]	—	—
1万〜2万ドル未満	9.3	0.4	} 12.6	} 0.7
2万〜5万ドル未満	14.8	0.5		
5万〜10万ドル未満	12.9	1.2	11.6	1.5
10万〜25万ドル未満	12.9	2.5	30.1	6.7
25万〜50万ドル未満	5.6	2.0	17.5	8.4
50万〜100万ドル未満	12.9	12.5	9.7	9.7
100万〜500万ドル未満	11.1	20.6	14.6	49.1
500万〜1,000万ドル未満	3.7	35.4	} 3.9	} 23.9
1,000万〜5,000万ドル未満	1.9	13.0		
5,000万〜10,000万ドル未満	—	—	—	—
10,000万ドル以上	—	—	—	—
不　明	1.9	11.9	—	—
計	100.0	100.0	100.0	100.0

注1) RFCによって1941年6月までに融資認可された54企業のサンプル調査。
　2) 連邦準備銀行によって1940年5月までに融資認可された103企業のサンプル調査。
　3) 0.05%未満。
出所) Neil H. Jacoby and Raymond J. Saulnier, *Term Lending to Business*, National Bureau of Economic Research, 1942, p. 151 table C-1.

準備(13b)融資は54.3%が資産25万ドル未満の中小企業に向けられていたが，認可額ではそれぞれ4.6%，8.9%とごくわずかであった。しかも，両融資には健全かつ納得のゆく担保が必要であったから，この融資条件を満たすことのできる中小企業は限られていた。したがって，両融資は中小企業の金融難を緩和するうえで，それほど大きな貢献をしたとはいえないであろう。そして，両融資はいずれも中小企業のみを対象にした制度ではなく一般企業向けの融資制度であり，また両融資には「雇用の維持・増進のため」という融資目的が規定されていたから[29]，30年代の政府の中小企業にたいする金融政策は，この当時の大量失業者問題の解決策の一部として位置づけられ，中小企業問題特有の対策としては考えられていなかったとみて良いであろう。

第2節 戦時経済体制下における中小企業と中小企業金融政策

アメリカは，1940年4月のナチス・ドイツのヨーロッパ侵攻により国防計画を本格化させ，さらに41年12月の太平洋戦争の勃発により戦時経済体制へ転換した。しかし，戦時経済体制下における大企業優先の重要物資割当や軍需発注，また民需生産の削減・停止は，中小企業の存立に大きな影響を与えた。

本節では，戦時経済体制下で中小企業がどのような影響を受けたかを考察し，国防生産への動員との関連で用意された中小企業のための金融政策をみたい。

1. 軍需生産の拡大と中小企業への影響

1939年9月の第二次大戦の勃発は，アメリカ経済を30年代の沈滞状態から上向き趨勢の状態へと引き上げることになった。製造業の生産指数(67年＝100)をみると，37年の23から38年の18へと低下した後，39年に22,40年25,41年32,42年38,43年47,44年には51へと一貫して上昇している[30]。これは，アメリカが本格的な国防計画に着手し，経済の軍事化を根拠とする成長をみせたからであった。軍需生産は41年には耐久・非耐久財生産の16.5％にあたる154億ドルにすぎなかったが，42年には50.6％で614億ドル，43年は62.3％で926億ドル，44年には61.4％にあたる958億ドルに著増した[31]。これにたいし，民需向けの生産は減少していった。すなわち，41年3月の「武器貸与法」(Lend-Lease Act)の制定により軍需生産が一層の拡大をみせはじめると，機械や重要物資を軍需生産部門へ優先的に分配する優先制の強化が行われ，それとともに不急不用の製品の生産の削減あるいは停止を通じて重要物資の消費を制限する民需消費規制が導入された[32]。この結果，民需生産は41年以降大きく落ち込むことになった。例えば，耐久財生産に占める民需生産の割合は41年には74.0％であったが，42年，43年，44年はそれぞれ24.5％，17.3％，19.5％と耐久財生産のわずかし

か占めておらず，非耐久財生産に占めるその割合も41年の92.8%から42年の78.0%，43年の66.0%，44年の64.1%へと年々低下していった[33]。

そして，こうした民需生産の削減は，多くの民生関連企業の存立に影響を与え，倒産，転業を余儀なくされた中小企業を生み出した。表3-14は企業数の推移を業種別に示したものである。これによると，41～44年の間に全体では43万3200の企業が減少した。業種別では製造業は減少するどころか，むしろ軍需生産の拡大の効果から1万3600の企業の増加がみられた。これにたいし，運輸・通信・公益事業，卸売業，小売業，金融・保険・不動産，サービス業といった非製造業部門の企業数は減少しており，特に小売業の減少は24万5800と一番多く，次に多いのはサービス業の7万1200であった。これは，民需生産削減の影響が小売業・サービス業全般に波及し，新たに開業する企業が大幅な減少をみせたこと，閉鎖する企業や軍需生産に転換する企業が多かったことに原因があった。同表をみると，41～44年において小売業とサービス業の閉鎖企業，転業企業はほかの業種に比べて目立って多く，開業企業は41年から43年にかけて激しく減少したことがわかる。また，表3-15によると，閉鎖企業，転業企業の90%以上が従業員20人未満の中小企業であった。このように，戦時経済体制下における民需生産の削減は，小売業，サービス業を中心とした非製造業部門の中小企業の存立を困難なものとさせた。

ところで，第二次大戦期アメリカの産業動員政策は，40年5月の国防諮問委員会(National Defense Advisory Commission, NDAC)の設置をもって開始されたが，その一つの特徴として軍需生産への企業の動員を推進するため企業の意向が大幅に取り入れられたことを指摘することができる。とりわけ独占的大企業の利害が産業動員政策に反映されたことは重視されなければならない[34]。それゆえ，軍需生産を担当するにあたって種々の大企業優遇措置がとられたのである。しかし，こうした産業動員政策は，軍需生産の大企業への集中をもたらすとともに，多数の中小企業を独占的大企業の下請として再編させる契機となり，中小企業の存立に大きな影響を与えた。

まず，第二次大戦下の陸軍・海軍などの政府調達機関による軍需発注状況

表 3-14　業種別の企業数, 開業数, 閉鎖数, 転業数

(単位:1,000)

全産業

	企業数[1]	開業企業数	閉鎖企業数	転業企業数	企業数[1]	開業企業数	閉鎖企業数	転業企業数	企業数[1]	開業企業数	閉鎖企業数	転業企業数	企業数[1]	開業企業数	閉鎖企業数	転業企業数
	全産業				製造業				鉱業				建設業			
1940年	3,298.2	357.3	360.5	209.0	22.0	27.2	23.7	12.7	6.1	5.3	2.7	218.4	53.9	40.1	5.5	
1941年	3,398.0	447.6	410.8	280.8	23.4	31.1	23.7	15.7	6.8	5.0	2.7	243.8	71.6	51.4	7.0	
1942年	3,155.7	334.7	604.4	237.5	25.9	29.2	29.4	15.1	5.5	3.6	2.4	220.2	55.8	94.0	7.4	
1943年	2,835.6	143.4	379.1	212.4	26.0	18.7	16.3	18.4	2.5	2.5	2.1	147.1	20.7	76.6	6.4	
1944年	2,964.8	272.8	143.5	282.8	25.7	24.3	12.5	18.1	2.9	3.2	2.1	155.0	21.6	13.6	5.8	

	企業数[1]	開業企業数	閉鎖企業数	転業企業数	企業数[1]	開業企業数	閉鎖企業数	転業企業数	企業数[1]	開業企業数	閉鎖企業数	転業企業数
	運輸・通信・公益事業				卸売業							
1940年	205.2	29.0	33.6	3.9	143.3	17.2	17.2	8.7				
1941年	209.2	36.3	32.2	6.5	146.2	17.6	17.6	10.4				
1942年	197.2	36.2	46.4	5.9	134.1	8.2	22.6	8.8				
1943年	187.9	14.0	20.6	7.3	114.0	7.8	23.2	8.4				
1944年	195.2	14.6	7.3	7.3	125.3	18.8	7.5	10.5				

	企業数[1]	開業企業数	閉鎖企業数	転業企業数	企業数[1]	開業企業数	閉鎖企業数	転業企業数	企業数[1]	開業企業数	閉鎖企業数	転業企業数
	小売業				金融・保険・不動産業				サービス業			
1940年	1,584.7	107.3	106.4	69.0	283.0	25.5	31.7	17.7	626.1	91.0	88.8	
1941年	1,620.8	118.0	116.8	80.2	285.0	28.6	32.8	22.5	643.8	137.6	102.4	135.8
1942年	1,480.7	71.7	228.8	86.0	273.2	18.8	29.0	16.0	600.2	109.4	131.3	96.1
1943年	1,318.0	34.9	150.5	99.0	267.5	15.0	17.1	20.9	547.5	29.8	150.7	49.9
1944年	1,375.0	110.2	53.1	155.2	276.5	24.2	15.2	25.2	572.6	56.1	72.2	58.5

注1)　1940年, 41年, 42年は9月30日現在, 43年, 44年は12月31日現在。
出所)　U.S. Department of Commerce, *Survey of Current Business*, May, 1946, pp. 21-23 table 6.

表 3-15　従業員規模別の開業企業数，閉鎖企業数，転業企業数の割合

	1940 年			1941 年			1942 年			1943 年			1944 年		
	開業企業	閉鎖企業	転業企業	開業企業	閉鎖企業	転業企業	開業企業	閉鎖企業	転業企業	開業企業	閉鎖企業	転業企業	開業企業	閉鎖企業	転業企業
0 人	38.9	59.6	57.1	47.1	57.4	55.5	66.2	57.0	55.0	22.4	58.5	41.8	53.8	43.6	33.4
1～3 人	50.3	36.6	35.2	42.6	38.7	36.3	26.6	39.4	38.9	63.7	34.2	42.8	35.1	40.3	42.8
4～7 人	6.8	1.9	4.5	6.2	1.8	4.0	4.2	2.0	3.6	8.5	3.8	8.8	6.9	8.6	13.7
8～19 人	2.4	1.3	2.1	2.3	1.3	1.7	1.8	1.1	1.5	3.4	2.3	3.7	2.8	4.9	6.5
20～49 人	1.2	0.4	0.7	1.3	0.6	2.1	0.8	0.3	0.7	1.4	0.7	1.9	1.0	1.7	2.5
50 人以上	0.4	0.2	0.4	0.5	0.2	0.4	0.4	0.2	0.3	0.6	0.5	1.0	0.4	0.8	1.1
計	100.0	100.0	100.0	100.0	100.0	100.0	100.0	100.0	100.0	100.0	100.0	100.0	100.0	100.0	100.0

出所）　*Survey of Current Business, op. cit.*, July, 1944, p. 13 table 9, May, 1946, p. 20 table 4.

をみてみよう。40 年 6 月～44 年 9 月の間に軍需発注額は 1751 億ドルに達したが，そのうちの 51.1%（契約額 895 億ドル）が企業数全体（1 万 8539 社）のわずか 0.2% にしかすぎない自動車・航空機・鉄鋼・電気機械・化学・造船などの分野の大企業 33 社に集中し，1 社当たりの平均契約額は 27 億ドルにのぼった[35]。しかも，大企業は，主として陸軍省，海軍省および RFC の子会社である国防工場公社（Defense Plant Corporation，40 年 8 月設立）の資金によって建設された政府所有の工場設備を名目 1 ドルのリース料で利用することができたので，政府の固定資本投資の面でも大きなシェアーを獲得した[36]。44 年 6 月末において 111 億 8541 万ドルの政府所有の工場設備が民間企業にリースされていたが，そのうち 48 億 9823 万ドル（43.8%）が上記の大企業 33 社のうち 32 社に振り向けられていた[37]。そのうえ，これら大企業には軍需契約において原価に一定の保証利潤を加える原価加算方式が与えられ，民間資金による軍需生産設備には加速度償却が適用され設備投資負担が大幅に軽減された[38]。そして，このような軍需契約や政府の固定資本投資における大企業への集中は，原価加算方式や加速度償却とも相俟って，大企業の資本蓄積を一層促進させることになり，中小企業との経営力の格差を著しく拡大させた。例えば，軍需生産が最盛期であった 44 年についてみると，資産 500 万ドル以上の大企業（7520 社）の税引前利益額は 186 億 8100 万ドルで 1 社平均 248 万 4100 ドルにおよんでいたが，資産 25 万ドル未満の中小企

業(28万9825社)のそれは14億5600万ドルで1社平均5000ドルにすぎなかった[39]。

また，第二次大戦期の産業動員政策の一つとして，43年7月から「統制物資計画」(Controlled Material Plan)が実施されることになったが，これは中小企業の存立に致命的な打撃を与えた。この計画の特徴は，「統制物資」(鉄鋼，カーボン，アルミニウム，銅など)の割当が，生産工程の垂直的なルートを通じて行われるところにあった。すなわち，軍需生産局(War Production Board, WPB, 42年1月設立)の物資調達委員会(Requirement Committee)は，各生産者が提出した生産計画を統制物資の供給量に均衡させつつ調整し，統制物資割当計画を作成する。これにしたがって，陸軍省，海軍省などの政府機関は下請業者にたいする割当分を含んだものを第一契約者に割当て，さらに彼が第一次下請業者，第二次下請業者に割当てるというものであった。この制度の実施によって，中小企業は統制物資に指定された重要原材料を政府機関と直接契約するいわゆる元請業者を通じてしか入手することができなくなり，中小企業は元請大企業の生産能力を補完する下請あるいは再下請として存立するか，さもなければ存立を否定されるか，のいずれかを余儀なくされることになった[40]。

2. 中小企業動員と中小企業金融政策

1940年4月から6月にかけてのナチス・ドイツのヨーロッパ侵攻による危機感の高まりのなかで，アメリカは国防計画を本格化させた。さらに，40年秋から大規模なイギリスの軍需品や物資の対米発注が加わり，アメリカの国防計画は一層の拡大をみせた。40年12月末までの国防計画の予算額(軍需品・戦時建設プログラムの合計)は179億5500万ドルに達した[41]。このように大規模化した国防計画は，その生産のスケジュール化にともない，速やかに実際の発注契約に移された。40年12月末の時点で，この予算額のうち93.3%にあたる167億5000万ドルが国防契約されていた[42]。しかし，他方で直面することになったのは，軍需品の具体的な生産能力の不足問題であった。このことは，上述の国防契約額のわずか9.3%(15億6000万ドル)

が40年12月末までに納入されたか完成されたかにすぎなかったことや[43]，40年第4四半期の軍需品全体の生産実績が生産実績ピーク時の43年第4四半期のわずか8.1％であったことからうかがえる[44]。こうしたなかで，軍需生産能力の創出・拡充が急務とされ，国防生産に中小企業の生産能力をより積極的に利用する必要が強調されるようになった。上院中小企業委員会(40年に上院で，41年に下院でそれぞれアメリカ中小企業特別調査委員会——Special Committee to Study Problems of American Small Business，以下中小企業委員会と略す——が設置された)の委員長であったマレイ(James E. Murray)議員は41年1月の議会で「国防生産にとって中小企業は重要であり……大企業ばかりでなく中小企業の生産能力を十分に利用するならば，国防計画は限りなくスピードアップするだろう」と述べている[45]。こうして，中小企業の国防契約への参加を促進するために，40年10月には国防諮問委員会(NDAC)に中小企業局(Office of Small Business Activities, OSBA)が設けられ，また産業動員機構の新たな中心機関として生産管理局(Office of Production Management, OPM)が41年1月に設立されたのにともない，OPMの生産部内にOSBAを引き継ぐものとして国防契約部(Defense Contract Service, DCS)が設置された。そして，中小企業を国防契約に参加させるための金融措置もとられた。40年7月の「国防促進法」(The National Defense Expedient Act)は陸・海軍省に契約費用の30％の運転資金を前払いすることを認め[46]，またOSBA，DCSの設置に関連して連邦準備理事会は加盟銀行を通じて中小企業に金融援助をすることを決定した[47]。

ところで，41年春には，アメリカによるイギリスおよびその他の諸国への大規模な国防援助計画が開始された。3月に成立した「武器貸与法」によって承認された国防援助額は12月までに129億8500万ドルにのぼった[48]。これと並行して，41年の春以降さらに展開を遂げたヨーロッパ・アジア情勢の緊迫の高進によって，アメリカ自身の国防計画も一段と拡大した。41年9月末までの国防計画の予算額は416億2500万ドルに達し，実際の契約額も401億4600万ドルにおよんだ[49]。かくして，アメリカの国防生産活動

は大きく進展し，40年第4四半期の軍需品生産・戦時建設の実績は17億3900万ドル(45年9月1日価格換算)であったが，41年第3四半期のそれは37億1400万ドルに急増した[50]。しかし，このように41年春以降大規模に進行しはじめた国防生産活動とその刺激の下に一層拡張した民生経済活動によって[51]，とりわけ軍需生産需要と民生需要とが競合する基礎資材や原材料部面で，30年代以来アメリカ経済に存在していた遊休生産能力はほぼ吸収されることになった。これは具体的には工作機械，鉄鋼，アルミニウムなどの供給不足問題の深刻化として現れた[52]。こうした生産能力の限界が現れはじめたことは，大規模な国防計画の実行が，それまでの平時における民生ベースの再生産構造に大きく食い込むことなくしては，不可能になったことを示すものであった。そこで，すでに触れたように，41年3月半ばから生産管理局(OPM)は，特定の機械や原材料を軍需品生産者に優先的に分配する優先制の強化を行うとともに，基礎的な生産資材の消費制限を目的とした民生産業の生産の削減あるいは停止といった戦時統制手段を実施することになった[53]。そして，このような戦時統制の実施は，前表3-14・15で明らかなように，40〜41年にかけて多くの民生関連の中小企業に倒産，転業を余儀なくさせた[54]。このため，41年6月には上院中小企業委員会へ中小企業者から，優先割当実施にともなう原材料不足や民需生産の統制と削減あるいは国防契約の入札機会の制約などによって，企業経営が悪化しているとの声が寄せられるようになった[55]。こうして9月にOPM内に，国防契約部(DCS)に代わって，進行する優先制の強化や民生産業の生産削減および軍需転換によって生じる影響を緩和するために，国防契約を中小企業にも分散させることを目的とした契約配分部(Division of Contract Distribution, DCD)が新設された。しかし，OSBA，DCS，DCDといった中小企業を対象とした組織の努力にもかかわらず，実際には40年から41年における中小企業の国防契約への参加はほとんど進まなかった。例えば，40年6〜12月までの陸・海軍による110億ドル以上の主契約のうち60%は20の大企業に，86.4%が100の大企業に集中しており，41年1〜5月末までの98億ドルの主契約のうち31.3%を6大企業が受注していた[56]。また，上院国防計画調査

特別委員会・中小企業委員会のメンバーであったミード(James M. Mead)議員は，この時期の軍需生産体制の問題点の一つとして「大企業における軍需契約が消化されず，受注残が膨大な規模にのぼっているにもかかわらず，中小企業の生産能力が有効に利用されていない」との見解を述べている[57]。そこで，両院中小企業委員会は，42年1月にOPMが廃止され軍需生産局(War Production Board, WPB)が設置されるにともない，当時の軍需統制機関における唯一の中小企業担当組織であったDCDも同時に廃止されることになったため，WPB内に中小企業が国防生産による利益を享受できるよう中小企業への軍需発注の促進などを図る中小企業生産部(Division of Small Business Production, DSBP)を設ける一方，復興金融公社(RFC)内に中小企業向け軍需転換融資などを行う中小国防工場公社(Small Defense Plants Corporation, SDPC)を設置するという法案を提出した[58]。しかし，この法案は大企業を中心とする軍需生産が効率的とするWPB側などの猛烈な反対にあい，DSBP案は削除され，SDPCについてはその名称を中小軍需工場公社(Smaller War Plants Corporation, SWPC)に変更させられ，こうして42年6月に国防生産に中小企業の生産設備を動員することを目的とした「中小企業生産施設動員法」(Act to Mobilize Production Facilities of Small Business in Interest of Successful Prosecution of War)が成立したのである[59]。SWPCは本法の第4項により，①中小企業が軍需転換，工場拡張，設備購入などをしようとする場合，直接あるいは銀行と協同して融資を行う，②SWPCによって獲得された土地，工場，設備，部品などを中小企業に売却，リースする，③国防契約を引き受け中小企業に再発注する，④軍需生産に関連する経営・技術指導を行う，などの権限が与えられた[60]。このようにみてくると，SWPCは，40年春以降アメリカの国防計画の規模が拡大するにつれて，軍需生産面で中小企業の能力が量的に重要視され，軍需生産を行おうとする中小企業が大企業に比べて国防契約や資金の面で不利な立場にあるのを改善するために創設されたといえよう。

　SWPCの融資状況をみると，42年9月〜44年12月までの累計で認可件数3174件，認可額2億5563万ドルに達したが，この融資件数を詳しくみる

と，2633件(全体の83.0%)が従業員100人未満の中・小企業に向けられており，また2万5000ドル未満の小口融資が2030件(64.0%)であった[61]。SWPCの融資の大部分が中・小企業向け小口融資であったといえよう。しかし，SWPCの国防契約の引受については，それが国防契約にたいする支配力を強めることになるというWPBの反発にあい，46年にSWPCが廃止されるまでにわずか12件しか達成されなかった[62]。

第3節　第二次大戦後の中小企業の金融問題と中小企業庁(SBA)の創設

アメリカでは，1950～60年代に大企業への経済集中が進展したため，中小企業の存立条件はより厳しいものとなった。こうしたなかで，第二次大戦後の中小企業政策の焦点は，中小企業のための唯一の政策実施機関である中小軍需工場公社(SWPC)の存続問題であった。このため，種々の存続案が提出された。この結果，「1953年中小企業法」により中小企業庁(Small Business Administration, SBA)が創設され，戦後の中小企業政策が本格的に展開されることになった。

本節では，1950年代の中小企業の存立状況と金融状況，そしてSBAの設立までの経緯をみてみたい。

1. 平時経済における中小企業の存立状況

アメリカ経済は，平時経済への再転換が事実上完了した1947年半ば以降，民間の大量の消費需要と朝鮮戦争による国防支出の急激な膨張などに支えられて活況を呈した[63]。例えば，実質国民総生産(58年価格)は，47年から60年の間に3099億ドルから4877億ドルへ1.6倍，年率3.5%の割合で増大した。また，同時期の製造業の生産指数(67年=100)をみると39から65に上昇している[64]。このような経済の発展は，復員軍人による企業の新規設立や戦時中の民需生産削減のために縮小・廃業を余儀なくされていた企業活動の再開を促した。例えば，全体の企業数は47年の807万から60年の1117万に達し，中小企業が大部分を占める個人企業(proprietorship)は662万か

ら909万に増加した(65)。しかし，50〜60年代を通じて大企業への経済集中が進展したため，大企業と中小企業との経営力の格差は著しく拡大した。1企業当たりの税引前利益額をみると，48年は資産25万ドル未満の中小企業が4432ドル，資産500万ドル以上の大企業が249万8851ドル(格差564倍)，58年はそれぞれ1826ドル，181万6237ドル(995倍)で，中小企業と大企業の利益の格差は48年に比べて58年は約2倍拡大した(66)。

　では，当時の中小企業はどのように存立していたのであろうか。47年から58年までの中小企業の存立状況を製造業，小売業，サービス業についてみてみよう。まず，製造業についてみると，表3-16によれば，事業所数は47年の24万807から58年の29万8182へと5万7375増加した。このうち，従業員1〜19人以下の中小事業所は15万7602から20万3121へと4万5519増加したから，事業所の増加数の79.3%を中小事業所の増加が占めたことになる。そこで，表3-17で業種別に中小事業所をみると，47年から58年の間に，電気機械器具，産業機械器具，輸送機械器具といった重工業部門の中小事業所はそれぞれ2.4倍，2.0倍，2.0倍に増加したが，タバコ，皮革・皮革製品，衣服，食料品，繊維製品といった軽工業部門のそれはそれぞれ68.0%，16.9%，12.0%，2.1%，2.1%減少していた。すなわち，アメリカ経済の景気拡大に呼応して製造業の事業所数は増大したが，それは戦後のアメリカ経済の発展を支えた重工業分野における中小事業所の簇生によるものであった。しかし，こうした中小事業所の増大にもかかわらず，付加価値額の伸び率は(前表3-16)，従業員1000人以上の大事業所が106.4%であったのにたいし，従業員1〜19人以下の中小事業所は86.3%にとどまった。したがって，付加価値額の合計に占める大事業所のその割合は47年の32.9%から58年の35.7%に上昇したが，中小事業所では6.7%から6.5%に低下した。

　次に，小売業では，表3-18で商店数の推移をみると，48年から58年の間に，従業員10人以上の商店は増加しているのにたいし，0〜9人の商店は14万4173減少している。そこで，従業員0〜9人の商店数について表3-19で詳しくみると，従業員3人と8〜9人の商店は増加しているものの，それ以外の規模の商店は減少しており，特に0〜1人の零細層の商店数は48年の

表3-16 従業員規模別にみたアメリカ製造業の推移

(事業所数)

	1947年 実数	構成比	1954年 実数	構成比	1958年 実数	構成比
1～ 4人	70,362	29.2	106,960	37.3	105,641	35.4
5～ 9	46,608	19.4	47,402	16.5	50,660	17.0
10～ 19	40,632	16.9	41,982	14.6	46,820	15.7
20～ 49	40,004	16.6	42,798	14.9	46,307	15.5
50～ 99	18,666	7.8	21,091	7.4	21,764	7.3
100～249	14,319	5.9	15,647	5.5	16,132	5.4
250～499	5,553	2.3	6,092	2.1	6,240	2.1
500～999	2,728	1.1	2,836	1.0	2,757	0.9
1,000～	1,935	0.8	2,006	0.7	1,861	0.6
合　計	240,807	100.0	286,814	100.0	298,182	100.0

(付加価値額,単位100万ドル)

	1947年 実数	構成比	1954年 実数	構成比	1958年 実数	構成比
1～ 4人	904	1.2	1,554	1.3	1,831	1.3
5～ 9	1,444	1.9	2,008	1.7	2,543	1.8
10～ 19	2,596	3.5	3,644	3.1	4,837	3.4
20～ 49	6,039	8.1	8,351	7.1	11,089	7.8
50～ 99	6,581	8.9	9,661	8.3	12,023	8.5
100～249	11,772	15.8	17,143	14.7	21,162	15.0
250～499	10,431	14.0	15,834	13.6	19,291	13.7
500～999	10,110	13.6	15,450	13.2	18,103	12.8
1,000～	24,410	32.9	43,199	37.0	50,385	35.7
合　計	74,287	100.0	116,844	100.0	141,264	100.0

注) 1947年の付加価値額は出荷額などから原材料費,燃料・エネルギー費などを差し引いた未調整付加価値額(unadjusted value added)である。54年,58年については,最終製品のマーチャンダイジング費用,完成品および仕掛り品の年初・年末の在庫費用差額をさらに差し引いた調整済付加価値額(adjusted value added)である。

出所) U.S. Bureau of the Census, *Census of Manufactures*, 1958, Summary Statistics, 2-2 table 1.

表3-17 アメリカ製造業における業種別の中小事業所数の推移

	1～19人	
	1947年	1958年
食　　料　　品	27,441	26,859
タ　バ　コ	700	224
繊　維　製　品	3,124	3,058
衣　　　　　服	18,500	16,289
木　材　・　木　製　品	19,543	31,905
家　具　・　装　備　品	4,899	6,985
紙　・　紙　加　工　品	1,248	2,047
出　版　・　印　刷	23,415	28,532
化　　学　　製　　品	6,281	7,558
石　油　・　石　炭　製　品	675	955
ゴム・プラスチック製品	388	2,635
皮　革　・　皮　革　製　品	2,779	2,309
窯　業　・　土　石	8,708	10,544
鉄　鋼　・　非　鉄　金　属	2,210	3,035
金　　属　　製　　品	10,487	16,470
産　業　機　械　器　具	11,469	22,479
電　気　機　械　器　具	1,817	4,292
輸　送　機　械　器　具	1,959	3,945
精　密　機　械　器　具	1,687	2,333
そ　　の　　他	10,321	10,667
合　　　計	157,651	203,121

出所) *Census of Manufactures, op. cit.*, 1947, pp. 97-98 table 1, 1958, Summary Statistics, 2-3～2-5 table 3.

95万8487から58年の82万2600へと13万5887も減少した。そして，従業員0～1人の零細層の商店がどのような業種で減少をみせたかを表3-20でみると，商店数の減少が目立った業種は食料品，ガソリンスタンド，薬局，衣服・靴，料理店・飲料店であった。それぞれ40.9%，30.5%，26.1%，21.1%，18.7%の商店数の減少をみせた。これは，この時期にチェイン・ストアや大型スーパー・マーケットが成長し[67]，これらの業種における零細商店の存立が極めて困難になったことを示すものである。

最後に，特定サービス業における中小企業の存立状況についてみてみよう。

表 3-18　従業員規模別にみたアメリカ小売業の推移

(商店数)

	1948年 実数	1948年 構成比	1954年 実数	1954年 構成比	1958年 実数	1958年 構成比
0～9人	1,634,525	92.4	1,473,922	91.7	1,490,352	90.5
10～19	84,456	4.8	78,739	4.9	95,075	5.8
20～49	38,880	2.2	42,209	2.6	47,727	2.9
50～99	8,005	0.5	8,946	0.6	9,960	0.6
100～	3,674	0.2	3,688	0.2	3,795	0.2
合　計	1,769,540	100.0	1,607,504	100.0	1,646,909	100.0

(販売額, 単位100万ドル)

	1948年 実数	1948年 構成比	1954年 実数	1954年 構成比	1958年 実数	1958年 構成比
0～9人	69,778	53.5	78,727	48.4	85,404	45.3
10～19	19,008	14.6	24,572	15.1	29,629	15.7
20～49	18,798	14.4	28,487	17.5	36,623	19.4
50～99	7,847	6.0	13,281	8.2	16,238	8.6
100～	15,063	11.5	17,435	10.7	20,579	10.9
合　計	130,494	100.0	162,502	100.0	188,473	100.0

注1) 季節営業商店(establishments not operated entire year)を除く。
注2) アラスカ州, ハワイ州の商店は含まれていない。
出所) U.S. Bureau of the Census, *Census of Business* (*Retail Trade*), 1948, General Statistics, 4.02～4.07 table 4A, 1958, Summary Statistics, 3-2 table 3A.

表 3-19　従業員規模別にみたアメリカ小売業の商店数の推移

	1948年	1958年
0人	669,317	591,150
1人	289,170	231,450
2人	217,597	213,843
3人	149,109	151,110
4～5人	170,213	162,796
6～7人	92,956	88,340
8～9人	46,163	51,663

注) 表3-18と同じ。
出所) *Census of Business* (*Retail Trade*), *op. cit.*, 1948, General Statistics, 4.02～4.05 table 4A, 1958, 3-2 table 3A.

表 3-20 アメリカ小売業における従業員規模別・業種別の商店数の推移

	0～1 人	
	1948 年	1958 年
木材・建築資材・農業機械	35,129	41,279
総合小売・生地・雑貨	35,775	44,654
食　料　品	349,198	206,239
自動車・自動車部品	25,124	29,993
ガソリンスタンド	120,969	84,101
衣　服　・　靴	49,891	39,371
家具・家庭用品・ラジオ・テレビ	39,381	45,371
料理店・飲料店	160,084	130,119
薬　　局	15,081	11,147
タ　バ　コ	11,076	3,488
その他小売	116,779	127,567
合　計	958,487	763,329

注) 表 3-18 と同じ。
出所) *Census of Business* (*Retail Trade*), *op. cit.*, 1948, General Statistics, 4.02～4.03 table 4A, 1958, Summary Statistics, 3-2～3-10 table 3A.

表 3-21 をみると，58 年において事業所の 97.6％が従業員 0～19 人以下の中小事業所であり，この中小事業所は 48 年から 58 年にかけて 54 万 8872 から 88 万 8119 へと 1.6 倍に増加した。また，中小事業所の売上額は 58 年において全体の 56.3％と半分以上を占め，その売上額は 58 億 9900 万ドルから 172 億 9300 万ドルへと 2.9 倍の大きな増加をみせた。こうしたことから，サービス業が中小企業にとって新たな存立分野になっていたことがわかる。

2. 中小企業の金融問題

アメリカ中小企業の資金調達源泉は，短期資金については企業間信用，商業銀行，長期資金については内部留保，株式，商業銀行があげられる。ここでは，アメリカ連邦準備制度が 1958 年と 61 年に公表した「中小企業金融に関する調査」[68]（調査時期 57～60 年）や，58 年に下院中小企業委員会が提出した「中小企業金融の問題に関する報告」[69]を中心に，またその他の諸資料を参考にして，当時の中小企業がどのような金融を行い，そこにおいてどのような問題を抱えていたかをみてみたい。

第3章 アメリカの中小企業と中小企業庁(SBA)の創設　153

表 3-21　従業員規模別にみたアメリカ特定サービス業の推移

(事業所数)

	1948年 実数	1948年 構成比	1954年 実数	1954年 構成比	1958年 実数	1958年 構成比
0〜9人	536,541	95.9	703,527	94.0	857,850	94.3
10〜19	12,331	2.2	25,180	3.4	30,269	3.3
20〜49	7,244	1.3	13,661	1.8	15,305	1.7
50〜99	2,293	0.4	3,661	0.5	4,019	0.4
100〜	1,150	0.2	2,237	0.3	2,576	0.3
合計	559,559	100.0	748,266	100.0	910,019	100.0

(売上額，単位100万ドル)

	1948年 実数	1948年 構成比	1954年 実数	1954年 構成比	1958年 実数	1958年 構成比
0〜9人	4,999	58.3	9,815	43.3	13,455	43.8
10〜19	900	10.5	2,754	12.2	3,838	12.5
20〜49	1,024	11.9	3,345	14.8	4,193	13.6
50〜99	645	7.5	1,959	8.6	2,564	8.3
100〜	1,006	11.7	4,781	21.1	6,671	21.7
合計	8,574	100.0	22,654	100.0	30,721	100.0

注) 1954年, 58年は季節営業事業所(establishments not operated entire year)を除く。
出所) U.S. Bureau of Census, *Census of Business* (*Service Trade*), 1948, General Statistics, 3.02, 3.04, 3.06 table 3A, 1954, Summary Statistics, 3-2 table 3A, 1958, Summary Statistics, 3-24 table 3B.

(1) 短期資金

企業間信用

いうまでもなく企業間信用とは，企業間の商取引に付随して授受される信用であり，具体的には売上債権(売掛金・受取手形)あるいは買入債務(買掛金・支払手形)の形をとる。企業間信用は売上債権と買入債務の差額で表される。この種の信用は，通常大企業から中小企業へ供与されることが多い。例えば，1954年末において，法人企業(金融機関を除く)の売上債権は560億ドル，買入債務は330億ドルであり，その差額の230億ドルが大企業から中小企業へ信用供与された[70]。また，同年において，資産25万ドル以下の中小企業の負債総額に占める買掛金・支払手形の割合は25.8%であり，これ

表 3-22　1957 年 10 月 16 日現在における加盟銀行の企業規模別事業貸出残高の期限内訳

企業規模(総資産, 単位1,000ドル)	貸出残高(100万ドル) ( )内は1955〜57年残高増減比率 合計	1年以下	1〜5年	5年超	全貸出残高に占めるターム・ローンの比率 全銀行 1955年	1957年
全 企 業	40,617(31.9)	25,197(23.8)	7,717(58.0)	7,703(38.2)	33.9	38.0
50 未満	1,456(−3.0)	783(−15.0)	412(21.0)	261(8.7)	38.7	46.2
50〜 250 未満	5,256(16.7)	3,311(4.9)	946(47.1)	999(41.7)	29.9	37.0
250〜 1,000 未満	6,302(24.8)	4,506(17.4)	1,004(48.6)	792(47.7)	24.0	28.5
1,000〜 5,000 未満	6,775(21.3)	4,755(11.3)	1,292(61.3)	728(42.1)	23.5	29.8
5,000〜 25,000 未満	5,913(24.7)	3,600(17.5)	1,277(52.6)	1,036(23.0)	35.4	39.1
25,000〜100,000 未満	4,893(51.1)	2,562(52.8)	846(76.3)	1,485(37.2)	48.2	47.7
100,000 以上	8,815(66.4)	5,264(79.1)	1,638(79.4)	1,913(32.5)	44.5	40.3
不　　詳	1,207(36.7)	416(−13.4)	302(57.0)	489(132.6)	—	—

注）　加盟銀行とは，調査当時存在した連邦準備制度に加盟している約 6420 の加盟銀行のうちの約 2000 の主要銀行。
出所）　白井種雄「アメリカにおける小企業金融の問題点」『大阪学院大学論叢』第 1 号，1966 年 8 月，16 頁 第 5 表 (Federal Reserve System, *Financing Small Business*, Report to the Committees on Banking and Currency and the Select Committees on Small Business, United States Congress, 85th Cong., 2nd Sess., April, 1958, p. 382 table 5, p. 383 table 6)。

は法人企業全体(金融機関を除く)のその割合 13.1% にたいしておよそ 2 倍高いものであった[71]。このことは，中小企業にとって企業間信用が重要な短期資金の源泉になっていることを示している。しかし，企業間信用は，利用者にとって時にはコストが他の信用のコストよりも高くなることがあり，またその利用者は取引先をかえる自由を損なう可能性があるということで，健全な中小企業にとっては必ずしも好ましい金融方法ではなかった[72]。

商 業 銀 行

　商業銀行の短期資金(貸出期間 1 年以下)の供給状況についてみてみよう。まず，表 3-22 によって 1957 年 10 月における連邦準備制度加盟銀行の短期事業貸出残高を資産規模別にみると，資産 500 万ドル以上の大企業には 114 億 2600 万ドル(短期事業貸出残高合計の 45.3%)が貸し付けられていたが，資産 25 万ドル未満の中小企業には 40 億 9400 万ドル(16.2%)が向けられていたにすぎなかった。しかも，同表で 55〜57 年までの短期事業貸出残高の

増加率をみても，加盟銀行の中小企業向け貸出の増加は大企業向け貸出のそれよりもかなり小さかった。次に，資産規模別の短期資金貸出利率をみると，57年において中小企業にたいする貸出利率は5.6%〜6.1%であったのにたいし，大企業のそれは4.4%〜4.8%で，大企業と中小企業との間の利率の開きは1.2%〜1.3%であった[73]。このように商業銀行の資金供給は中小企業にたいして差別的であったため，中小企業の商業銀行からの短期資金の調達は大企業に比べて必ずしも容易ではなかった。

しかし，ここで注目すべきは，55年から57年における従業員250人以下の中・小製造企業(577社)の資金調達状況調査をみると[74]，被調査中・小製造企業の53.2%が商業銀行から融資を受けるのに困難があると認めているにもかかわらず，65.2%はとにかく十分な短期信用を調達しうると答え，短期信用の調達が困難であると答えたのはわずか5.6%にすぎなかったことである。このことは，大企業から中・小企業へ相当潤沢に企業間信用が供与され，中・小企業が商業銀行から調達しえない必要短期資金を企業間信用によって充足したことの結果であると考えられる。したがって，中・小企業は短期資金の調達についてそれほど困難といえる状態ではなかったといえよう。

(2) 長期資金
内部留保

1958年6月の下院中小企業委員会の報告書は，中小企業の内部留保による長期資金調達の困難について，「第二次大戦後のアメリカ企業の近代化と拡張のための金融の多くは，内部留保の積み立てによって行われた。……しかしながら，法人にたいする連邦所得税の税率は(純所得の最初の2万5000ドルを超えると)大企業と中小企業とは同率であるため，中小企業が大企業と同じように近代化と拡張のために利益を蓄積し留保しようとしても(大企業に比べて―引用者)不利な状況にある」と指摘している[75]。このことを物語るように，表3-23で47〜59年までの内部留保(剰余金を含む)を資産規模別にみると，資産500万ドル以上の大企業の内部留保は675億6200万ドルから2042億6400万ドルへと3.0倍の増加を示したのにたいし，資産25万ドル未

表 3-23 資産規模別の内部留保(剰余金を含む)の推移

(単位：100万ドル)

資産(万ドル)	1947年	1948年	1949年	1950年	1951年	1952年	1953年
5 未満	−108	−114	−175	−274	−160	−139	−246
5〜 10 未満	1,132	1,245	1,310	1,331	1,424	1,555	1,556
10〜 25 未満	3,167	3,689	4,004	4,342	4,741	4,796	5,086
25〜 50 未満	3,583	4,121	4,428	4,859	5,171	5,197	5,427
50〜 100 未満	4,474	5,040	5,367	5,929	6,154	6,474	6,312
100〜 500 未満	13,282	14,545	15,398	17,320	18,100	18,761	18,980
500〜 1,000 未満	7,379	8,026	8,073	8,833	9,263	9,955	9,993
1,000〜 5,000 未満	16,511	18,215	19,448	22,176	23,378	24,984	26,537
5,000〜10,000 未満	6,573	7,909	8,927	9,798	10,978	11,748	12,385
10,000 以上	37,099	42,811	47,206	55,080	61,590	69,478	75,217

資産(万ドル)	1954年	1955年	1956年	1957年	1958年	1959年	1960年
5 未満	−292	−451	−349	−412	−441	−543	−905
5〜 10 未満	1,491	1,598	1,679	1,800	1,877	1,847	2,015
10〜 25 未満	5,121	5,445	6,025	6,205	7,005	6,422	7,622
25〜 50 未満	5,835	6,441	6,854	7,201	7,950	8,518	8,425
50〜 100 未満	6,982	7,689	7,958	8,030	8,502	9,281	9,590
100〜 500 未満	19,028	22,255	21,849	21,655	23,697	24,120	25,049
500〜 1,000 未満	10,536	11,053	11,513	11,670	12,299	12,574	12,882
1,000〜 5,000 未満	27,969	29,799	31,527	32,039	33,567	34,950	35,972
5,000〜10,000 未満	13,580	14,110	16,169	17,016	18,642	18,478	19,449
10,000 以上	83,157	94,882	104,838	114,847	127,652	138,262	148,518

出所) 前掲『アメリカ歴史統計』933-938頁。

満の中小企業のそれは41億9100万ドルから77億2600万ドルへと1.8倍の増加にとどまった。したがって，中小企業と大企業の内部留保の格差は，中小企業を1とすると，大企業は47年の16.1から59年の26.4へと大きく拡大したのである。

株式資本

前出の下院中小企業委員会の報告書は「中小企業の大部分は法人組織でないため，証券の公開売却による金融あるいは(友人・親類以外の)外部からの株式資本の調達は，アメリカの400万以上の中小企業の85％において不可能である」と述べている[76]。では，なぜ中小企業は株式資本の調達が困難

だったのであろうか。

　第一は，中小企業への株式資本の中心的な供給者である個人投資家の投資条件が厳しかったためである。個人投資家の中小企業にたいする投資条件は，経営が比較的堅実であり同時に一般水準以上の配当を行っていること，また成長の可能性が大で将来株価の上昇が期待されること，経営管理体制が整っていることなどであり，中小企業には予想されている以上の厳格な条件が要求されていた[77]。このことは，個人投資家の中小企業にたいする投資拒絶率の高さに現れている。多くの投資家は，中小企業からの株式投資申込のうち，大部分を最初の簡単な審査でふるい落とし，残る小部分のほとんども第二次審査で不適格とし，結局実際に株式投資を行うのは申込数のわずか1％あるいは2％にすぎない，と報告されている[78]。

　第二は，株式取引所に上場されるための条件が厳しかったことである。株式取引所に株が上場されるためには700万ドルの有形資産を保有し，年収が100万ドルあることを証明しなければならず，さらに1500人以上の株主の間で30万株(家族保有を除く)が配分されていなければならなかった[79]。このような条件を満たしうるのは大企業に限られた。

　第三は，中小企業にとって株式発行の費用が高すぎたことである。例えば，以前に公募したことがなく設立後1年未満であり，証券取引委員会の規則A(Regulation A)によって公募されたことのない新しい非鉱業会社の普通株発行引受の費用は売上高の21％であったが，規則Aの下で公募された既設の非鉱業会社の発行引受の費用は売上高の10％であった[80]。

　このように，アメリカの中小企業は，株式を株式取引所に上場できなかったため，広く一般から株式資本を調達することは不可能であったし，また株式を発行したとしても発行費用は高く，個人投資家の投資もあまり期待できなかった。したがって，58年における法人製造企業の資金調達状況調査をみると[81]，大企業の場合は株式資本を必要とする企業のうち85.8％が満足に充足したのにたいし，小企業の場合はわずか10.4％の企業が満足に充足したにすぎなかった。

表 3-24 借入者資産規模別にみた加盟銀行の事業貸出にたいする担保付貸出の割合

借入者規模 (資産額1,000ドル)	件　　　　数					
	貸出総数(1,000件)		担保付貸出			
			1,000件		総数に対する割合	
	1955	1957	1955	1957	1955	1957
全　規　模	1,103	1,229	726	812	65.8	66.1
50 未満	503	505	347	344	69.0	68.1
50～　　　250 未満	415	494	270	325	65.1	65.8
250～　 1,000 未満	126	158	80	104	63.5	65.8
1,000～　 5,000 未満	38	48	22	29	57.9	60.4
5,000～ 25,000 未満	11	13	4	6	36.4	46.2
25,000～100,000 未満	4	5	1	2	25.0	40.0
100,000 以上	6	6	2	2	33.3	33.3

注）　表 3-22 と同じ。
出所）　*Financing Small Business, op. cit.*, p. 385 table 7.

商業銀行

　アメリカの中小企業が近代化・拡張のための投資に必要な資金を株式を通じて獲得できないこと，あるいは長期ベースの投資を行う利益を蓄積，留保できないことから，中小企業は長期資金を商業銀行からの借入に頼らざるをえなくなる。

　周知のように商業銀行はターム・ローン（貸出期間 1～10 年の事業貸付）形式で長期資金の供給を行っていた。そこで，まず前表 3-22 で 57 年 10 月における加盟銀行のターム・ローン残高を資産規模別にみると，資産 500 万ドル以上の大企業には 81 億 9500 万ドル（ターム・ローン残高合計 154 億 2100 万ドルの 53.1％）が向けられていたが，資産 25 万ドル未満の中小企業には 26 億 1800 万ドル（17.0％）が貸し付けられていたにすぎなかった[82]。次に，ターム・ローンに課せられる金利についてみると，57 年において中小企業にたいするターム・ローンの利率は 5.6％～8.7％であったが，大企業にたいするそれは 3.9％～4.9％で，中小企業にたいするターム・ローンの金利は大企業のそれに比べてかなり高かった[83]。最後に，表 3-24 で加盟銀行の事業貸出に占める担保付貸出の割合を資産規模別にみてみよう。これによると 57 年 10 月において資産 25 万ドル未満の中小企業への貸出件数 99 万 9000

件のうち66万9000件(67.0%)が担保付貸付であったのにたいし，資産500万ドル以上の大企業では貸出件数2万4000件のうち担保付貸付は1万件(41.7%)と少なかった。このように中小企業の商業銀行からの長期資金調達は，かなり高い金利が課せられ，厳格な担保が要求されていたから，大企業に比べて容易ではなかった。58年における法人製造企業の資金調達状況調査によると[84]，大企業では長期信用を必要とする企業のうち85.7%が満足に充足していたが，中小企業では33.5%の企業しか満足に充足していなかった。

以上，第二次大戦後において中小企業の短期・長期資金の調達が大企業に比べていかに困難であったかをみてきた。しかし，ここで重要なことは，資金を必要とする中小企業のうち満足に充足したとする企業は，短期資金の場合に比べて長期資金の場合に相当少なかったことである。前出の法人製造企業の資金調達状況調査をみると[85]，小企業では短期資金の充足率は70.5%と高かったが，長期資金の充足率は株式資本で10.4%，長期信用で33.5%と低かった。また，中小企業の長期資金の主たる源泉は商業銀行であったが，前出の中・小製造企業(577社)の資金調達状況調査によれば[86]，中・小製造企業に「十分な長期信用(1年以上)を受けることができるか」という質問にたいし，「できる」と答えたのは全体のわずか27.8%で，72.1%が「できない」と回答している。したがって，第二次大戦後における中小企業の長期資金の調達は，大企業に比べ，また自らの短期資金の調達に比べて，著しく困難な状態にあったといえよう。

3. 中小企業庁(SBA)の設立

第二次大戦終了後の中小企業政策の焦点は，戦前における中小企業を対象とした唯一の政策実施機関，すなわち中小軍需工場公社(SWPC)の存続問題であった。上院中小企業委員会は1944年後半から45年前半にかけて種々の存続案を提出した[87]。しかし，これらの提案は両院銀行・通貨委員会に付託，審議されたが，いずれも積極的な支持が得られず成立するに至らなかった。この結果，SWPCは廃止予定の45年は延期されたものの46年1

月には廃止された。廃止にあたり復興金融公社(RFC)はSWPCの貸出，主契約そして余剰資産の処分権を引き継いだ。また，SWPCの経営・技術指導等は商務省の中小企業課(Office of Small Business)に移管された[88]。

ところで，民主党のトルーマン大統領は，50年5月に第81議会にたいして中小企業政策に関する教書を送り，このなかで「中小企業は，雇用量を増大し，将来の経済発展に不可欠な激しい競争を刺激し，かつ政治経済の自由を確保するにあたって，主役を演じている」と述べ，次のような5項目の中小企業政策を提案した[89]。それは①最高額2万5000ドル，5カ年内に償還する銀行貸付の保証制度を創設する，②冒険的資本を獲得できるよう助成するため投資会社を創設する，③所要資金を上述の2つの方法あるいはその他によっても得られない場合には，RFCがその中小企業に必要とする資金を供与することができるようにする，④現在商務省が行っている経営・技術指導を改善，強化する，⑤商務省に上述の①②④の計画の一般的責務を負わせ，中小企業政策における商務省の役割を拡大するというものであり，この教書によって政府は具体的で実践的な内容をもつ中小企業振興策を推進することになった。ところが，この中小企業政策に関する教書の発表後1カ月余りで朝鮮戦争がはじまり，アメリカ経済は再び戦時経済体制に転換することになった。これによって，中小企業は第二次大戦のときと同じように，民需生産を維持するための十分な重要原材料が確保できなくなり，軍需契約(元請・下請契約)はほとんど獲得できず，軍需生産を行うために必要な資金も調達が困難である，といった問題に直面したのである[90]。そこで，50年8月に両院中小企業委員会は，戦時経済体制再転換による中小企業への深刻な影響を緩和するために，中小企業政策を実施する独立機関の設立案を議会に提出した[91]。しかし，この時点において議会・政府は朝鮮戦争にたいする動員政策に関心があり，51年6月に満了する「国防生産法」(Defense Production Act)についての議論を行っていたため，同案は議論されないまま廃案となった。この結果，両院中小企業委員会は「国防生産法」の修正案として中小国防工場庁(Small Defense Plants Administration, SDPA)の設立案を提出することになった[92]。こうして，51年7月に制定された「修正国防

生産法」(Defense Production Act Amendments)により，中小企業の国防生産への参加を促進することを目的として[93]，SDPA が創設されたのである。このため，SDPA には中小企業向け融資，重要原材料の中小企業への割当促進，軍需元請契約の中小企業への下請再発注の促進，中小企業への経営・技術指導などの権限が与えられた。したがって，SDPA の設立には軍需生産面で量的に欠くことができない中小企業が大企業に比べて軍需契約や資金などの面で不利な立場にあるのを改善しなければならないという国防面からの緊急的な配慮が大きく反映されたと考えられる。しかし，SDPA の権限は SWPC に比べてかなり後退したものになった[94]。SDPA は SWPC のように土地，工場，設備などを取得し，それを中小企業に売却，リースすることはできなかったし，直接中小企業に融資を行う権限は与えられず，RFC にたいして融資勧告を行うだけであった。中小企業への重要物資の割当促進や軍需元請契約の下請再発注促進については，商務省や国防省にたいし大きな権限をもたなかった。また，中小企業にたいする経営・技術指導については，商務省が同様な指導を行っていたため積極的には行われなかった。

　ところで，SDPA は朝鮮戦争下の臨時組織であったから，53年に入り休戦協定調印の見通しが立つにつれ，その存続問題が大きな課題となった。両院中小企業委員会は SDPA の存続と拡張が必要であると主張し，SDPA は朝鮮戦争終結後は小売業，卸売業分野の中小企業の政策を中心に実行すると表明した[95]。しかし，52年に共和党のアイゼンハワーが大統領に選出され，議会選挙でも共和党が議会の過半数を占め，この結果，両院中小企業委員会の委員長職が民主党から共和党へ委譲されると，両院中小企業委員会委員長は SDPA の後継機関として中小企業庁(Small Business Administration, SBA)の設立案を53年4月と5月にそれぞれ提出した[96]。これらの設立案は，例えばヒル(William S. Hill，下院中小企業委員会委員長)案によれば，SBA を第一に中小企業を健全にして自力で存在しうるものとするための機関である，第二に戦争への中小企業の参加および平和のための経済へ中小企業の動員を保証するための機関である，第三に中小企業を保護し発展させるための計画運営責任を一つの独立した政府機関に集中させるために設けられ

るものであると位置づけ，SBAの基本的役割を融資，政府調達，経営・技術指導の面に求めたものであった[97]。このヒル案は両院の銀行・通貨委員会の賛成を得て，両院議会に持ち込まれそこで可決された。そして，両院の法案は両院協議会での調整に委ねられることになり，両院協議会ではSBAの融資予算，融資限度額などをめぐって難航したが，結局，融資予算は2億7500万ドル，融資限度額は15万ドルとすることによって決着した[98]。この両院協議会案は，53年7月30日に大統領の承認を得て「1953年中小企業法」(Small Business Act of 1953)となり，同法にもとづいてRFCとSDPAが廃止され，同時に中小企業のための唯一の政府機関であるSBAが誕生した。SBAは，同法によりそれまでのような国防生産に関連した中小企業にたいする援助だけではなく，より広範な中小企業にたいして金融助成，政府調達，経営・技術指導を行うよう規定された。SBAの事業貸付については，民間金融機関から妥当な条件で借入が困難である中小企業に，償還を適切に保証するための担保が設定されたうえで，設備資金あるいは運転資金を，貸付期間10年(運転資金7年)，融資限度額15万ドルで，直接融資あるいは銀行との協調融資で行うものであった[99]。なお，同法によるSBAは商務省にやがて吸収されるという政治的含みを残した2年のみの「臨時機関」であったが，「1955年中小企業法」によりさらに2年の存続が認められ1年の再延長をへて，58年7月に制定された「1958年中小企業法」によりSBAは「恒久機関」となった[100]。

1) Norman R. Collins and Lee E. Preston, "The Size Structure of the Largest Industrial Firms 1909-1958", *The American Economic Review*, Vol. LI (Dec. 1961), p. 989 table 1.
2) バーリ，ミーンズ(北島忠男訳)『近代株式会社と私有財産』文雅堂銀行研究社，1964年，46頁(Adolf A. Berle and Gardiner C. Means, *The Modern Corporation and Private Property*, The Macmillan Co., 1932, p. 37 table IV).
3) 連邦準備局(Federal Reserve Board)の生産指数(1967年=100)から工業生産の状況をみると，1929年の23をピークとして30年の19，31年15，32年12というように工業生産は一貫して低落し，33年からゆるやかに回復しはじめるが依然として低水準にとどまった。29年の生産水準に回復するのは37年になってであるが，38年

第3章 アメリカの中小企業と中小企業庁(SBA)の創設 163

には18と再び低下し,実際に工業生産が本格的な拡大基調にのるのは40年代に入ってからである。アメリカ合衆国商務省編『アメリカ歴史統計』原書房,1987年,667頁。したがって,30年代は大恐慌の過程も含んだ長期停滞の時期(大不況期)であった。

4) "Problems of Small Business", in Temporary National Economic Committee (TNEC), *Investigation of Concentration of Economic Power*, Senate Committee Print, 76th Cong., 3rd Sess., 1941, p. 67 table 88.

5) National Industrial Conference Board, *The Banking Situation in the United States*, Arno Press, 1980, Reprint of the 1932 ed., p. 13 table 3, p. 15 table 4.

6) 「単一銀行制度」の性格は,一言でいえば,地方自治体との密接な結びつきである。一地方の経済社会組織と銀行業務とが密接な関係をもっていることはいうまでもなく,アメリカにおいてはそれが著しく,しかもそれが孤立的に地方ごとに割拠している点をその特徴とする。この関係を具体的に示すものは,人的な問題であるが,これら地方銀行の株主および役員は,例外なく当該地方の「代表的市民」の一人として,主な工場主,商人ないし農場主であり,しかも彼らは同時に主な顧客先となっている。Joseph S. Lawrence, *Banking Concentration in the United States; a critical analysis*, Bankers Pub. Co., 1930, p. 87.

7) "Problems of Small Business", *op. cit.*, p. 265.

8) この点については,平田喜彦「1920年代のアメリカにおける産業金融」『証券研究』第27巻,1969年10月および平田喜彦「1920年代のアメリカにおける銀行資産構造の変化」(立正大)『経済学季報』第12巻第1・2合併号,1963年2月が参考になる。なお,1922年と29年において国法銀行の総事業貸付額は64億ドル,67億ドルであり,このうち製造業大企業84社(資産500万ドル以上)の単名約束手形(notes payable)による銀行借入は2億7300万ドル(総事業貸付額の4.3%),1億6200万ドル(2.4%)にすぎなかった。Neil H. Jacoby and Raymond J. Saulnier, *Business Finance and Banking*, National Bureau of Economic Research, 1948, p. 99 table 12.

9) Board of Governors of the Federal Reserve System, *Federal Reserve Bulletin*, Sept. 1937, pp. 903-904 table 10.

10) 支店経営商業銀行の貸付額・投資額のデータは1936年までしか示されていないので,39年は支店経営商業銀行の預金額をもって貸付・投資のデータとみなした。29年の全商業銀行の貸付・投資額は498億ドルであった。支店経営商業銀行のデータについては,前掲『アメリカ歴史統計』1036-1037頁,全商業銀行のデータについては,1021-1022頁。

11) 銀行合同に関しては,1918年に国法銀行法(National Banking Act of 1918)の修正により国法銀行相互間の直接的合同が可能になったが,さらに27年のマクファデン法(McFadden Act)によって国法銀行と州法銀行との直接的合同も合法化され

た。州法銀行相互の合同については各州法によって異なっていたが，一般的には同一州内における州法銀行間の合同は容易に可能であった。支店銀行制に関しては，州銀行法は従来明確な規定を設けていなかったが，20年代に入ると次第に規定が明確化され，30年代に入ると州銀行法の多くが支店設置規定を緩和した。州銀行法のこのような推移に対応して，国法銀行法においても支店設置規定が緩和され，33年銀行法(Banking Act of 1933: Glass-Steagall Act)によって，国法銀行は州法銀行に認められているのと同じ程度に支店を設置することが可能となった。そして，20～30年代を通じてみれば，支店の新規設立が多かったが，銀行合同に関する法的制約がほぼ全面的に解消されたマクファデン法以降になると，大銀行による被合併銀行の支店化が比較的多くとられるようになった。例えば，カリフォルニア州の大銀行の大支店網は，被合併銀行を支店化するとともに，その銀行が保有していた支店を引き続き保有することを通して形成された。20～30年代のアメリカの銀行集中については，平田喜彦「アメリカにおける銀行集中と銀行構造——1920年代」(立正大)『経済学季報』第15巻第1・2合併号，1966年2月および小野英祐「両大戦間におけるアメリカの短期金融機関」(二)(立正大)『経済学季報』第18巻第3号，1969年2月を参照。

12) "Problems of Small Business", *op. cit.*, pp. 268-269, 276.
13) *ibid*., p. 320.
14) TNECの公聴会において，ミシガン州のデトロイト・ウェイスト・ワークス社(Detroit Waste Works, 従業員数70名，資産額14万2000ドル)のギャラガー副社長(Gallagher)は，委員のネムキス(Nehemkis)の「あなたは長期運転資本(long-term working capital)を必要としているのですか，あるいは短期運転資本(short-term working capital)を必要としているのですか」との質問にたいして，「長期事業貸付にたいする決定的な需要がある」と答えている。"Savings and Investment", in TNEC, *Investigation of Concentration of Economic Power*, Hearings before TNEC, Vol. 8, pt. 9, p. 3885. また，ワシントン州シアトルおよびオレゴン州ポートランドで実施された中小企業調査によれば，124社の非小売会社のうち，45社が特別の金融的需要なしと答えたが，同じく45社が新規機械・追加設備の採用のために緊急かつ直接的な資金需要(中・長期資金需要－引用者)があると答えた。"Problems of Small Business", *op. cit.*, p. 336.
15) 山崎広明「1930年代におけるアメリカの中小企業金融問題」(神奈川大)『経済貿易研究』第3号，1966年4月，74頁(Rudolph L. Weissman, *Small Business and Venture Capital: An Economic Program*, Arno Press, 1979, Reprint of the 1945 ed., p. 40)。
16) 1921年から29年にかけて，個人所得は621億ドルから859億ドルへと1.4倍，個人貯蓄(耐久消費財を除く)は16億ドルから95億ドルへと5.9倍に増加した。前掲『アメリカ歴史統計』224頁および262頁。また，同期間において，所得階層上位5％の1人当たり可処分所得(「経済所得」から連邦所得税を控除し，純キャピタル・ゲインを加算したもの)は2916ドルから4643ドルへと59.2％増加しているのにたい

し，所得階層下位95%のそれは370ドルから485ドルへと31.1%増加したにすぎなかった。土生芳人「1920年代アメリカ経済発展過程の特質」(岡山大)『経済学会雑誌』第19巻第2号，1987年9月，3頁 表1(Charles F. Holt, "Who Benefited from the Prosperity of the Twenties?", *Explorations in Economic History*, Vol. 14, 1977, pp. 278-279)。これらの事実から，20年代において個人貯蓄が特に高額所得者層を中心に急増したことがわかる。

17) 個人所得は1929年には859億ドルであったが，33年に470億ドルまで減少し，以後回復をみせたが39年は728億ドルにとどまった。個人貯蓄(耐久消費財を除く)については，29年は95億ドルであったが31年には36億ドルまで減少し，32年，33年，34年はそれぞれ▲12億ドル，▲23億ドル，▲3億ドルとなった。その後回復したが39年は55億ドルであった。前掲『アメリカ歴史統計』224頁および262頁。

18) この点については，山崎，前掲論文，74-77頁参照。

19) 同上論文，74頁(Weissman, *op. cit*., p. 40)。

20) "Problems of Small Business", *op. cit*., p. 267.

21) 発行額25万ドル以下の場合，社債100ドルにつき発行費用は平均8.4ドル，優先株100ドルにつき平均16.4ドル，普通株100ドルにつき平均22.8ドルの発行費用を要した。これにたいし，発行額100万～500万ドルの場合では，それぞれ平均4.5ドル，平均8.2ドル，平均15.4ドルの発行費用を要した。A. D. H. Kaplan, *Small Business: Its Place and Problems*, Arno Press, 1979, Reprint of the 1948 ed., p. 152 (Roy A. Foulke, submitted to Senate Special Committee on Small Business, 78th Cong., 1st Sess., Committee Print No. 15, p. 19).

22) *ibid*.

23) 「労働条項」と「資本条項」については，榎本正敏編著『現代資本主義の基軸』雄松堂出版，1984年，57-81頁参照。「公正競争コード」については，同書，124-143頁参照。コード体制下の「価格規制政策」および「生産制限政策」については，アメリカ経済研究会編『ニューディールの経済政策』慶應通信，1965年，56-69頁参照。

24) C. F. Roos, *NRA Economic Planning*, Da Capo Press, 1971, Reprint of the 1937 ed., p. 382 table XLIX.

25) NIRAの公正競争コードにたいする批判および全国復興再検討委員会の結論については，新川健三郎『ニューディール』近藤出版社，1973年，128-131頁またはアメリカ経済研究会編，前掲書，73-76頁参照。

26) 両議員の法案の内容については，"to Create Credit Banks for Industry", *The Wall Street Journal*, March 20, 1934, p. 11を参照。

27) 失業者は1933年の1283万人から34年の1134万人に若干の減少をみたけれども，依然として1000万人を超える大量の失業者が発生していた(前掲『アメリカ歴史統計』135頁)。ところで，アメリカの有給雇用者の大多数に生計を提供していたのは中小企業であったから——38年3月において従業員数100人未満の中・小企業は，すべての事業所数180万9819のうち98.6%(178万3729)を占め，全従業員数2237万

3417 の 44.7％（1000万1407人）を雇用していた（"Problems of Small Business", op. cit., p. 285）——，中小企業の倒産は有給雇用者の失業の増加につながることになる。ここに，アメリカ中小企業は，大量失業者問題を解決するものとして，その存在意義が認識されることになった。

28) 中小企業の資金需要にたいする政府の認識について，ドーレイは「政府の態度は，1933年末までに，商業銀行が正当な短期信用を制限しているという感覚から，商業銀行が十分に融通できる立場にない長期運転資本貸付（一種の中期産業信用）にたいする広範な需要が存在しているという確信へと変化した」としたうえで，「34年の初めには，特に中小会社（忘れられた産業人）の間に広範な充足されない長期運転資本信用にたいする需要があるという考えが政府の確たる信念になった」と述べている。山崎，前掲論文，81頁（J. C. Dolley, "The Industrial Advance Program of The Federal Reserve System", *Quarterly Journal of Economics*, Feb. 1936, pp. 242, 243）。

29) RFC融資には当初「労働者を継続的にか，あるいはより多く雇用する合理的保証がある場合に限る」とされていたが，38年のRFC法の改正で「国民経済の安定を促進するため」という融資目的が規定された。また，34年に連邦準備(13b)融資についての規定が発表されたが，これには「雇用を維持し追加的雇用に備えるために……多くの中・小規模の商工業企業に追加的運転資本を供与する必要を議会が認めた」という説明文が附されていた。"Problems of Small Business", *op. cit.*, pp. 228, 231.

30) 前掲『アメリカ歴史統計』667頁。

31) U.S. Department of Commerce, *Survey of Current Business*, Feb. 1946, p. 13 table 10. 耐久財，非耐久財生産額はそれぞれ1941年462億ドル，472億ドル，42年649億ドル，564億ドル，43年863億ドル，624億ドル，44年892億ドル，669億ドルであった。なお，連邦政府の国防支出は39年の10億7500万ドル（政府歳出総額88億5800万ドルの12.1％）から漸次増加し，42年は239億7000万ドル（345億ドル，69.5％）に達し，44年には768億7400万ドル（939億5600万ドル，81.8％）へと急増した。前掲『アメリカ歴史統計』1115-1116頁。

32) 生産管理局（Office of Production Management）は，指定された物資を緊急度に応じて軍需生産部門に優先的に配給することを生産者に義務づけた「命令優先制」(Mandatory Priority Orders)を実施した。これは，41年2月のアルミニウム，工作機械を皮切りに，3月マグネシウム，5月ニッケル・銅，6月合成ゴム・亜鉛，8月銑鉄・鉄鋼へと導入されていった。また，生産管理局は，41年8月に民需生産を抑制するために「制限命令」(Limitation Orders)を発令した。この対象となったものは，民需用自動車・軽トラック，冷却器，家庭用冷蔵庫，ストーブ，タイプライター，自転車，農機具などで，それは耐久消費財を中心に350種類におよんだ。詳しくは，堀一郎「第二次大戦期におけるアメリカ戦時生産の実態について」(1)(北大)『経済学研究』第29巻第3号，1979年8月，243-245頁および林堅太郎「優先制度と戦時統制手段の開発」(京大)『経済論叢』第110巻第6号，1972年12月，70-72頁参照。

第3章　アメリカの中小企業と中小企業庁(SBA)の創設　167

33) 民需向け耐久財の生産額は41年342億ドル，42年159億ドル，43年149億ドル，44年174億ドルで，民需向け非耐久財の生産額はそれぞれ438億ドル，440億ドル，412億ドル，429億ドルであった。*Survey of Current Business, op. cit.*, Feb. 1946, p. 13 table 10. なお，耐久財生産額・非耐久財生産額は注31)参照。

34) アメリカ戦時経済体制の特徴の一つとして，実業界の指導者たちが産業動員機構の幹部に任命され，産業動員政策の立案に直接関与したという事実を指摘することができる。しかも，これは戦時産業動員政策の当初からの現象であった。例えば，第二次大戦期の産業動員政策は，国防諮問委員会の設立をもって開始されたが，この委員会の委員にはGeneral Motors Corp. 社長のクヌードセン(W. S. Knudsen)，U.S. Steel Corp. のステティニアス(E. R. Stettinius)，Chicago, Burlington & Quincy Railway会長のブッド(R. Budd)が就任し，大企業の経営者が同委員会の重要な地位を占めた。第二次大戦期におけるアメリカ産業動員政策と実業界の関係を検討したものには，黒川勝利「第二次大戦期アメリカ戦時産業動員政策についての一考察」(岡山大)『経済学会雑誌』第11巻第4号，1980年3月がある。

35) 寺岡寛『アメリカの中小企業政策』信山社，1990年，81頁 第4-1表(*Economic Concentration and World War II*, Report of the Smaller War Plants Corporation to the Special Committee to Study Problems of American Small Business, U.S. Senate, S. Doc. No. 206, 79th Cong., 2nd Sess., 1946, p. 29 table 3)。なお，軍需契約額が最も多かったのはGeneral Motors Corp. で，全体の7.9%(138億ドル)を占めていた。第2位はCurtiss-Wright Corp. で4.1%(71億ドル)，3位はFord Motor Co. で3.0%(53億ドル)，4位はConsolidated Vultee Aircraft Corp. で2.8%(49億ドル)，5位はDouglas Aircraft Co. で2.5%(44億ドル)であった。上位10社で全体の30.3%(531億ドル)を占めていた。*ibid.*, p. 30 table 4.

36) 同上書，81頁。第二次大戦中に，政府は172億ドルの工場設備を建設したが，このうち国防工場公社は74億ドルを，陸軍省は54億ドルを，海軍省は28億ドルを支出した。そして，このような政府所有の工場設備の運営形態をみると，22億ドルの工場設備が政府の直接運営する設備であり，34億ドルが「手数料付委託運営設備」(management-fee operated facilities)で，残り116億ドルの設備が民間企業にリースされた国家設備であった。*ibid.*, p. 48, Gerald T. White, "Financing Industrial Expansion for War", *The Journal of Economic History*, Vol. IX, No. 2, Nov., 1949, p. 157.

37) *Economic Concentration and World War II, op. cit.*, pp. 49-50 table 14.

38) 1940年9月から45年7月までの期間に民間資金によって建設された86億ドルの工場設備のうち，加速度償却の対象になった工場設備は61億ドルであった。White, *op. cit.*, p. 157.

39) 前掲『アメリカ歴史統計』933-938頁。

40) 「統制物資計画」については，堀，前掲論文，259-261頁および林，前掲論文，75-77頁参照。

41) 河村哲二「第二次大戦初期アメリカ国防生産体制の展開」(2)『帝京経済学研究』第 21 巻第 1・2 合併号, 1987 年 12 月, 409 頁 表 17(U.S. War Production Board, Curtis W. Garrison and William Henderson, *Procurement Policies of the War Production Board and the Predecessor Agencies*, Historical Reports on War Administration; WPB Special Study No. 39, June, 1947, pp. 39-28-39-30 table 2, 3, 4)。

42) このうち軍需品契約額は 148 億 2300 万ドル, 戦時建設契約額は 19 億 2700 万ドルであった。同上(*ibid*.)。

43) 同上(*ibid*.)。

44) 1940 年第 4 四半期の軍需品全体の生産実績は 45 年 9 月 1 日価格換算で 12 億 2400 万ドル, 43 年第 4 四半期のそれは 151 億 1800 万ドルであった。ちなみに, 航空機の 40 年第 4 四半期の生産実績は 2 億 1700 万ドルで 43 年第 4 四半期の生産実績(ピーク時) 38 億 7500 万ドルの 5.6%, 船舶はそれぞれ 2 億 2700 万ドル, 36 億 8600 万ドル, 6.2%, 鉄砲・火器管制は 4600 万ドル, 8 億 3700 万ドル, 5.5%, 弾薬は 5000 万ドル, 14 億 3200 万ドル, 3.5% であった。U.S. Civilian Production Administration, War Production Board, *The Production Statement: U.S. War Program* (July 1, 1940-August 31, 1945), May, 1947, pp. 1-5.

45) *Small Business Problems, Small Business and Defense*, Senate Committee Print No. 6, 77th Cong., 1st Sess., 1941, p. 1.

46) 従来は, 政府の平時信用規制により, プロジェクト価格の 10% までのみに民間金融機関の貸付が制限され, また契約事業の十分な完成まで契約費用の支払が認められていなかったため, 国防契約から大企業以外の企業は排除されていた。U.S. Civilian Production Administration, *Industrial Mobilization for War; History of the War Production Board and Predecessor Agencies* (Vol. I), Greenwood Press, 1969, Reprint of the 1947 ed., p. 60.

47) *ibid*., p. 62.

48) 河村哲二「第二次大戦初期アメリカ国防生産体制の展開」(3)『帝京経済学研究』第 22 巻第 1・2 合併号, 1988 年 12 月, 464 頁 表 19(U.S. War Production Board, Curtis W. Garrison and William Henderson, *op. cit*., p. 39-27 table 1)。

49) 河村哲二「第二次大戦初期アメリカ国防生産体制の展開」(4)『帝京経済学研究』第 24 巻第 1 号, 1990 年 12 月, 459 頁 表 24(*ibid*., pp. 39-28-39-30 table 2, 3, 4)。この国防契約額のうち軍需品契約額は 316 億 2200 万ドル, 戦時建設契約額は 85 億 2400 万ドルであった。

50) 1941 年第 3 四半期の国防生産実績のうち軍需品生産実績は 23 億 3200 万ドル, 戦時建設実績は 13 億 8200 万ドルであった。U.S. Civilian Production Administration, War Production Board, *op. cit*., pp. 1-5.

51) 1941 年春には軍需生産・軍需関連建設活動の拡大が雇用と所得を増加させ, それが自動車産業などといった民生関連の消費財産業の拡大を促進し, さらにこうした二

重の連関を軸としてアメリカの全般的な生産拡大が進行するという関係が，40年後半に比べて一層本格的に機能しはじめた。この点については，*Survey of Current Business, op. cit.*, Feb. 1946, pp. 3-12 で詳しい分析が行われている。なお，アメリカ製造業の生産指数(1935〜39年平均＝100)をみると，40年12月は144であったものが41年9月には176に上昇している。Board of Governors of the Federal Reserve System, *Federal Reserve Bulletin*, Oct. 1943, p. 964.

52) 1941年春における工作機械，鉄鋼，アルミニウムなどの供給不足問題については，前掲「第二次大戦初期アメリカ国防生産体制の展開」(4)，456-449頁参照。

53) 注32)参照。

54) 前表3-14によれば，40年から41年の間に，閉鎖企業は全体で5万300，転業企業は7万1800増加した。これを業種別にみると，閉鎖企業の増加が一番多かったのはサービス業の2万8900で，次に多いのが建設業の1万1300，小売業の1万400であった。転業企業ではサービス業の4万7000の増加が一番多く，次に小売業の1万1200であった。また，前表3-15をみると，同じ期間における閉鎖企業，転業企業の大部分は従業員20人未満の中小企業であった。

55) 詳しくは，*Small Business Problems, Small Business and Defense, op. cit.*, pp. 43-56 参照。

56) U.S. Civilian Production Administration, *op. cit.*, pp. 63, 147.

57) *Small Business Problems, Small Business and Defense, op. cit.*, p. 6.

58) 寺岡，前掲書，86頁および Harmon Zeigler, *The Politics of Small Business*, Public Affairs Press, 1961, pp. 92-93.

59) 同上書，87頁。

60) 「中小企業生産施設動員法」第4項については，U.S. Department of Commerce, Burt W. Roper (Division of Small Business), *Government Financial Aids to Small Business*, Economic (Small Business) Series No. 48, 1945, pp. 33-36 参照。

61) *ibid.*, p. 16 table 10.

62) 寺岡，前掲書，87頁(Zeigler, *op. cit.*, p. 96)。

63) 1947年から60年の間に，個人所得は1912億ドルから4010億ドルへ2.1倍，実質個人消費支出(1958年価格)は2063億ドルから3161億ドルへ1.5倍，連邦政府の国防支出は130億5900万ドルから459億800万ドルへ3.5倍の増加を示した。前掲『アメリカ歴史統計』224頁，229頁，1116頁。

64) 同上書，224頁，227頁，667頁。

65) 同上書，911頁。

66) 1948年の税引前利益額は中小企業19億1300万ドル(報告企業数43万1678)，大企業239億1900万ドル(9572)，58年は13億3700万ドル(73万2363)，314億1000万ドル(1万7294)であった。同上書，933-938頁。

67) 4店舗以上を擁するチェイン・ストアは，1948年には10万5109(全小売商店数の

5.9％)だったものが58年には11万4170(6.3％)に拡大した。また，チェイン・ストアの販売額は，48年の297億3600万ドル(全小売販売額の22.8％)から58年の534億4300万ドル(26.7％)へと増大した。ゴドフリー・M・レブハー(倉本初夫訳)『チェーンストアー米国百年史』商業会，1981年，83-86頁 第15表。

68) Federal Reserve System, *Financing Small Business*, Report to the Committees on Banking and Currency and the Select Committees on Small Business, United States Congress, 85th Cong., 2nd Sess., April, 1958. "Small Business Financing: Corporate Manufacturers", *Federal Reserve Bulletin*, Vol. 47, No. 1, January, 1961, pp. 8-22. なお，この2つの調査で用いられた企業規模の定義は資料3-1, 2の通り。また，この調査をもとにした研究論文として，白井種雄「アメリカにおける小企業金融の問題点」『大阪学院大学論叢』第1号，1966年8月がある。

69) *Problems of Small-Business Financing*, Report of the Select Committee on Small Business, U.S. House of Representatives, House Report No. 1889, 85th Cong., 2nd Sess., June, 1958. なお，中小企業金融公庫調査部「中小企業金融の諸問題」『中小公庫調査時報』第3巻第6号，1961年8月は，本調査を翻訳したものである。

70) 白井，前掲論文，11頁(*Financing Small Business, op. cit.*, p. 482)。

71) 法人企業の負債総額は4672億ドル，買掛金・支払手形は612億ドルで，法人中小企業はそれぞれ357億ドル，92億ドルであった。*ibid.*, p. 21 table 1.

72) 白井，前掲論文，15頁(Edwin B. George and Robert J. Landry, "The Federal Reserve Board Report on Small-Business Financing", *The Journal of Business of the University of Chicago*, Vol. 32, July, 1959, p. 223)。

73) *Financing Small Business, op. cit.*, p. 388 table 10.

74) 本調査の対象企業には従業員251人以上の大企業も含まれていた。しかし，その数は20にすぎないことから，この調査の対象企業のほとんどは中・小製造企業であった。なお，本調査では従業員250人以下を中・小製造企業としている。Seymour Blank, "Small Business and Tight Money", *The Journal of Finance*, Vol. XVI, March, 1961, pp. 75, 76 table 2.

75) 例えば，ある大企業がある年に課税前純利益が5億ドルある場合，課税後純利益は約2億5000万ドルを享受できる。他方，課税前純利益10万ドルをもつ中小企業の場合は，課税後純利益は約5万ドルである。この5万ドルからでは，必要とする近代化および拡張を賄うのに足るだけの資本を留保することはできない。前掲「中小企業金融の諸問題」24-25頁(*Problems of Small-Business Financing, op. cit.*, p. 35)。

76) 同上論文，17頁(*ibid.*, p. 24)。

77) 白井，前掲論文，18頁(*Financing Small Business, op. cit.*, p. 529, pp. 531-532)。

78) 同上論文，19頁(*ibid.*, p. 531)。

資料 3-1 連邦準備制度加盟銀行および商業銀行の貸出調査に用いられた規模の定義

(総資産,単位:1,000ドル)

産　業	小 企 業	中 企 業	大 企 業
食料・酒類およびタバコ(製造業)	1,000 以下 (95.7)	1,000～100,000	100,000 以上
繊維・身廻品および皮革(製造業)	〃　　(96.0)	1,000～ 25,000	25,000 以上
石油・石炭・化学およびゴム(製造業)	5,000 以下 (98.8)	5,000～100,000	100,000 以上
金属および金属製品(製造業)	〃　　(97.7)	〃	〃
その他の製造業および鉱業	250 以下 (94.5)	250～ 25,000	25,000 以上
卸　売　業	〃　　(93.9)	250～ 5,000	5,000 以上
小　売　業	50 以下 (90.8)	50～ 1,000	1,000 以上
サービス業	〃　　(97.0)	〃	〃
不 動 産 業	250 以下 (90.9)	250～ 1,000	〃
建　設　業	50 以下 (97.3)	50～ 1,000	〃
公　益　業	〃　　(93.3)	50～100,000	100,000 以上
販売金融業	5,000 以下 (96.9)	5,000～100,000	〃
大型商品販売業	250 以下	250～ 5,000	5,000 以上
そ の 他	50 以下	50～ 1,000	1,000 以上

注) カッコ内は調査対象企業数のうち小企業数の割合。
出所) 白井,前掲論文,6頁 第1表(*Financing Small Business, op. cit.*, pp. 161-162)。

資料 3-2 1958年の法人製造企業の資金調達状況調査に用いられた規模の定義

(総資産,単位:100万ドル)

産　業	規　模
金属加工 機械 第1次金属 輸送設備 化学 紙 石油および石炭製品 ゴム	小企業　5 以下 中企業　5～249 大企業　250 以上
家具および什器 器具 木材 その他 土石・ガラス	小企業　1 以下 中企業　1～49 大企業　50 以上
衣服 食料・飲料・タバコ 皮革 出版印刷 繊維および紡績製品	小企業　1 以下 中企業　1～99 大企業　100 以上

出所) 白井,前掲論文,6頁 第2表("Small Business Financing: Corporate Manufacturers", *Federal Reserve Bulletin*, Vol. 47, No. 1, January, 1961, p. 22)。

79) 前掲「中小企業金融の諸問題」17頁(*Problems of Small-Business Financing, op. cit.*, p. 25)。
80) *Financing Small Business, op. cit.*, p. 299 table 2.
81) 白井, 前掲論文, 21頁 第6表("Small Business Financing: Corporate Manufacturers", *op. cit.*, p. 12 table 3)。本調査のカバレッジは, 58年の全法人製造企業12万8000のうちから抽出された2540の企業である。また, 企業規模の定義は前出の資料3-2参照。
82) ただ, 前表3-22でターム・ローン残高の55～57年までの増加率をみると, 短期事業貸出残高(貸出期間1年以下)のそれに比べて, 総じて大企業では小であったのにたいし, 中小企業については顕著に大であった。これは, この時期に大企業が必要な長期資金の調達を商業銀行からの借入よりも有利となった株式の発行によって行うようになったこと, また大企業の需要が少なくなった商業銀行の長期貸出資金が中小企業に開放されたことによるものであった。cf. *Financing Small Business, op. cit.*, pp. 383-384.
83) 注73)と同じ。
84) 注81)と同じ。
85) 同上および白井, 前掲論文, 13頁 第4表("Small Business Financing: Corporate Manufacturers", *op. cit.*, p. 12 table 3)。
86) 注74)と同じ。
87) SWPC存続案の主なものは, ①「中小企業金融公社」(Small Business Finance Corporation)案(Mead法案；S.1220), ②「中小企業公社」(Small Business Corporation)案(Murray-Wherry法案；S.1913), ③「中小企業融資保険庁」(Small Business Finance Insurance Administration)案(Taft法案；S.1777)であった。寺岡, 前掲書, 99-100頁(*Future of Independent Business*, Progress Report of the Chairman to the Members of the Committee of the Special Committee to Study Problems of American Small Business, U.S. Senate Committee Print No. 16, 79th Cong., 2nd Sess., January, 1947, pp. 99-101)。
88) 商工組合中央金庫調査部訳『ザ・バイタル・マジョリティー(米国の中小企業)』商工組合中央金庫調査部, 1978年, 16頁(Deane Carson ed., *The Vital Majority, Small Business in the American Economy*, 1976, p. 9)。
89) 詳しくは, 末松玄六編『海外の中小企業』(中小企業叢書III), 有斐閣, 1953年, 244-255頁参照。
90) *Small Defense Plants Administration* (Section 714 of the Defense Production Act of 1950, as amended by Section 110, Defense Production Act Amendments of 1951), U.S. Senate Select Committee on Small Business, U.S. Senate Committee Print, 82nd Cong., 1st Sess., October, 1951, p. III.
91) 両院中小企業委員会は, 商務省の中小企業課(Office of Small Business)を解消して「中小国防工場庁」(Small Defense Plants Administration)を設立する法案を

第3章　アメリカの中小企業と中小企業庁(SBA)の創設　173

提出した。Zeigler, *op. cit.*, p. 101.
92) *ibid.*, pp. 102-103.
93) 「修正国防生産法」には，国防計画に十分な生産能力を動員できるように，中小企業にも公平に政府(軍需)契約を発注すべきであり，これを達成するための責任をSDPAに委ねた，と明記されている。*Small Defense Plants Adminisration, op. cit.*, p. 1, p. 6.
94) Zeigler, *op. cit.*, pp. 103-104および寺岡，前掲書，102頁(*Operations of the Small Defense Plants Administration*, Hearing before the Select Committee on Small Business House of Representatives, 82nd Cong., 2nd Sess., January 1952, pp. 2-8)参照。
95) Zeigler, *op. cit.*, p. 104. なお，上院ではSDPAの存続を2年に限って認める「経済統制法」案(Economic Controls Bill)が，中小企業委員会のパットマンやスパークマンの積極的な支持により可決されていた。しかし，同案は下院で否決された。同上書，106頁。
96) 両院中小企業委員会の提案がSDPAの存続・拡張からSDPAを廃止しSBAを設立するという案に変更されたのは，共和党政権の政治的判断が大きく影響したことを忘れてはならない。この点について，チェイス(Anthony G. Chase)は「貸出権限の乱用が甚だしいなかで，共和党は，RFCの廃止を公約したが，それが成功の一要因ともなって，52年に政権の座にもどった。……アイゼンハワー政権は，政権をとるやいなや，RFCの解体が新しい中小企業政府機関の設立構想に結び付けられるならば，その解体は議会によってより受け入れ易いものとなり，結果的に解体は容易に達成されると判断した。かくて，新しい政府機関(SBA－引用者)が提唱されたのである」と述べている。前掲『ザ・バイタル・マジョリティー』19頁(Carson ed., *op. cit.*, p. 12)。
97) 同上書，20頁(*Creation of Small Business Administration*, Hearings before the Committee on Banking and Currency House of Representatives, 83rd Cong., 1st Sess., May 1953, pp. 12-13)。
98) Zeigler, *op. cit.*, pp. 110-111.
99) SBAの事業貸付の制度の概要と貸付対象となりうる中小企業の範囲については，次頁以降の資料3-3, 3-4を参照。
100) 「1958年中小企業法」については，『米国の中小企業金融』(中小企業金融専門視察団報告書)，日本生産性本部，1959年，267-284頁参照。

資料 3-3　SBA 事業貸付の制度の概要

	事　業　貸　付
融　資　対　象	(1) 独立自営業で当該企業において支配的でないこと (2) 妥当な条件で民間の融資を受けられないこと (3) 他の政府機関で融資対象として不適格なこと
資　金　使　途	土地の取得を含め，工場の建設，拡張のための資金，設備，原料，部品を取得するための資金，あるいは運転資金
融　資　方　式	協調融資 直接融資
融　資　限　度	協調融資　15 万ドル(法律上 35 万ドル) 直接融資　15 万ドル(　　〃　　)
貸　付　利　率	直接融資の利率および協調融資の SBA 分担分の最高率は 5.5％
貸　付　期　間	原則として 10 年以内(特別な場合 20 年) 運転資金 7 年
担　　　　保	企業あるいは，経営者個人の資産を担保にする。ただし，企業の信用力によって担保価値は必ずしも融資額に見合うものでなくてよい。

出所)　『アメリカにおける中小企業金融業』(中小企業金融業専門視察団報告書)，日本生産性本部，1961 年，271-278 頁。

資料 3-4　SBA 貸付の対象となりうる中小企業の範囲

業　種	中小企業の範囲
建　設　業	過去 3 会計年度間の平均年間収入金額が 500 万ドルを超えないもの。
製　造　業	従業員数が 250 人を超えないもの。1,500 人を超える場合は，大規模に分類される。250〜1,500 人の場合は，当該企業の属する産業あるいは製品分類による従業員規模基準により個々に決定される。 　　ただし食品かんづめ，貯蔵業については従業員数が 500 人を超えないもの。
小　売　業	年間売上金額が 100 万ドルを超えないもの。 　　ただし食料雑貨，生鮮肉類，小売については年間売上金額が 500 万ドルを超えないもの。 　　　　自動車小売　年間売上金額 300 万ドル以下 　　　　デパート経営　年間売上金額 200 万ドル以下 　　　　飛行機小売　年間売上金額 300 万ドル以下
サービス業	年間収入金額が 100 万ドルを超えないもの。 　　ただしホテル，モテル業については年間収入金額が 200 万ドルを超えないもの。 　　　　動力クリーニング業　年間収入金額 200 万ドル以下 　　　　トレーラー・コート駐車場業　年間収入金額 10 万ドル以下 　　　　病院経営についてはベッド数が 150 を超えないもの。 　　　　保養所，療養所については年間収入金額が 100 万ドルを超えないもの。 　　　　医療，医科実験所　(ⅰ)資格ある附属病院と一緒に経営されている場合。 　　　　　　　　　　　　(ⅱ)資格ある附属病院と一緒に経営されてはいないが年間受取額が 100 万ドルを超えない場合。 　　　　映画製作業　年間収入金額が 500 万ドルを超えないもの。 　　　　映画供給業　　　　　　　　　〃
ショッピング・センター	(ⅰ)所有資産額が 500 万ドルを超えず， (ⅱ)正味資産額が 2500 万ドルを超えず， (ⅲ)過去 2 会計年度間における連邦所得税差引後の平均純収入が 25 万ドルを超えず， (ⅳ)本表による中小企業の定義に合致しない 1 企業にたいして，賃貸用スペースの 25 ％以上を賃貸していないもの。
輸送業，倉庫業	年間収入金額が 100 万ドルを超えないもの。 　　ただし，空輸業については従業員数が 1,000 人を超えないもの。 　　　〃　　穀類の保菅業については自己の所有あるいは賃借する設備能力が 100 万ブッシェルを超えず，かつ年間受取額が 100 万ドルを超えないもの。 　　　ただし，トラック輸送，倉庫業，パッキング包装業，木枠包装業，貨物発送業｝については年間収入金額が 300 万ドルを超えないもの。
卸　売　業	年間収入金額が 500 万ドルを超えないもの。ただし，製造業にも従事している場合は製造業，卸売業の双方の基準に合致する場合のみ中小企業とみなされる。

出所）　中小企業金融公庫「米国政府の中小企業金融援助策の変遷」『中小企業金融公庫月報』
　　　第 16 巻 12 号，1969 年 12 月，26 頁。

第4章　ドイツの中小企業とその金融の特質

　本章では，1948年に中小企業にたいして金融機関を経由した間接融資を行う復興金融公庫(Kreditanstalt für Wiederaufbau, KfW)が設置された背景を明らかにするために，ワイマール期における中小企業の金融問題と金融機関による中小企業金融の特徴を考察する。ただし，この場合，中小企業が多く存在し大きな役割を果たしている産業は，従来から典型的な手工業職種といわれてきたものによって支えられていることから，中小企業と手工業は同意性をもっていることに留意する必要がある。

第1節　ワイマール期の中小企業とその金融問題

　ドイツでは，1924年の新通貨制度を契機として，第一次大戦後のインフレーションは収束し，相対的安定期を迎えることになった。しかし，31年に金融恐慌が勃発し，ドイツ経済は破滅的な状態に陥った。こうした過程で，中小企業は経済的実力を弱め，大企業の機能的補完者としての性格を強めていった。また，中小企業の金融難は深刻を極めるに至ったが，政府による直接の資金援助は採用されなかった。
　本節では，ワイマール期(1919〜33年)の経済変動のなかで，ドイツの中小企業を代表する手工業が，どのように存立し，どのような金融問題を抱えていたかを観察したい[1]。

表 4-1　資本金規模別の経営数・取引高

(単位：経営数 1,000，取引高 100 万M)

年次	零細経営 (5,000 M未満)		小経営 (5,000-5万M)		中経営 (5万-50万M)		大経営 (50万-500万M)		巨大経営 (500万M以上)	
	経営数	取引高	経営数	取引高	経営数	取引高	経営数	取引高	経営数	取引高
1926	691.9	1,426	466.0	7,511	101.2	13,781	14.2	18,537	1.3	22,221
1927	660.8	1,416	508.5	8,370	118.8	16,295	17.4	22,906	1.7	29,426

出所)　柳澤治『ドイツ中小ブルジョアジーの史的分析』岩波書店，1989年，242頁 表19。

1. 中小企業の存立状況

　第一次大戦による被害と戦後インフレーションによって，ドイツ経済は破局的な状態に陥った。手工業においては「大部分が完全に経営資本を失った」といわれるほどであった[2]。しかし，1924年8月末の新通貨制度を契機として，インフレーションは収束し，相対的安定期を迎えることになる。そして，この時期は，巨額な賠償支出にもかかわらず，ドル短資を中心とした外資の導入と国家・労・使が一体となった産業合理化が展開され，ドイツ経済は急速に復興を遂げていった。しかし，相対的安定期のドイツ資本主義は，巨大資本とその独占体制が強化される過程でもあった。表4-1は資本金規模別に経営数と取引高をみたものである。これによると，27年において資本金50万マルク以上の大・巨大経営は経営数全体(130万7200)のわずか1.5%(1万9100)で総取引高(784億1300万マルク)の66.7%(523億3200万マルク)も占めていたが，5万マルク未満の小・零細経営は全体の89.5%(116万9300)の経営数で総取引高の12.5%(97億8600万マルク)を占めるにすぎなかった。また，独占体制は，通貨安定と産業合理化の過程で，カルテルの形態をとりながら，強化されていった。カルテルは，25年には実に1500～2500に達した[3]。こうして，重化学工業をはじめ交通・エネルギー分野に一握りの巨大企業が登場し，その経済的実力は圧倒的な生産力と資本規模によって厖大な数の中小企業にたいして一層優越的となった。そして，このような相対的安定期の経済の変化が，手工業に大きな影響を与えたのはいうまでもない。ただ，この時期においても，政府は一定の合理性をもった

第4章 ドイツの中小企業とその金融の特質　179

表4-2 手工業の業種別・経営規模別の経営数

業　種	業種総計	手工業経営	業種全体への割合	手工業全体への割合	雇用職人3人以下 A	B	同4〜10人 A	B	同11〜20人 A	B	同21人以上 A	B
			%	%	%	%	%	%	%	%	%	%
建　築	226,949	192,886	85.0	14.75	83.8	13.2	10.9	35.9	2.9	48.0	2.4	58.0
金　属	241,618	191,870	79.4	14.7	93.6	14.6	5.1	16.6	0.8	14.0	0.5	16.0
木　材	219,335	171,227	78.1	13.1	94.0	13.2	4.3	12.5	0.8	11.0	0.3	8.0
食料品	293,373	227,775	77.6	17.4	97.4	18.1	2.3	8.7	0.2	4.0	0.1	4.0
衣　料	599,796	455,504	76.0	34.8	97.2	35.2	2.4	18.5	0.3	13.0	0.1	4.0
紙・印刷	35,765	23,229	64.9	1.8	82.9	1.5	10.7	4.2	3.5	7.0	2.9	9.0
皮　革	33,627	29,945	89.1	2.3	97.9	2.4	1.7	0.9	0.2	0.0	0.0	0.0
土　石	34,898	14,896	42.7	1.1	89.8	1.1	7.6	1.9	1.6	0.0	1.0	1.0
繊　維	122,987	8,524	7.0	0.65	92.1	0.6	5.4	0.8	1.4	1.1	1.1	0.0
化　学	8,634	801	9.3	0.06	91.1	0.1	7.0	0.0	1.5	0.0	0.0	0.0
その他	435,782	1,208	0.28	0.09								
合　計	2,252,764	1,317,865	58.5	100.0		100.0		100.0		100.0		100.0

注）　A＝各業種に占める手工業の経営数の割合，B＝手工業全体に占める割合
出所）　鎗田英三『ドイツ手工業者とナチズム』九州大学出版会，1990年，20頁 第1-1表 (Ausschuß zur Untersuchung der Erzeugungs-und Absatzbedingungen der deutschen Wirtschaft, *Das deutsche Handwerk, Verhandlungen und Berichte des Unterausschusses für Gewerbe, Industrie, Handel und Handwerk* (III Unterausschusseß) 3 Arbeitsgruppe (Handwerk), 4Bde. Berlin, 1930, 1 Bde., S. 9, 55, 58. 以下，*Ausschuß-Berichte* と略す）。

手工業を利用し，大企業のための手工業の維持温存政策を踏襲したことを忘れてはならない[4]。ここでは大企業の機能的補完者としての手工業の性格が見出される。

では，1930年に刊行されたアンケート委員会の調査報告書『ドイツ手工業』[5]（27年と28年に実施された全産業分野の統計調査および12の手工業分野の特別調査）によって，相対的安定期におけるドイツ手工業の存立状況をみてみよう。表4-2で各業種に占める手工業の経営数の割合を経営規模別にみると，どの業種においても90％以上が雇用職人10人以下の中小企業の手工業であった。ドイツの中小企業を問題とすることは，手工業を問題とすることにほかならないことを示している。また，同表と表4-3で手工業の経営数と従業者数を業種別にみると，手工業の代表的業種として衣料品業，金属業，木材製品業，食料品業，建築業の5つをあげることができる。これら5つの業種の手工業が全体に占める割合は，経営数で94.0％（123万9262），

表 4-3　手工業の業種別の従業者数

業　種　別	業種総計	手工業経営	各業種に占める割合	手工業全体に占める割合
建　　　築	1,535,358	966,095	62.9	26.0
金　　　属	3,323,362	608,479	18.3	16.4
木　　　材	958,109	454,586	47.4	12.2
食　料　品	1,365,499	541,451	39.7	14.6
衣　　　料	1,427,657	865,635	60.6	23.3
紙・印　刷	575,805	135,158	23.5	3.6
皮　　　革	165,356	63,527	38.4	1.7
土　　　石	684,714	47,344	6.9	1.3
繊　　　維	1,212,437	24,789	2.1	0.7
化　　　学	313,573	2,015	0.6	0.1
そ　の　他	1,142,301	5,073	0.4	0.1
合　　　計	12,704,171	3,714,152	29.4	100.0

出所）　鎗田，前掲書，20頁 第1-2表（Ausschuß-Berichte, 1Bde., S. 54）。

従業者数で92.5％（343万6246人）であった。そこで，5つの業種の手工業について具体的にみよう。ただし，前述の調査報告書が，労働力10人以下を 'kleinbetriebe'（小経営），11～200人を 'mittelbetriebe'（中経営），201人以上を 'großbetriebe'（大経営）としているので，この用語と規模規準をここでは用いる。

(1)　衣料品手工業

　衣料品手工業の経営数は45万5504で5つの業種の手工業のうち最も多く，従業者数は86万5635人で建築手工業のそれに次ぐものであった。また，雇用職人3人以下の零細経営に衣料品手工業が占める割合は35.2％で，他の業種の手工業のそれに比べて2倍以上大きいことが特徴的である（前表4-2, 4-3）。衣料品手工業を代表する仕立職は，25年の営業統計によると経営数が30万もあり，そのうち98％が10人以下の小経営で，64％（約20万）が親方だけの零細経営であった[6]。仕立職における小・零細経営の圧倒的な残存が示されている。しかし，注文生産の大幅な低下，洋服の均一化，製品価格の低廉さなどの需要の変化に対応した既製服製造などの工場制および問屋制の展開は，独立の伝統的な小経営を圧迫し，下請化を引き起こした。仕立職では，多くの経営が既製服製造企業やデパートなどの下請になり，中間親方の

収奪に苦しめられていた[7]。他方，伝統的な注文製品を好むブルジョア，中間層およびホワイトカラー上層の需要にたいしては一部がそれを基盤にして安定的な経営を確保し，そのなかから特定製品の専門化と結びついたマニュファクチュア経営が登場した。チョッキ，ズボン，イブニングドレスなどのために専門的な労働者がそこに雇われ，同時に外業部として小零細経営が問屋制的な下請関係に編成された。しかし，こうした自立的なマニュファクチュア経営も，良質な熟練工と機械の部分的使用とによって品質の向上に適切に対応できる資本力のある経営によって，圧迫されるところとなった[8]。

(2) 食料品手工業

食料品手工業の経営数は22万7775で，衣料品手工業のそれに次いで多かった。しかし，従業者数は54万1451人で手工業全体に占める割合は14.6%であり，また雇用職人3人以下の零細経営に食料品手工業が占める割合は18.1%であったから，いずれも衣料品手工業に比べてかなり低い数字であった(前表4-2，4-3)。食料品手工業のなかでもとりわけ製パン職では，地域の食生活や嗜好の特有の様式などに支えられて，地域的・局地的需要に結びついた小経営が広範に存在していた。25年の営業統計をみると，10人以下の小経営は約2000存在し，就業者数に占める割合は10%前後であったから，製パン職では家族労働を含めた小経営が圧倒的に優勢であった。そして，製パン職は，消費者との結びつきが強く，製品の新鮮さと味が消費者の購買尺度となっていたことから，大量生産を特徴とする資本家的企業との競争でも優位に立ち，都市では75%，それ以外では80〜95%の市場占有率を保った[9]。しかし，都市の製パン経営にとっては，製パン工場や消費組合あるいは農業を兼営する農村の製パン工との競争が次第に無視できないようになり，小経営を維持しつつ部分的な機械化を要請され，一定の合理化が進んだ[10]。製パン職における動力経営数は，14年に1万9587であったものが26年には4万7945と2.4倍の増加を示している[11]。

(3) 金属手工業

　25年の営業統計によると，金属製品業の従業者数は97万7173人で，このうち雇用職人10人以下の小経営の従業者数は35万7732人(全体の36.6%)，11～200人の中経営のそれは41万4497人(42.4%)，201人以上の大経営20万4944人(21.0%)で，中経営の従業者数が最大の位置を占めていた。しかし，経営数でみると，全体は14万9174であり，このうち小経営は13万7330(92.1%)，中経営は1万1376(7.6%)，大経営は468(0.3%)で，圧倒的に小経営が多かった。そして，金属製品業の小経営(雇用職人5人以下)のうち鍛冶職，錠前職，ブリキ職の3職種に属する小経営は70%以上を占めており[12]，鍛冶職では親方・1人経営といった手工業的零細経営が全体の93.3%にものぼっていた[13]。ところで，金属手工業では，第一次大戦前ごろから，特定の使用価値の生産への特化と，経営の専門化が進んだ。例えば，鍛冶職，ブリキ職の小零細経営では生産過程から完全に退き，修理・取付・設備工事などのサービス的労働や商業への移行がみられた。これとは対照的に錠前職，ブリキ職では専門化した中経営の発展がみられた。家庭用具・設備，飲食店の設備，農業・酪農用具，ブリキ玩具など多種多様なブリキ製の消費財・生産財の生産はたいてい専門化した比較的大きな経営が行っていた。錠前職では，すでに第一次大戦前に，この分野から独立し社会的分業の一環をなす独自の職種・業種(金属・鉄組立，機械や自転車・オートバイなどの組立・修理)に転化し，そこに機械制にもとづく資本制的経営を展開させていたが，大戦後この傾向が一層進行した[14]。

(4) 木材製品手工業

　木材製品業のなかでも家具職と建築用建具職は，25年の営業統計によれば，経営数10万1400，従業者数42万8000人を擁する重要部門であった。このうち，雇用職人11～200人の中経営は経営数で6400(全体の6.3%)，従業者数で18万人(42.1%)であったが，10人以下の小経営はそれぞれ9万5000(93.7%)，24万8000人(57.9%)と圧倒的に多かった。そして，この小経営のうち5人以下の零細経営は経営数8万，従業者数18万人を数え，経

営数8万の90%は雇用職人3人以下の経営で，この約67%は経営主である親方が唯一の労働力である最小規模の経営であった。しかし，注文生産の後退，広告・宣伝や割賦販売の展開と結びついた市場向け大量生産の拡大，個人用住宅における奢侈的・技巧的な細工の減少，住宅事情の劣悪化と小型化による大型家具の需要減退といった現象が，建具や家具の様式を変化させ均一化・小型化をもたらし，こうした変化が小経営にたいする大経営の優位を決定的なものにした。小経営は，寝室・食堂・台所・居間の関連家具の生産に存立分野を見出すことはできたが，その多くは家具商や月賦販売店の下請に転化していった[15]。また，家具職・建築用建具職の小経営のなかには一部を蓄積に向けるものもあったが，それはまず例外的であって，たいていの小零細経営は雇い職人の収入をわずかに上回る程度かそれ以下の収益にとどまっており，やがてこれら小経営は次第に債務を累積させていった[16]。

(5) 建築手工業

建築手工業において特徴的なことは，雇用職人3人以下の零細経営に占める割合が低く，20人以上の中・大経営の割合が高いということである。建築手工業では雇用職人の規模が大きくなるほど手工業全体に占める割合が高くなっており，21人以上の経営のその割合は58.0%と他の業種に比べて非常に高かった(前表4-2)。建築業の中心的な生産過程における手労働的技術の残存などの事情は，この分野における手工業的小経営の残存を可能にした。建築手工業のなかで多くを占める大工職では，コンクリート建築の増加にもかかわらず，「建築の過熱景気」によって活動領域の拡大さえみられた。従来の室内建築から門，階段，屋根，さらにホールの建築にまで活動を広げ，左官職を兼営する者も出現した[17]。しかし，建築様式の変化，特に大規模化・高層化・均一化，鉄筋コンクリートの普及と需要構造の変化のなかで，小経営は役割を後退させ，新しい状況に順応できない小零細経営は修理・修繕労働へ移行していった。他方，建築業において資本制経営への移行は小経営を次第に拡大させる経過をとってなされることが多かった。経営的拡大は関連分野の結合の形態をとって進み，一つは木材の製材およびその加工を結

表 4-4 恐慌期の手工業の経営構造

	価格	売上高	賃金	手工業就業者数	賃金総額	経費	収益	経済全体の就業者数
1928年	100	100	100	100	100	100	100	100
1929	101	98	105	98	103	107	85	99.5
1930	97.5	85.5	106	82	87	123	79	92.2
1931	87	65	97.5	60.5	59	146	72.5	80
1932	76.5	50	82.5	46	38	165	66.5	69.8
1933	73	54	76	58	44	154	82	72.6

出所）鎗田，前掲書，55頁 第3-1表（W. Weise, *Der Haushalt der Handwerkswirtschaft*, Hannover, 1935, S. 65-75）。

合する方向であり，もう一つは大工と左官といった伝統的な職種の結合の方向であった。こうして，「総合的建築企業」や「建築企業」と呼ばれる大経営が成立してきたのである。小零細経営のなかには，企業，官公庁，住宅会社，建築組合などから注文を一手に引き受けるこのような大経営から仕事を分け与えられ，下請労働を行うものもあった[18]。

ところで，1929年の世界恐慌から33年に再びドイツ経済が上昇局面に入るまでの大不況期は，手工業にとって非常に困難な時期であった。表4-4をみると，28年から32年の間に，手工業の従業者数は半減し，また経費は65％も上昇したにもかかわらず，製品価格は23.5％，売上高は50％も低下したため，手工業の収益は33.5％の減少を示した。農村地帯の手工業はすでに27年からはじまった農業恐慌の影響で深刻な状態にあり，31年1月のブレスラウ手工業会議所の総会では「中部シュレージエンで全手工業経営の50％以上が営業税を納める状況にない」と報告された[19]。そして，商工業の下請を行っていた都市の手工業は，商工業の負担を転嫁されたり，切り捨てられたりした[20]。また，世界恐慌は手工業に二重の影響を与えた。すなわち，「貨幣・資本市場の不都合な状況のなかで，手工業の負債の増加はほとんどすべての職種でみられる」という金融逼迫の状況だけでなく，「官庁や民間企業が全般的な資本不足に規定されて発注を強く抑えていた」というような需要の減退を引き起こしていた[21]。建築業では28年から32年の間に経営数は3万2964から1万8397へ44.2％の減少，従業者数は88万5276

第 4 章　ドイツの中小企業とその金融の特質　　185

表 4-5　手工業の経営数および経営規模の変化

(1926 年と 31 年の比較，(　)内の数字は 1926 年)

経営規模 ＼ 職種別	仕立職	指物職	鍛治職	電気取付職	大工職	製パン職
経営数の変化	+3.8%	+3.7%	−1.5%	+47.6%	+0.8%	+1.1%
100 経営当たりの職人・労働者数	54 (57)	105 (122)	46 (49)	—	136 (226)	94 (82)
100 経営当たりの徒弟数	33 (44)	58 (96)	42 (64)	125 (126)	81 (107)	59 (56)

出所)　鎗田，前掲書，58 頁 第 3-2 表(W. Wernet, *Statistik des Handwerks 1931*, Stuttgart, 1934, S. 117-22. S. 55, 56)。

人から 29 万 8514 人へ 66.3％の減少を示したが[22]，これは公共・民間部門からの発注の減少によるものであり，このような激しい状況が建築手工業の経営の悪化をもたらしたことは十分推測されよう。しかも，31 年 7 月の金融恐慌は手工業の困窮を一層深刻なものにし，9 月には「すべての手工業部門で注文の状態や売上はさらに悪化し，大部分の経営は休業状態になった。そして手工業の広範な部分は雇用中の徒弟をもはや雇用し続けられる状態にはなかった。この年に，このような停滞はさらに破局的な形をとった」と報告された[23]。こうした状況を反映して，表 4-5 でみられるように，仕立職 (衣料品手工業)，指物職(木材製品手工業)，鍛治職(金属手工業)，大工職 (建築手工業)では，26 年に比べて 31 年は 100 経営当たりの従業者数と徒弟数を減少させており，経営規模を零細化させていった。ただ，このような後退する職種に比べて，製パン職(食料品手工業)の傾向は対照的であった。100 経営当たりの従業者数と徒弟数に大きな変化はなく，経営基盤はさほど動揺していない。これは，31 年に動力経営の平均馬力数が製パン職では 2.5 馬力であるように，相対的安定期以来の合理化努力が着実に実を結んだ結果であろう[24]。このように大不況期におけるドイツ手工業を概観的にみたが，ウルフは当時の手工業の状況について「一般的な危機の深化にともない，注文数の減少および失業者の増加が生じ，売上の減少が大きかった。特に，より大きな規模の経営の減少にもかかわらず小経営の数が増加し，さらに失業した職人のヤミ労働により，競争が激しくなり，価格下落に一層の拍車がか

けられた。また，賃金の下落がみられたにもかかわらず，税金および社会的公課が高水準で維持され，利潤は 28～32 年で 3 分の 1 にまで大きく落ち込んだ。そして，多数の手工業の経営の倒産も増大し，中産階級的産業部門全体の崩壊をもたらした。さらに，農村の手工業も農村経済の窮状により，その状態を悪化させていた」[25)]と説明している。

2. 中小企業の金融問題

　上述のような手工業はどのような金融問題を抱えていたのであろうか[26)]。ワイマール期を通じて，手工業者は一貫して困窮していた。第一次大戦後のインフレーションの下で，原材料・半製品・賃金が高騰し，手工業者の資金難が表面化した。戦後のインフレーションは 1924 年 8 月の新通貨制度を契機として収束したが，外資導入に必要な高金利政策が手工業者の金融難を深刻化させた。しかし，手工業者をはじめ産業的中間層のための重要な金融機関であった信用組合や貯蓄金庫は十分に機能しなかった[27)]。特に，信用組合は，インフレーションの下で激しい被害を受け，その後も停滞を続けたので，手工業者の金融はますます逼迫した。24 年の信用組合の自己資金，他人資金はいずれも 13 年に比べて激減しており，自己資金は 13 年の 3 億 6100 万マルクから 24 年の 6200 万マルクへと 6 分の 1 にまで減少した[28)]。これにより信用組合は，20 年から 24 年の間に，預貯金を 29 億 4320 万マルクから 8770 万マルクへ減らし，貸付額を 4 億 1250 万マルクから 3800 万マルクへと大きく減少させた[29)]。そのうえ，貯蓄金庫が第一次大戦後に短期信用にまで業務を拡大したことによって，信用組合は短期貸付，貯蓄金庫は長期貸付という戦前の分業関係が崩れて競合関係になり，このことが信用組合の発展を弱め，手工業者には結局不利に作用した。そこで，手工業者は，中間層のための「中間層銀行」の創設，さらには低利による国家資金の供与を要求した。こうして，政府や州は手工業の金融問題を認識せざるをえなくなり，政府は 25 年に産業的中間層に信用組合を通じて 3000 万マルクの特別信用を供与することを決定した。またプロイセン州でも，手工業と小売商に州政府，プロイセン州立銀行，その他金融機関が各々 2200 万マルクを融資

した。その他の州でも同じように特別信用が供与された[30]。しかし，これらの特別信用は，一時的なものであり，不十分なものでしかなかった。これは，政府が「経済界に信用を供与するのは基本的に公権力の課題ではありえない」という態度を明らかにし[31]，信用組合の援助・強化という自助的な間接的信用政策を基本としていたからであった。かくして，手工業者は，国家による資金援助の道を放棄し（それどころか資金援助は手工業経営を社会化・自治体化するものと警戒さえしていた），強力に信用組合と貯蓄金庫に結びついて自助の道を歩むことになった。「中間層銀行」の要求は，自助的な「手工業者銀行」の要求へと変化させられていった。

　そして，1928年からは農業恐慌および失業者の増大によって，手工業は大きく経営を悪化させた。この結果，手工業者の負債は増加した。産業的中間層の負債は28年には50億マルクに達し，24年に比べて35〜40億マルクも増加していた[32]。しかも，31年7月の金融恐慌の勃発は手工業の状況をさらに悪化させ，恐慌の進行とともに負債は増加の一途をたどった。しかし，信用組合と貯蓄金庫は壊滅的な状況に陥っていたため，手工業の金融状況は一層悪化した。信用組合の破産数は20年には93であったが，30年321，32年489と激増した[33]。その結果，信用組合はますます担保付貸出，短期信用の傾向を強めていった。例えば，30年末において信用組合の短期貸付額の68％が抵当担保付で，担保がない貸付はわずか4％にすぎなかった[34]。また，貯蓄金庫は金融恐慌の過程で国家または州からの監督が強化され，大口の融資に重点が置かれるようになった。32年には手工業をはじめ中小企業の中期信用の申込は1万5000件であったが，このうち貯蓄金庫が実際に貸し付けたのはわずか136件であった[35]。このような恐慌期の手工業の金融状況にたいして，政府は信用組合の援助という従来の自助的な間接的信用政策の枠を超えることはなかった。政府は信用組合にたいし，31年12月の緊急令によって2000万マルクの資金援助を行い，32年6月の緊急令で1500万マルクの合理化資金を供与した[36]。困窮した手工業者にたいする直接的信用政策は，国家の経済過程への介入を禁じる憲法第87条に違反するとして，採用されなかった。

第2節　ドイツにおける中小企業金融機関の成立と発展

　ドイツでは貯蓄金庫や信用組合といった中小企業のための金融機関が早くも19世紀初頭から中葉にかけて設立され，その後それらは制度的にも整備され大きく発展していった。また，1925年には中小工業に長期資金を供与する工業金融組合が設立された。

　本節では，中小企業のために金融を行っていた貯蓄金庫，信用組合，工業金融組合の成立と発展について概観する[37]。

1. 貯蓄金庫(Sparkasse)

　ドイツで中小企業・庶民階級に最も深い関係をもっていたのは貯蓄金庫であった。貯蓄金庫は民営と公営とがあるが，その大部分が公営金庫であり，州，県，郡，都市・町村などによって設立されていた[38]。その出発点では庶民階級の貯金吸収機関として受動的業務に主力を注いでいたが，貯蓄金庫の発達とともにドイツの商人，独立手工業者，農民，労働者，その他の庶民階級にたいする最も重要な資金供給者となった。

　貯蓄金庫の起源は19世紀初頭にさかのぼる[39]。それは，遅れながらはじまった産業革命によって，工場生産による安い商品が押し寄せ，都市の手工業者が窮地に陥ったからであった。市場生産のためには原料の買入，商品の販売資金がより多く必要となった。そして，時々襲来する恐慌によって販路は止まり，収入の道が閉ざされたので，手工業者は生活費の借入すら必要となった。しかも，1810年11月の勅令と翌年9月の法律によって確立された営業の自由は，マニュファクチュアと機械制大工業が発展する基礎となったが，それは同時に営業税と市民税さえ支払えば誰でも親方になることができることを意味し，手工業親方の増加をもたらした。しかし，手工業にたいする需要はマニュファクチュアや機械制大工業の発展により手工業親方の増加ほど増大しなかったから，経済的基盤を失った手工業親方が自立しえなくなることも決して珍しいことではなかった。したがって，手工業者がこのよう

な苦境を脱出する唯一の道は，好況期の余剰金を不況に備えて貯金することであった。しかし，貯金はこれを受け入れ，利子を支払う施設がなければならない。ドイツでは最初にこれを受け入れたのは市庁であり，これが公営貯蓄金庫の起源であった。特に，プロイセンでは1838年に最初の貯蓄金庫法ともいうべき「1838年12月12日の規則」(Preussische Sparkassenreglment vom 12. Dezember, 1838)が公布され，これによってプロイセン政府は貯蓄金庫の設立主体として地方公共団体だけを認め，貯蓄金庫の経営を監督するとともにその発展を援助することになった。プロイセン州では，1818年から38年までに86の貯蓄金庫が設立されたが，そのうち5金庫が民間組織で，残り81金庫は公営貯蓄金庫であり，この公営貯蓄金庫うち78金庫は都市の貯蓄金庫であった[40]。当時の公営貯蓄金庫の設立の目的について，クレルシュは「貯蓄金庫の設立はさしあたり都市に制限された。貯蓄金庫は救貧事業，特にプロレタリアートの向上のための援助施設であった」と述べている[41]。そして，「1838年12月12日の規則」の公布以来，ドイツ全土で貯蓄金庫の発達を促進助長する方針がとられ，1830年代には260金庫にすぎなかった貯蓄金庫は，1850年代には1200金庫に達した[42]。

次に，貯蓄金庫の業務内容についてみてみよう[43]。貯蓄金庫は，1909年の小切手法ならびに21年4月および12月のプロイセン告示によって，受動的業務においては本来の預金業務のほかに，小切手取引，振替取引を行うことができるようになった。能動的業務においては，公共性を重視して営利を目的とするものではなかったから，収益性は軽視され経費を償う程度を目標とした。しかし，確実性については十分な注意を払い，28年7月の「プロイセン模範定款」(Mustersatzung)は貯蓄金庫の資金を次のものに運用することを定めた。それは，(1)不動産，土地負担(Grundschuld)・定期土地負担(Rentenschuld)を抵当とする貸付授与の方法による対物信用。ただし，総預金の40％以内であること，(2)動産担保貸付，証書・保証・手形貸付(手形割引を含む)による中産階級・小生産者階級にたいする対人信用，(3)公共団体・その他の公法人にたいする貸付。ただし，総預金の25％以内であること，(4)信用組合，商品組合を除くその他の産業組合にたいする貸付，

(5)ミュンデルヂッヘル(Mündelsicherz)の特権のある無記名証券の買入，(6)土地・住宅の購入あるいは競売による未回収金銭債権の取得，(7)ドイツ公営銀行への短期資金，(8)固有の造営物への投資，であった。また，流動性については総預金の30%以上を流動的資産に運用すべきとされた。

　最後に，貯蓄金庫の制度的発展についてみたい[44]。1884年にドイツ貯蓄金庫組合(Deutsche Sparkassenverband)が設置され，その下に各州を範囲とする貯蓄金庫の全国的連合が結成された。また，1909年の小切手法の実施により，貯蓄金庫は小切手取引，振替取引ができるようになり，貯蓄金庫は単なる貯金吸収機関から普通銀行へと前進した。そして，09年にはザクセン州に最初の振替組合(Giroverband)が出現し，16年にドイツ中央振替組合(Deutsche Zentralgiroverband)ができて，振替組合は全国的中央機関を有するに至った。さらに，振替組合および貯蓄金庫の銀行的機関として出現した中央振替所(Girozentrale)も，18年にはその中央機関としてドイツ中央振替所(Deutsche Girozentrale)を組織し，24年にはドイツ貯蓄金庫組合，ドイツ中央振替組合，ドイツ自治体銀行組合などの一大連合としてドイツ貯蓄金庫・振替組合(Deutscher Sparkassen und Giroverband)ができた。ここにドイツ貯蓄金庫制度の完成をみるに至ったのである。

　こうして，ドイツ貯蓄金庫は大きく発展していった。1900年から20年までの間に，貯蓄金庫数とその分店・預金窓口は7899から1万2341へと1.6倍の増加を示し，預金額は88億3858万マルクから445億6251万マルクへ5.0倍，口座数は1486万件から3409万件へ2.3倍，そして資産額は89億1983万マルクから466億8575万マルクへ5.2倍というように飛躍的に増加したのである[45]。

2. 信用組合(Kreditgenossenschaften)

　ドイツの信用組合は貯蓄金庫とともに有力な庶民金融機関の一つであり，この信用組合の源はドイツに発したものであった。ドイツにおいて信用組合運動が起こったのは，最初の貯蓄金庫法ともいうべきプロイセン州の「1838年12月12日の規則」以後のことであり，その主導者はシュルツ・デーリッ

ツ(Franz Hermann Schulze Delitzch)とライファイゼン(Friedrich Raiffeisen)であった。シュルツは「手工業者の幸福増進の途は，彼等自身の内的生活を道徳的に，また経済的に確立し，自助を旗印として向上の途を進ましめねばならぬ。大資本の商工業に打勝つには，手工業者もまた大資本の商工業と同様な働きをなさねばならぬ。唯求めよ，然らば達せられん。分立した手工業者の力は微弱である。之を合し，之を集め，相互扶助の実を挙ぐるならば，其の幸福は増進すべし」といった理想をもち，自分が設立した組合によって原料の購入と生産品の販売に便宜を与え，手工業者の地位を擁護しようとした。しかし，購入物品の代金を支払うことができない手工業者もあり，信用事業を経営する必要を感じた[46]。そこで，1850年に組合員の連帯責任をもって信用を与えることを目的とする信用組合をデーリッツ町に前貸組合(Vorschussverein)として創立した。この信用組合は極めて成績が良かったので，1858年には早くも1万1183名の組合員を有する45組合が結成されていた[47]。一方，ライファイゼンは農業者の困難を排除して，その振興を図るために農村組合を創立した。しかし，この農村組合は相互組織のものではなく，困難な農業者を援助する程度の，組合的精神を欠除したものであったから，永続することはできなかった。そして，1862年にはじめてライファイゼン独特の農民を相手とした信用組合が設立された[48]。こうして，ドイツの信用組合制度は，中小企業者，なかでも手工業者を対象とし市街地の人に信用を与えた市街地信用組合(genossenschaftlich Volksbanken，シュルツ式信用組合)と，農民を対象として信用を与えた農業信用組合(landwirtschaftliche Kreditgenossenschaft，ライファイゼン式信用組合)の二大系統が出現したのである。以下では中小企業を対象とした市街地信用組合についてみてみたい。

　市街地信用組合では中小工業者，手工業者，小売商が組合員の多くを占め，それらは1932年末には組合員の46%にのぼっていた。ただ，市街地信用組合では組合員の職業をあまり問題にしないので，そのほかに農民が22.1%，自由職業者11.4%，労働者10.6%，その他が9.9%を占めていた[49]。また，市街地信用組合は，預金・貸付業務を主要業務としていたが，手形・小切

表 4-6 市街地信用組合の発展

年	信用共同組合数	報告組合数	組合員数	元帳売上高	信用供与高
1913	974	963	637,329	1,430,296	
1920	988	921	637,329	171,715	
1924	1,288	1,075	783,919	3,456,109,920	306,555,918
1925	1,347	1,146	979,181	20,669,315,792	546,559,090
1926	1,370	1,207	1,002,570	24,380,865,029	793,375,296
1927	1,351	1,240	976,342	32,978,427,157	1,021,137,400
1928	1,356	1,254	1,017,193	34,204,840,300	1,292,439,533
1929	1,348	1,256	1,008,540	38,966,550,000	1,488,750,270
1930	1,362	1,273	1,034,289	38,431,260,000	1,520,196,200
1931	1,328	1,238	991,106	29,429,888,830	1,268,620,552
1932	1,302	1,196	899,564	22,203,976,000	1,189,453,658
1933	1,384	1,307	1,111,508	26,953,350,000	1,265,388,914

出所) 鎗田, 前掲書, 105 頁 第 4-3 表 (Droescher, *Finanzierung des Handwerksbetriebes*, Hannover, 1935, S. 11. *Statistisches Jahrbuch für das Deutsche Reich*, 1927, S. 368)。

手・現金取引においても重要な役割を果たしていた。そのため市街地信用組合の中央金融機関であるドレスデン銀行に特別の振替制度が存在していた[50]。そして，1889 年の産業組合法(Genossenschaftsgesetz)第 8 条 2 項によって，市街地信用組合は非組合員への信用授与を禁示され，その信用授与は対人信用に重きを置き不動産信用の授与は原則として拒否された。したがって，貸付期間も一般に短期であって，中小商工業者には 3 カ月，農民には 1 年を原則とした[51]。

こうした市街地信用組合は大きな発展を示した。表 4-6 によると，市街地信用組合の組合数は 1913 年の 974 から 33 年の 1384 へと 1.4 倍に増え，その組合員数は 63 万 7329 人から 111 万 1508 人へ 1.7 倍の増加をみせた。貸付額は 24 年の 3 億 656 万マルクから 33 年の 12 億 6539 万マルクへと 4.1 倍の増加を示した。このような発展には，市街地信用組合の法規と制度の整備が大きく貢献をした[52]。最初に，法規の整備についてみると，従来産業組合は無限責任組織においてのみ設立を許されていたが，1867 年に成立したプロイセン産業組合法(Preussische Gesetz betreffend die privatrechtliche Stellung der Erwerbs-und Wirtschaftsgenossenschaften)によって，それは連帯保証責任組織においても設立できるようになった。このプロイセン産

業組合法は後に多少の修正を受けて北ドイツ同盟諸国の法律となり，1871年にさらにドイツ帝国法となり，89年にはこれに大改正を加えて新しい産業組合法が制定された。この1889年の産業組合法はついに有限責任組織の産業組合の設立を認めたので，その後に設立された信用組合には有限責任組合が多く，したがってこの法律は市街地信用組合はもちろん農業信用組合の発達も促した。次に，市街地信用組合の制度の整備についてであるが，これは産業組合の検査を行う連合会と参加組合間の取引の決済を行い信用組合に貸付を行う中央金融機関の二つに分けてみる必要がある。まず連合会については，1859年に市街地信用組合の中央連合会として設立されたドイツ営利・経済産業組合一般連合会(Allgemeiner Verband der auf Selbsthilfe beruhenden deutschen Erwerbs-und Wirtschaftsgenossenschaften)と，1901年に手工業者によって組織されたドイツ商工業的産業組合中央連合会(Hauptverband deutscher gewerblicher Genossenschaften)が1920年に合併して，ドイツ産業組合連合会(Deutscher Genossenschaftsverband e. V.)となり，31年6月には1339の市街地信用組合を有する29の地方連合会(前述の二大連合会の下にあった連合会)がこれに参加した。次に中央金融機関についてみると，1865年に市街地信用組合の中央金融機関としてドイツ産業組合銀行パリシュース会社(Deutsche Genossenschaftsbank von Sörgel Parisus & Co.)が設立されたが，これは1904年にドレスデン銀行に買収され，以後ドレスデン銀行は市街地信用組合の中央金融機関として特別の信用組合部をベルリンとフランクフルトに設けた。また，市街地信用組合はドレスデン銀行とともに1895年にプロイセン州に設立されたドイツ産業組合の中央金融機関であるプロイセン産業組合中央金庫(Preussische Zentralgenossenschaftskasse，1932年にドイツ産業組合中央金庫となる；Deutsche Zentralgenossenschaftskasse)も中央金融機関としていた。

3. 工業金融組合(Industrieschaft)

ドイツでは19世紀末に金融資本が成立し，大銀行と大企業とが癒着し早くから資本集中機構が成立していた。しかも，銀行の集中が急速に進み，そ

表4-7 ザクセン州立抵当証券発行機関の貸付金額別の貸付件数の割合
(%)

年	1926	1927	1928
20,000 M未満	31.9	38.5	46.7
20,000～50,000 M未満	28.6	31.7	20.9
50,000～100,000 M未満	20.4	14.4	20.9
100,000 M以上	19.1	15.4	11.5
合　計	100.0	100.0	100.0

出所) K. E. Thiess, Die neuesten Versuche zur Versorgung der Mittel-und Klein-industrie mit langfristigen Kredit unter besonderer Berücksichtigung der Industrieschaften. Köln, 1930, S. 43.

れが中小工業者と関係の深かった地方銀行や個人銀行の駆逐・吸収となって現れ，中小工業は次第に金融が困難となった。さらに，第一次大戦後にドイツの経済状態は一変し著しい産業の不振に陥ったが，その対策として起こった産業合理化運動は中小工業の資金需要，特に長期資金需要を増加させた。そこで，中小工業が所有する不動産を担保にして，自力で長期資金を調達できるようにするために工業金融組合が設立されたのである。工業金融組合には公法的機関と私法的機関とがあるが，ここでは唯一の公法的機関であるザクセン州立抵当証券発行機関についてみることにしたい[53]。

ザクセン州立抵当証券発行機関(Die Sächsische Landespfandbriefanstalt，以下，抵当証券発行機関)は，1925年7月の法律(28年2月に一部改正)によって設立された。この抵当証券発行機関はザクセン州から100万マルクを出資され，ザクセン州によって設立されているが，決して州の一機関ではなくて法律的および財政的に独立した法人であった。しかし，抵当証券発行機関はザクセン当局の監督の下にある公法的法人であって，ザクセン州はこの機関の損失補填の責任を負っている[54]。また，その任務はザクセン州の中小工業や手工業にたいして不動産を担保とする長期信用を授与することであった[55]。

ところで，抵当証券発行機関は1925年10月より営業を開始したが，開業と同時に多くの借入申込が殺到したので，26年から29年にかけて国内で3回，外国で3回，計6回の債券を発行して，それによって得た資金を長期金

融に充当することになった[56]。抵当証券発行機関が実際に貸付を行った件数と金額をみると，26年には件数が392件，金額は3911万マルクであり，27年にはそれぞれ104件，1338万マルク，28年には118件，626万マルクであった。そして，この貸付件数を業種別にみると，26年は繊維工業の86件が一番多く，次いで多いのが機械工業(金属製品工業を含む)の60件であった。27年の順位も26年と同様であった[57]。また，表4-7で26年から28年における抵当証券発行機関の貸付金額別の貸付件数の割合をみると，3年間とも貸付金額2万マルク以下の小口貸付の割合が最も高く，しかもこの割合は28年には約50％となり，抵当証券発行機関が長期の中小工業金融に大きな役割を果たしていたことがわかる。

第3節 相対的安定期におけるベルリン大銀行と貯蓄金庫の中小企業金融

本節では，1920年代後半のベルリン大銀行と貯蓄金庫がどのように中小企業金融を展開したかを考察したい。この場合，1930年の貨幣・信用および財政制度小委員会(Unterausschusses für Geld-, Kredit-und Finanzwessen)が，貸付金額1万マルク未満を小信用，1万～10万マルク未満を中信用，10万マルク以上を大信用としているので[58]，この規準を参考にして検討する。

1. ベルリン大銀行の中小企業金融

ドイツの銀行集中は1880年代の後半から展開したが，とりわけ第一次大戦期およびその後に生じたベルリン大銀行による集中運動は注目される。ベルリン大銀行は，地方に点在している地方銀行や個人銀行を併合する形で全地域に支店網を構築し，支店制大銀行としての内容を備えるに至った。ベルリン大銀行は各行共通して1914年以降に支店数を伸張させており[59]，表4-8で6大銀行の地帯別の支店数をみると，それは13年の169から23年の835へと4.9倍の増加を示し，全地域にわたって増加がみられる。そして，ベルリン6大銀行の支店網の拡大は，地方銀行の併合という形で進行した。

表4-8 ドイツ6大銀行の地帯別の支店数

地帯＼年	1913	1923
東部ドイツ	29	94
北部ドイツ	46	162
中部ドイツ	60	288
西部ドイツ	5	204
南部ドイツ	29	87
全ドイツ	169	835

出所) 佐藤智三「第一次大戦期, ベルリン大銀行における支店網の展開と地方公営貯蓄銀行の動向」『立命館経営学』第20巻第3・4合併号, 1981年, 438-439頁 第2表(Arnold Fendler, *Zur Kapitalkonzentration der Berliner Großbanken von 1917〜1923*, Berlin, 1926, S. 45)。

例えば，1914年にドイッチェ・バンクは当時37支店をもちライン・ヴェストファーレンを中心とする大地方銀行であったBergisch-Märkische Bank in Elberfeldを併合し完全に支配下に置いた。ディスコント・ゲゼルシャフトも同年にライン・ヴェストファーレン最大の地方銀行Schaaffhausen'schen Bankverein in Köln und Berlinを併合しドイッチェ・バンクと並んでライン地方に拠点を築いた[60]。このような支店網の拡大を促進したのは，次のような三つの要因であった。第一は，第一次大戦の戦時経済下で厖大な資金が軍需産業を中心に全国に撒布されたが，増大した通貨を全国的な吸収網を通じて再びライヒス・バンクに還流させると同時に，信用取引を促進させて発行通貨量を可能な限り低く抑え，マルクの国際的価値を維持する必要があった。このような政府の通貨管理政策が，ベルリンを中心とする大銀行による地方銀行のピラミッド型の中央集権的支配関係の形成を促進したのである[61]。第二は，第一次大戦期の通貨管理政策は，地方に散在している貯蓄金庫の結合による相互の手形交換業務を促進させ，貯蓄金庫に全国的資金の流通網の一翼を形成させることになったが，それへの対抗策としてベルリン大銀行は地方銀行を併合することを迫られたのである[62]。第三は，ドイツにおける第一次大戦中の産業企業の巨大化，そのように巨大化した企業の集積・集中に必要とされた巨額の資金需要にたいして，ベルリン

第 4 章　ドイツの中小企業とその金融の特質　　197

表4-9　ベルリン5大銀行の1口平均貸付額（1928年末）　（単位：M）

支店の勘定を加えた大銀行				本店勘定のみの大銀行		
A	B	C	平　均	D	E	平　均
26,961	27,499	89,361	47,940	228,439	245,403	236,921

注）　ベルリン5大銀行とは，Deutsche Bank, Disconto-Gesellschfat, Dresdner Bank, Darmstädter und National-Bank, Commerz und Privatbank である。
出所）　楠見一正「独逸信用銀行の小額金融に於ける地位」『経済時報』第3巻第7号，1931年，43頁 第二表（*Der Bankkredit, Verhanderungen und Berichte des Unterausschusses für Geld-, Kredit-und Finanzwesen*, Berlin, 1930, S. 162）。

　大銀行は，支店の特定地域への偏向を地方銀行や個人銀行の併合あるいは系列化によって計画的に緩和し，すべての産業地帯に勢力をできるだけ均等に配分し，地方に滞留する零細な預金まですべてを集めるという原則的な目標を公然と目指したのである[63]。こうした銀行集中の結果，ベルリン大銀行の資金量の増加がもたらされ，貸付可能な貨幣資本の大きな部分がベルリン大銀行に集中されることになった。ベルリン大銀行の預金額は1910年の48億8200万マルクから20年の625億6600万マルクへと実に12.8倍の増加を示し，ドイツ主要金融機関の預金額(10年303億3900万マルク，20年1404億9500万マルク)に占めるベルリン大銀行のその割合は16.1％から44.5％へと約5割を占めるに至った[64]。

　では，このようなベルリン大銀行の1920年代後半の中小企業金融はどのようなものであったのであろうか。まず，表4-9で28年末のベルリン5大銀行の1口平均貸付額をみると，本店勘定のみの大銀行2行の1口平均貸付額は23万6921マルクであったが，支店勘定を加えた大銀行3行のそれは4万7940マルクであり，支店勘定を加えた大銀行の1口平均貸付額は本店勘定のみのそれに比べて20万マルクも少なかった。そして，ベルリン5大銀行のハルレとシュツットガルトの地方支店の1口平均貸付額は，それぞれ2万4613マルク，4万2087マルクであった[65]。このように，ベルリン大銀行の本店は大口の貸付を中心としていたが，その支店はかなり小口の貸付を行っていた。次に，表4-10で28年末における支店勘定を加えたベルリン大銀行の貸付状況を貸付金額別にみると，貸付額では1万マルク未満の小信用は総貸付額の4.2％を占めるにすぎないが，1万〜10万マルク未満の中信用

表 4-10 ベルリン大銀行の貸付金額別の貸付状況(1928年末)

(単位：100万M，％)

	貸付口数						合計
	1万M未満	構成比	1万〜10万未満	構成比	10万以上	構成比	
支店勘定含	72,011	70.1	25,332	24.7	5,332	5.2	102,675
本店のみ	1,488	37.6	1,297	32.7	1,176	29.7	3,961

	貸付額						合計
	1万M未満	構成比	1万〜10万未満	構成比	10万以上	構成比	
支店勘定含	152.5	4.2	872.0	23.8	2,640.7	72.0	3,665.2
本店のみ	3.4	0.4	54.9	5.9	872.5	93.7	930.8

(注) 構成比とは，合計にたいする割合。
(出所) 楠見，前掲論文，45頁 第五表(*Der Bankkredit*, S. 163)。

は23.8％を占め，10万マルク以上の大信用は72.0％に達していた。これにたいして，貸付口数では小信用は総貸付口数の70.1％にもおよび，中信用は24.7％を占めていたが，大信用は総貸付口数の5.2％と少なかった。つまり，支店勘定を加えたベルリン大銀行では，貸付金額が小さくなるにしたがって，総貸付額に占める割合は小さくなり，総貸付口数に占める割合は大きくなっているのである。しかし，支店勘定を加えたベルリン大銀行の総貸付額の28.0％，総貸付口数の94.8％が10万マルク未満の小・中信用に向けられており，またベルリン大銀行の中小信用の地位をみる場合には貸付額より貸付口数に重きを置いて考える必要があるから，ベルリン大銀行の支店はかなり中小信用に貢献したといえよう。なお，ベルリン大銀行の本店は，総貸付口数の70.3％，総貸付額の6.3％を小・中信用に向けていた。では，ベルリン大銀行の資金はどのような方面に向けられていたのであろうか。表4-11によれば，28年末において支店勘定を加えたベルリン大銀行は，工業(原料・半製品工業，完成品工業)・手工業・商業に26億467万マルクを貸し付けており，これは総貸付額の71.5％を占めていた。こうしたことから，1920年代後半のベルリン大銀行は地方の支店網を通じて工業，手工業，商業の中小企業にかなり貸付を行っており，第一次大戦前に比べてベルリン大銀行の中小企業金融の地位は大きく拡大したとみることができよう[66]。ただ，この

表 4-11 ベルリン大銀行の用途別の貸出状況(1928年末)

(単位：100万M，%)

	支店勘定含		本店のみ	
	金　額	構成比	金　額	構成比
原料・半製品工業	485.30	13.3	121.46	13.8
完成品工業	1,829.74	50.2	239.14	27.2
公共的奉仕事業	292.41	8.0	72.88	8.3
商　　　　業	288.83	7.9	56.25	6.4
手　工　業	0.80	0.0	0.03	0.0
農　　　業	33.05	0.9	12.17	1.4
公共団体及公企業	27.53	0.8	24.26	2.8
私　　　人	183.75	5.0	40.95	4.7
ドイツ金融機関	272.39	7.5	290.63	33.0
そ　の　他	230.16	6.3	22.83	2.6
合　　計	3,643.96	100.0	880.60	100.0

注）構成比とは，合計にたいする割合。
出所）楠見，前掲論文，47-48頁 第七表(*Der Bankkredit*, S. 168)。

場合の中小企業とは，規模の大きな地方銀行が銀行集中によってベルリン大銀行の支店となったことや[67]，大企業のための手工業の維持温存政策が展開されていたことを考慮すると，比較的大きな都市に経営基盤をもち独自の地位を確保し，一定の合理性をもつ大企業と補完関係にある中小企業であったと考えられる。

2. 貯蓄金庫の中小企業金融

まず，貯蓄金庫の発展の推移をみる必要があろう。表4-12は貯蓄金庫の金庫数と預金額をみたものである。これによると，貯蓄金庫は1900年の1490から15年の3137へとピークに達したが，18年以降は継続的に減少している。これは，第一次大戦後のインフレーションや31年に起こった金融恐慌によって，貯蓄金庫が壊滅的な打撃を受け，貯蓄金庫の整理・統合が行われた結果であった[68]。そして，貯蓄金庫の預金額と1金庫当たりの預金額についてみると(1924年に通貨改革が実施されたので1900～20年と1925～35年に区切って検討する)，預金額は1900～20年の間には54億9361万マルクから445億6252万マルクへと8.1倍の増加を示し，1925～35年の間には16億9345万マルクから138億1948万マルクへと8.2倍も増加をみ

表 4-12 貯蓄金庫の金庫数，預金額，1 行当たり預金額

(単位：100万M)

年	預　金　額	金　庫　数	一行当たり預金額
1900	5,493.61	1,490	3.69
1905	7,760.23	1,583	4.90
1910	10,332.23	1,711	6.04
1915	20,380.65	3,137	6.50
1918	31,834.45	2,966	10.73
1920	44,562.52	2,845	15.66
1925	1,693.45	2,622	0.65
1930	10,751.94	2,583	4.16
1935	13,819.48	2,731	5.06
1938	18,008.60	2,517	7.15

注) 1900，1905，1910 年の数字はプロイセンにおける貯蓄金庫のものである。
出所) W. G. Hoffmann, "Die Entwicklung der Sparkassen im Rahmen des Wachstums der deutschen Wirtschaft (1850-1967)", Zeitschrift für die Gesamte Staatswissenschaft, 10/1969, Bd. 125, Nr. 4, S. 565 Tabelle 1 (1900-10: Statistisches Jahrbuch für Preußischen Staat. 1914, S. 346. 1915-39: Statistisches Jahrbuch für das Deutsche Reich, 1923, S. 273, 1937, S. 384, u. 1941/42, S. 462).

せている。これとともに 1 金庫当たりの預金額は，1900～20 年には 4.2 倍，1925～35 年には 7.8 倍の増加を示した。このような 1 金庫当たりの預金額の上昇は，前述した貯蓄金庫の整理・統合によって，貯蓄金庫の経営規模が拡大したことに原因があった[69]。また，表 4-13 で貯蓄金庫の貸付額をみると，それは 1900 年から 20 年の間に 59 億 7510 万マルクから 303 億 5060 万マルクへ 5.1 倍の増加をみせたが，25 年から 35 年には 23 億 6690 万マルクから 142 億 5660 万マルクへと実に 6.0 倍の増加を示した。

では，ドイツの貯蓄金庫は 20 年代後半にどのような中小企業金融を展開したのであろうか。まず，貯蓄金庫の貸付の状況をみてみよう。すでに述べたように 28 年 7 月のプロイセンの模範定款によって貯蓄金庫の資金運用方法が定められたが，そのうち中小企業金融に関係するものは不動産抵当貸付と対人信用の二つであった。表 4-14 でプロイセンの貯蓄金庫の投資額の構成比をみると，20 年は地方自治体向け貸付が 42.0％で最も多く，次いで有価証券所有が 30.8％，不動産抵当貸付 24.0％，対人信用（手形貸付，動産担保貸付，保証・無保証証書貸付）が 3.2％であった。しかし，25 年になると

第4章 ドイツの中小企業とその金融の特質　201

表4-13　貯蓄金庫の貸付額

(単位：100万M)

年	貸　付　額
1900	5,975.1
1905	8,693.8
1910	11,589.0
1915	15,480.1
1920	30,350.6
1925	2,366.9
1930	11,252.3
1935	14,256.6
1940	27,743.0

注）1900，1905，1910，1915，1920年の数字はプロイセンにおける貯蓄金庫のものである。
出所）Hoffmann, a. a. O., S. 585 Tabelle 6.

表4-14　プロイセンにおける貯蓄金庫の総投資の構成

(単位：100万M，％)

年	不動産抵当	構成比	有価証券	構成比	地方自治体	構成比	個人	構成比	合計
20	7,284.00	24.0	9,358.19	30.8	12,734.05	42.0	974.34	3.2	30,350.58
25	444.00	60.6	63.00	8.6	78.30	10.7	147.00	20.1	732.30
30	4,852.00	45.3	1,755.00	16.4	1,754.00	16.4	2,351.00	21.9	10,712.00
35	6,676.00	46.8	3,955.00	27.7	1,639.00	11.5	1,987.00	13.9	14,257.00
40	8,432.00	31.7	14,608.00	55.0	1,876.00	7.1	1,664.00	6.3	26,580.00

注）構成比とは，投資額合計にたいする割合。
出所）Hoffmann, a. a. O., S. 587 Tabelle 7.

不動産抵当貸付が60.6％と一番多く，二番目は対人信用の20.1％であり，そして地方自治体向け貸付は10.7％，有価証券所有が8.6％の順であった。この傾向は30年も同様であった。また，表4-15は26年末におけるバーデンの貯蓄金庫の個人貸付を貸付金額別にみたものであるが，これによると1万マルク未満の小信用は貸付件数で5万7264と全体(5万8607)の97.7％，貸付金額で5500万マルクと全体(8200万マルク)の67.1％を占め，特に2000マルク以下の零細信用の貸付件数は圧倒的に多く，その1口平均貸付額は460マルクと非常に少額であった。そして，表4-16でバイエルンの貯蓄金庫の貸付額を受信者別にみると，短期貸付，長期貸付のいずれにおいても中小商工業者に積極的に金融が行われていた。次に，貯蓄金庫の長期信用および短期信用の供給の様子をみよう。表4-17は26年末のドイツの貯蓄金庫に

表4-15　バーデン貯蓄金庫の金額別個人貸付額(1926年12月)

	貸付口数	貸付額	一口平均貸付額
2,000 M以下	49,555	(1,000 M) 22,800	(M) 460
2,001〜10,000 M	7,709	32,200	4,176
10,000 M以上	1,343	27,000	20,104

出所）楠見一正「独逸貯蓄銀行と中小商工業金融」『経済時報』第2巻第3号，1930年，33頁 第八表(H. Ladenburg, *Die neuere Entwicklung des Verhaltnisses der Badischen Sparkassen und ihrer Girozentrale zum privaten Bankgewerbe*, München. 1928, S. 50)。

表4-16　バイエルン貯蓄金庫の受信者別貸付額　(単位：100万M)

	年月日	公共団体及び公共団体連合会その他の公法人	農業者	中小商工業者	20人以上の労働者・工業者
短期貸付	1926.7.1	−	12.3	50.9	9.6
	1927.1.1	−	11.7	48.9	8.1
	1928.1.1	34.13	24.31	91.04	17.01
長期	1928.1.1	31.71	31.71	61.60	10.49

出所）楠見，前掲「独逸貯蓄銀行と中小商工業金融」33頁 第九表(Ladenburg, H, *a. a. O.*, S. 51)。

表4-17　ドイツの貯蓄金庫の長期不動産抵当貸付(1926年末)

(単位：1,000 M)

	農地	市街地			計
		中小商工業	その他	小計	
1,000 M以下	22,452	8,602	14,040	22,642	45,094
1,001〜5,000	101,262	84,993	67,570	152,563	253,825
5,001〜20,000	55,531	148,612	88,308	236,920	292,451
20,001〜50,000	14,370	77,028	56,151	133,179	147,549
50,001 M以上	11,169	44,641	96,709	141,350	152,519
計	204,784	363,876	322,778	686,654	891,438

出所）前掲「独逸貯蓄銀行と中小商工業金融」35頁 第十表(J. Cremer, *Tätigkeit der Sparkassen als Realkreditanstalten seit 1910*, S. 245)。

第 4 章　ドイツの中小企業とその金融の特質　203

表 4-18　ドイツ都市の 94 市営貯蓄金庫の貸付金額別・受信者別の短期信用（1927 年末）
（貸付金額別の貸付件数）

1,000 M 以下	1,001～5,000	5,001～15,000	15,001～30,000	30,000 M 以上	計
68,864	18,200	7,272	2,495	1,785	98,616

（受信者別の貸付件数・貸付額）　　　　　　　　　　　　　　　　　　（単位：1,000 M）

| 農業者 || 産業組合 || その他庶民階級 || 合計 ||
件数	金額	件数	金額	件数	金額	件数	金額
1,067	3,811	510	18,113	102,350	337,489	103,927	359,413

出所）　楠見，前掲「独逸貯蓄銀行と中小商工業金融」37 頁　第十三表。

表 4-19　ドイツ金融機関の小・中信用の供給状況（1928 年末）
（単位：100 万 M）

| | 1 万 M 以下 || 5 万 M 以下 || 10 万 M 以下 ||
	貸付件数	貸付額	貸付件数	貸付額	貸付件数	貸付額
ベルリン大銀行	73,499	156.9	95,328	719.5	100,128	1,082.8
貯蓄金庫	1,154,995	1,194.8	1,188,719	2,087.0	1,188,719	2,087.0
信用組合	762,221	713.9	783,334	1,127.4	784,803	1,249.5

出所）　楠見，前掲「独逸信用銀行の小額金融に於ける地位」49 頁　第八表（*Der Bankkredit*, S. 163 Tabelle XXVII）。

おける長期の不動産抵当貸付について示したものである。これによると，長期不動産抵当貸付額 8 億 9143.8 万マルクのうち，市街地には 6 億 8665.4 万マルク（全体の 77.0％）が向けられており，この市街地不動産抵当貸付額の 53.0％（3 億 6387.6 万マルク）が中小商工業者に貸し付けられていた。そして，この中小商工業者向け不動産抵当貸付の 66.6％（2 億 4220.7 万マルク）が 2 万マルク以下の小信用であった。また，短期信用については，表 4-18 によって 27 年末におけるドイツ都市の 94 市営貯蓄金庫の短期信用（不動産抵当貸付，手形割引，動産担保貸付，保証・無保証証書貸付[70]）を貸付金額別および受信者別にみると，貸付金額別では 1000 マルク以下の零細信用の貸付件数が最も多く全体の 69.8％を占め，これに 1001～5000 マルク以下の小信用を加えると貸付件数は 8 万 7064 となり全体の 88.3％にもおよんだ。受信者別では，庶民階級向けの貸付が件数で全体の 98.5％，金額で 93.9％と圧倒的に多く，庶民階級のなかには中小商工業者が多く含まれていたと推測される。最後に，表 4-19 によって 28 年末のドイツの金融機関における貸付金

額10万マルク以下の小・中信用の供給状況をみると，貯蓄金庫は貸付件数，貸付額ともベルリン大銀行や信用組合を大きく上回っていた。しかも，1万マルク以下の小信用においてそれぞれの金融機関が占める割合は，貸付件数ではベルリン大銀行3.7%，貯蓄金庫58.0%，信用組合38.3%で，貸付額ではそれぞれ7.6%，57.8%，34.6%であり，貯蓄金庫は1万マルク以下の小信用において貸付件数，貸付額とも過半数以上の割合を占めていた。このようにみてくると，1920年代後半の貯蓄金庫は，(長期・短期)不動産抵当貸付と対人信用を中心とし小信用を積極的に供給しながら，ドイツの中小企業金融において主導的な役割を果たしていたといえよう。

1) ワイマール期の手工業の状況については，鎗田英三『ドイツ手工業者とナチズム』九州大学出版会，1990年，柳澤治『ドイツ中小ブルジョアジーの史的分析』岩波書店，1989年，近藤義晴「1930年代におけるドイツ中小経営(Handwerk)の状態」(神戸外国語大)『外国学研究』第7巻，1977年3月参照。
2) 鎗田，前掲書，23頁(Ausschuß zur Untersuchung der Erzeugungs-und Absatzbedingungen der deutschen Wirtschaft, *Das deutsche Handwerk, Verhandlungen und Berichte des Unterausschusses für Gewerbe, Industrie, Handel und Handwerk* (III Unterausschusseß) 3 Arbeitsgruppe (Handwerk), 4Bde. Berlin, 1930, 1Bde., S. 263. 以下，*Ausschuß-Berichte* と略す)。
3) 柳澤，前掲書，243頁。
4) 手工業の維持温存政策はビスマルク帝国時代より実施され，1897年の手工業修正法(Handwerksnovelle)によって頂点に達する。後進国であったドイツが急速に工業化するためには，特に機械工業部門の手工業者層を工場工業の外業部として積極的に利用する必要があった。それが可能であったのは，当時の手工業が，技術的にも資本的にも，外業部となるための条件を備えていたからである。加藤誠一『中小企業の国際比較』東洋経済新報社，1967年，76-77頁。
5) *Ausschuß-Berichte.*
6) 柳澤，前掲書，264頁。
7) 鎗田，前掲書，33頁(*Ausschuß-Berichte*, 3Bde., S. 360-361)。
8) 柳澤，前掲書，264-266頁。
9) 鎗田，前掲書，31頁(*Ausschuß-Berichte*, 3Bde., S. 15, 16)。
10) 柳澤，前掲書，267-268頁。
11) 鎗田，前掲書，36頁(*Ausschuß-Berichte*, 1Bde., S. 197, 3Bde., S. 26)。
12) 近藤，前掲論文，239頁。
13) 鎗田，前掲書，32頁 第1-5表。

14) 柳澤，前掲書，244-252 頁。
15) 鎗田，前掲書，33 頁(*Ausschuß-Berichte*, 4Bde., S. 163)。
16) 柳澤，前掲書，254-258 頁。
17) 鎗田，前掲書，31，33 頁(*Ausschuß-Berichte*, 1Bde., S. 280, 4Bde., S. 294, 3Bde., S. 13)。
18) 柳澤，前掲書，261-263 頁。
19) 鎗田，前掲書，56 頁(*Das Deutsche Handwerksblatt, Mitteilungsblatt des Deutschen Handwerks-und Gewerbekammertages und des Reichsverbandes Deutschen Handwerks*. Jg. 25, 1931, H. 4, S. 71)。
20) 同上書，58 頁。
21) 同上書，56 頁(*ebd*. Jg. 24, 1930, H. 15, S. 289, Jg. 25, 1931, H. 10, S. 191)。
22) *Wirtschaft und Statistik*, Statistischen Reichsamt, 1933, S. 657.
23) 鎗田，前掲書，57 頁(Frankfurter Zeitung, 1. 9. 1931)。
24) 同上書，60 頁。
25) 近藤，前掲論文，247-248 頁(Peter Wulf, Die politische Haltung des schleswig-holsteinischen Handwerks, 1928-1932, Abhandlungen zur Mittelstandsforschung, Nr. 40, 1969, S. 88-93, 117-121)。
26) 手工業の金融問題については，鎗田，前掲書，95-122 頁参照。
27) 1926 年において信用組合と貯蓄金庫はそれぞれ金融機関総数の 87.2％，10.9％であったが，貸付額では全体の 4.4％，18.2％を占めるにすぎなかった。楠見一正，島本融『独逸金融組織論』有斐閣，1935 年，173 頁 第 13 表。
28) 鎗田，前掲書，99 頁 第 4-2 表。
29) 同上書，100 頁(*Statistisches Jahrbuch für das Deutsche Reich*, 1927, S. 368)。
30) 同上書，108 頁。その他の州の特別信用としては，ザクセン(350 万マルク)，ヴェルテンベルク(500 万マルク)，バーデン(600 万マルク)，ハンブルク(100 万マルク)，ブレーメン(306 万マルク)などがある(同上書，113 頁)。
31) 同上書，108 頁(E. Aufmolk, Die gewerbliche Mittelstandspolitik des Reiches. Diss., Münster, 1930, S. 85)。
32) 同上書，115 頁。
33) 同上。
34) 同上。なお，1930 年末において信用組合の信用供与額の 70％が当座勘定信用であった。
35) 同上書，116 頁。
36) 同上書，117, 118 頁。
37) 貯蓄金庫，信用組合，工業金融組合の成立と発展については，楠見，島本，前掲書参照。
38) ドイツの貯蓄金庫は地方自治体の設立した貯蓄金庫が支配的地位を占めていたこともあって，ヴェクナーは「ドイツは自治体貯蓄金庫の古典国である」と述べた。

Carl Wegner, *Entwicklung und Organisation der Deutschen Sparkassen und des Kommunalen Giroverkehrs*, Berlin, 1925, S. 83.

39) 貯蓄金庫の創業については，本位田祥男「ドイツの貯蓄公庫」(独協大)『経済学研究』第3号，1968年3月，3-7頁，青野正道「プロイセン公営貯蓄金庫の創業」(東北大)『研究年報経済学』第42巻第2号，1980年9月参照。

40) 青野，同上論文，69頁(Constantin Schmid, *Das Sparkassenwesen*, Berlin, 1863, S. 165)。

41) 同上(Joseph Klersch, *Spargedanke und Sparkassen*, Bonn, 1930, S. 18)。

42) 楠見，島本，前掲書，179頁。

43) 貯蓄金庫の業務内容については，同上書，180-183頁，青野，前掲論文，71-81頁参照。

44) 貯蓄金庫の制度的発展については，同上書，179-180頁，417-418頁参照。

45) 佐藤智三「第一次大戦期，ベルリン大銀行における支店網の展開と地方公営貯蓄銀行の動向」『立命館経営学』第20巻第3・4合併号，1981年11月，458頁 第9表 (Wegner, *a. a. O.*, Anlage 13)。

46) 志村源太郎，那須皓『協同組合の名著』(志村源太郎『産業組合問題』)，第3巻，家の光協会，1971年，36頁。

47) 大塚喜一郎『協同組合法の研究』有斐閣，1979年，5-6頁。

48) 志村，那須，前掲書，37頁。

49) 楠見，島本，前掲書，186頁。

50) 同上書，187頁。

51) 同上書，186-187頁。

52) 市街地信用組合の法規と制度の整備については，同上書，188-195頁参照。

53) ザクセン州立抵当証券発行機関については，楠見一正「独逸中小工業金融と公法的工業金融組合の実績」『経済時報』第2巻第12号，1930年および楠見一正「独逸中小工業金融機関としてのIndustrieschaft」(上)(京大)『経済論叢』第32巻第2号，1931年参照。

54) ザクセン州立抵当証券発行機関とザクセン州およびザクセン州立銀行との関係については，同上「独逸中小工業金融機関としてのIndustrieschaft」(上)，85頁および87-88頁参照。

55) ザクセン州立抵当証券発行機関の貸付の内容については，同上論文，90-94頁参照。

56) 1926年の貸付申込件数は1058件，その金額は1億1190万マルクであった。楠見，前掲「独逸中小工業金融と公法的工業金融組合の実績」27頁。また，ザクセン州立抵当証券発行機関の債券発行については，同論文，26頁 第一表参照。

57) 同上論文，27-30頁。

58) 楠見一正「独逸信用銀行の小額金融に於ける地位」『経済時報』第3巻第7号，1931年，46頁(*Der Bankkredit, Verhanderungen und Berichte des Unteraus-*

第 4 章　ドイツの中小企業とその金融の特質　　207

　　　schusses für Geld-, Kredit-und Finanzwessen, Berlin, 1930, S. 162)。
59)　ベルリン 6 大銀行の創設時から 1924 年までの支店数の推移については, 佐藤, 前掲論文, 436-437 頁 第 1 表参照。なお, ベルリン 6 大銀行とは, ドイッチェ・バンク, ディスコント・ゲゼルシャフト, ドレスデン・バンク, ダルムシュタット・バンク, コンメルツ・ウント・ディスコント・バンク, 中部信用銀行。
60)　ベルリン 6 大銀行による地方銀行の併合過程については, 同上論文, 448-453 頁および大矢繁夫「ドイツにおける銀行集中運動」(西南学院大)『商学論集』第 33 巻第 2 号, 1986 年 10 月, 73-77 頁参照。
61)　佐藤, 同上論文, 453 頁。
62)　詳しくは, 同上論文, 465-467 頁参照。
63)　同上論文, 454 頁。
64)　同上論文, 459 頁 第 10 表(C. H. Holtfreich, *Die deutsch Inflation 1914-1923*, Berlin, New York, 1980, S. 49)。
65)　楠見, 前掲「独逸信用銀行の小額金融に於ける地位」43 頁 第三表。
66)　ショーニッツは, 第一次大戦前におけるベルリン大銀行の中小企業金融の地位について「中小企業者は大銀行に近づくことは難しく, フライブルグその他の地方都市においては中小商工業者の多くは銀行信用を得ることができたが, ベルリンのような大都市では中小商工業者の多くは銀行信用を受けることはまったくできなかった」と述べ, 第一次大戦前はベルリン大銀行が中小企業金融に無関心であったことを指摘している。Hans Schönitz, *Der Kleingewerbliche Kredit in Deutschland in Systematischer privat-und nationalökonomischer Darstellung*, Karlsruhe, 1912, S. 41-42.
67)　ベルリン大銀行にアドカとバルメン銀行連合の 2 行を加えた大銀行は, 1929 年末に 521 地点に少なくとも 1 つの支店をもっていた。25 年現在人口 1 万以上の都市は 544 であるから, だいたい 1 万人以上の都市にはベルリン大銀行のうちどれか 1 つの支店が設置されていたとみてもよい。しかし, ベルリン大銀行がそろって支店を設置していたのは人口 10 万以上の大都市 44 ヵ所であった。小湊繁「相対的安定期におけるドイツの大銀行と産業の資本蓄積」(二)(東大)『社会科学研究』第 22 巻第 2 号, 1970 年 12 月, 60 頁。
68)　特に, 貯蓄金庫の本店・支店の合併といった貯蓄金庫の集中が行われた。W. G. Hoffmann, "Die Entwicklung der Sparkassen im Rahmen des Wachstums der deutschen Wirtschaft (1850-1967)", *Zeitschrift für die Gesamte Staatswissenschafti*, 10/1969, Bd. 125, Nr. 4, S. 566.
69)　1 金庫当たりの預金額の上昇は, 国民所得の増加によるものでもあった。*ebd.* S. 568. 国民所得は, 1900～13 年の間に 48.4%, 25～38 年には 37.8% 上昇した。*ebd.* S. 571.
70)　短期信用額 3 億 5956 万マルクのうち, 不動産抵当貸付額は 2 億 4952 万マルク, 対人信用(手形貸付, 動産担保貸付, 保証・無保証証書貸付)は 1 億 1004 万マルクであった。楠見一正「独逸貯蓄銀行と中小商工業金融」『経済時報』第 2 巻第 3 号,

1930年，36頁 第12表(A. Zwick, "Städtische Sparkassen", *Statisches Jahrbuch deutschen Städte*, 1929, XXIV, J. g.)。

終章　日・英・米・独の政府系中小企業金融機関の創設の理由

　序章で述べたように，政府による中小企業のための金融機関が日本，イギリス，アメリカ，ドイツに登場したのは，だいたい両大戦間期から第二次大戦後という時期であった。例えば，日本では1936年に「商工組合中央金庫法」により商工組合中央金庫が設立された。イギリスでは45年に政府の主導の下に銀行の出資による商工金融会社(Industrial and Commercial Finance Corporation, ICFC)が設置され，アメリカでは53年の「中小企業法」にもとづいて中小企業庁(Small Business Administration, SBA)が創設された。ドイツでは48年に中小企業にたいして金融機関を経由した間接融資を行う復興金融公庫(Kreditanstalt für Wiederaufbau, KfW)という公法上の金融機関が設置された。そして，これらの設立の時期は，独占体制の再編・強化の過程でもある。したがって，中小企業のための金融機関の必要性は，まさに独占資本主義の一段階に特有なものであるといえよう。さらにいえば，中小企業金融機関の創成は，国家が経済のなかに積極的に介入を行うようになってからのことであった。

　本章では，これまで考察してきたことを整理しながら，日本の商工組合金庫，イギリスの商工金融会社(ICFC)，アメリカの中小企業庁(SBA)，ドイツの復興金融公庫(KfW)といった政府系の中小企業のための金融機関が創設された理由を明らかにしたい。

第1節　日本の商工組合中央金庫

　最初に, 日本の商工組合中央金庫の設立の理由を明らかにしたい。1904(明治37)年の日露戦争前後から在来・外来の小工業経営の一部では, 機械や動力を生産手段とする機械制工場経営への発展がみられ, それが「中工業」経営を形成した[1]。しかし, 普通銀行などの近代的金融制度を利用して比較的低利の資金を調達できる中小工業者は極めて少なく, その圧倒的な多数が問屋資本からの原料・資金の前借り, および高利貸や無尽からの借入れその他の前期的金融方法に大きく依存していた[2]。このため, 日露戦争後の深刻な不況期には, 中小工業の金融難が中小工業者にたいする商業資本の前貸金融における極端な高金利による圧迫として現れ, 中小工業問題が中小工業者の金融問題としてはじめて登場した[3]。こうした中小工業問題は, 第一次大戦による日本経済の空前の好況によって, 中小工業が全般にわたって生産の拡大を示したので, 一時的に中断された。しかし, 20(大正9)年の反動恐慌とその後の不況期には, 企業の集中・独占が進んだが, 他方では厖大な数の中小工業が残存していたから, そこでは過当競争が深刻なものにならざるをえず, このことが中小工業の経営をより不安定なものにした。そのうえ, 反動恐慌後の信用の収縮と中小銀行の整理によって, 中小工業の資金難は切実なものになっていた。この間, 農商務省は, 11年に中小工業政策の具体的な構想をはじめて打ち出し, 金融改善の方法としては, 信用組合の普及を図る一方, 大蔵省預金部により低利資金(14年「貿易関係中小工業救済融資」, 23年「震災地小工業者救済及復旧資金」・「罹災地応急資金」)の撒布を行った。ところが, 信用組合の普及策はまったく不振に終始したし, 預金部による特別融資も中小工業者の救済にほとんど効果がなかった。

　こうしたなかで, 27(昭和2)年3月に金融恐慌が勃発し, 中小工業者は異常な金融梗塞に直面した。すなわち, 金融恐慌によって地方の中小銀行が没落したことは, これと結びついていた中小工業の金融難を深刻化させたし, またそれは原料商や製品問屋などの商業資本に打撃を与え, 商業資本に前借

りなどの前期的資金借入方式で依存していた多数の中小零細工業者の金融を困難にした。しかも，28年の新銀行法の制定以降，中小銀行の没落と大銀行の強大化の趨勢は決定的となり，中小工業の資金難は金融機構の変化によっても免れがたいものになった。このような情勢の下で，政府は30年1月に金輸出解禁を断行した。しかし，金融恐慌の痛手から回復できなかった多くの中小工業者にとって，その後の恐慌は苛酷な追い打ちを意味するものであった。特に輸出需要の急減と国内消費需要の停滞とは，中小工業の販売市場を著しく縮小させた。こうして，中小工業の金融難は，投げ売り・売り崩し・粗製濫造といった共倒れ的過当競争をともないつつ，次第に社会問題化しはじめたのである。これにたいし，政府は，28年「中小商工業者応急資金」，30年「信用組合経由中小商工農業者等に対する資金」といった特別融資を実施したほかは，ひたすら「重要輸出品工業組合法」[4](25年)の下で工業組合の普及と組合事業による金融の改善に期待をかけていた。しかし，特別融資は中小工業の金融緩和には役に立たず，工業組合の設立は助成施策をもってしても低調であった[5]。そこで，政府は，自治的な統制権限を与えた組合組織を中小工業全般に発展させ，過当競争による中小工業の共倒れを防止する構想を打ち出し，31年4月に「工業組合法」を制定した。ここにはじめて協同事業と統制事業を兼ね備える中小工業のための組合制度が確立し，わが国の中小工業組織化政策はこれにもとづいて展開することになった。また同法により工業組合は協同事業の一つとして金融事業を営むことが可能となったが，これによって中小工業の組織化政策と金融政策は結びつきを強め，商工組合中央金庫の設立の基盤が客観的に醸成されることになった。

　さて，31年12月の金輸出再禁止後，工業組合による業種別の全国的な統制が実現をみたが，このような統制はいずれも良好で中小工業の輸出の増進ならびに経営の安定に少なからず成果をあげた。そこで，政府は，工業組合の統制機能を中小工業問題の解決に広く活用することとし，32年から工業組合普及運動を全国的に展開した。この結果，中小工業者の間に工業組合の設立は増加したが，それは協同事業よりもむしろ統制事業を行い経営の安定のみを図ろうとする意欲にもとづくものであった。だから，工業組合の設立

が進捗したといっても，それは協同事業の普及と組合信用にもとづいて中小工業の金融難を解決しようという政府の構想とは結びつかなかった[6]。しかも，政府は32年2月から「中小商工業者等産業資金」という特別融資を開始したが，本資金は金融の梗塞に苦しむ地方産業や小零細商工業にたいしてほとんど融通されなかった。こうして，32年の5.15事件の後，中小商工業者の疲弊が深刻な政治問題となり，6月にいわゆる時局匡救議会が招集され，ここで中小商工業の金融の疎通や負債の整理などの諸施策が検討されることになった。このような情勢のなかで，政府や民間において中小商工業者のための金融機関の設立の気運が高まり，36年6月には商工組合中央金庫の設立が決定されたのである。

このようにみてくると，中小工業者の大多数は商業資本の前貸金融に依存していたのであるが，27年の金融恐慌と28年の新銀行法の制定により中小銀行の没落が決定的となり，それと緊密な取引関係にあった商業資本の弱体化が進行したから，中小工業者はもはや商業資本の金融機能に依存できなくなった。しかも，預金部による特別融資は，中小工業の金融難の緩和には役に立たなかった。したがって，中小工業のための専門金融機関の設立がどうしても必要とされたのである。また，31年の工業組合法によって中小工業の組織化政策と金融政策は結びつきを強めたが，こうした組織化政策を金融面から補強するために，国家の立法により36年に商工組合中央金庫が設立されたといって良いであろう。だから，商工組合中央金庫は，組合への金融を専門にするという独特な性格が付与されたのである。

しかし，ここで注意することは，商工組合中央金庫が戦時体制の国策に対応した金融機関として創設されたということである。31年の満州事変を契機として軍需生産を中核とする重化学工業が発達し，金属・機械器具工業における中小工業の多くは大工業に従属する下請工業として展開した。そして，このような中小工業の下請経営としての存立は，新しい政策視角の下で取り上げられることになった。政府は，35年ごろから，地方の中小工業を工業組合に組織し，軍需品の集団的な受注を斡旋し，不況に悩む中小工業を救済しようとする下請工業助成政策(地方統制工業政策)の実行に着手した。この

政策は，地方の工業化を促進するために下請工業の振興を課題とし，その振興を図るために中小工業の軍需下請化を企図したものであった。ところが，日中戦争勃発による軍需生産力拡充政策の推進に際し，38年9月から政府は，これまでの下請工業助成施策を活用・拡充した形式で，中小工業転廃業政策を実施することになった。これは，不振の中小工業に現事業を廃して軍需工業，輸出品工業および代用品工業へ転換するよう指導し，その場合転業者には工業組合を組織させ，政府が下請受注を斡旋するほか，技術や経営および資金の助成を講ずるというものであった[7]。そして，この転廃業政策の金融的裏づけ措置の一つとして同年10月に設けられたのが預金部資金による「中小商工業転換資金」であった。本資金の融資方針は，組合による集団的転業が優先的に考慮され，また本資金を借り入れる組合は商工組合中央金庫に所属して当金庫を経由機関とすべき旨が指示され，さらに39年8月から国庫負担の損失補償制度が当金庫の取扱転業関係資金を対象として実施された。本資金の利用状況をみると，41年1月までに商工組合中央金庫を経由し，工業組合および商業組合から供給された本資金は1083万円で，このうち86.3％（935万円）が軍需品産業への転換のために融通された[8]。また，表5-1をみると，商工組合中央金庫は創設当初から金属，機械器具といった軍需工業関係の工業組合に多くを融通していたことがわかる。こうしたことを考慮すると，商工組合中央金庫は，満州事変を契機に金属・機械器具工業において中小工場の下請工場化が進展したものの，急激に拡大し膨張する軍需に応ずるために下請企業の量的な増加こそが何よりも必要とされたため，不振に悩む中小工業を下請として軍需生産に工業組合を通して動員するという戦時国策に見合う資金供給機関として創立されたといえよう。

第2節　イギリスの商工金融会社（ICFC）

　次に，イギリスのICFCの創設の理由である。イギリス産業資本は，1873年にはじまり96年まで継続した「大不況」期に不良企業の淘汰集中を推進しながら，1897年から1900年に至るいわゆる「創業時代」の大合同におい

表 5-1 商工組合中央金庫の業種別貸出残高の推移（その1） (単位：1,000円, %)

組合別	業種別	1938(昭和13)年 5月20日 組合数	金額	構成比	1939年11月15日 組合数	金額	構成比	1940年10月末 組合数	金額	構成比	1941年3月末 組合数	金額	構成比
工業組合	紡織工業	35	2,329	26.2	57	4,438	21.8	72	9,455	18.7	184	5,324	7.4
	金属工業	12	246	2.8	56	1,846	9.1	84	2,244	4.4	146	2,294	3.2
	機械器具	26	867	9.8	77	2,962	14.5	176	12,499	24.8	297	12,870	17.8
	窯業	12	246	2.8	28	672	3.3	29	1,026	2.0	96	1,806	2.5
	化学工業	6	763	8.6	7	150	0.7	35	1,478	2.9	77	1,529	2.1
	製材木製品	23	279	3.1	69	1,033	5.1	107	2,248	4.5	194	3,313	4.6
	印刷業	—	—	—	4	37	0.2	10	132	0.3	16	141	0.2
	食料品	16	375	4.2	31	1,347	6.6	33	930	1.8	138	1,846	2.6
	統制工業	—	—	—	—	—	—	—	—	—	—	—	—
	その他共小計	152	5,576	62.8	364	13,286	65.2	592	31,546	62.5	1,294	31,071	43.0
商業組合	食料品	113	1,202	13.5	185	3,022	14.8	214	6,767	13.4	390	12,516	17.3
	(うち米穀)	(61)	(647)	(7.3)	(100)	(1,910)	(9.4)	(105)	(4,677)	(9.3)	(152)	(10,079)	(13.9)
	肥料燃料	18	275	3.1	28	254	1.2	25	422	0.8	50	587	0.8
	木竹材	8	93	1.0	12	317	1.6	8	60	0.1	10	832	0.2
	畳表薬工品	8	148	1.7	9	424	2.1	11	543	1.1	23	747	1.0
	機器及び金物	—	—	—	—	—	—	32	682	1.4	54	1,219	1.7
	織物被服	20	294	3.3	29	362	1.8	58	4,690	9.3	137	13,627	18.8
	洋品雑貨	6	22	0.2	13	114	0.6	24	798	1.6	24	390	0.5
	薬粧類	10	155	1.7	18	293	1.4	26	736	1.5	56	920	1.3
	運輸業	13	134	1.5	22	495	2.4	23	342	0.7	36	368	0.5
	サービス業	12	63	0.7	15	62	0.3	3	51	0.1	13	25	0.0
	商店街	11	77	0.9	17	200	1.0	20	587	1.2	35	259	0.4
	地区	35	333	3.8	59	865	4.2	69	2,657	5.3	249	8,989	12.4
	その他共小計	282	3,075	34.6	438	6,899	33.9	558	18,752	37.1	1,120	41,159	56.9
貿易組合		4	224	2.5	3	185	0.9	3	179	0.4	1	91	0.1
自動車運送事業組合		—	—	—	—	—	—	—	—	—	—	—	—
統制組合及び施設組合		—	—	—	—	—	—	—	—	—	—	—	—
食糧営団		—	—	—	—	—	—	—	—	—	—	—	—
有限会社その他		—	—	—	—	—	—	—	—	—	—	—	—
合計		438	8,875	100.0	805	20,370	100.0	1,153	50,477	100.0	2,415	72,321	100.0

表 5-1 商工組合中央金庫の業種別貸出残高の推移(その 2)

(単位:1,000 円, %)

組合別	業種別	1942 年 3 月末 組合数	金額	構成比	1943 年 3 月末 組合数	金額	構成比	1944 年 3 月末 組合数	金額	構成比
工業組合	紡織工業	108	7,908	7.6	109	32,241	26.0	130	33,223	16.4
	金属工業	147	8,264	8.0	133	5,908	4.8	121	4,580	2.3
	機械器具	189	18,181	17.5	155	13,537	10.9	122	11,398	5.6
	窯業	42	1,134	1.1	39	2,025	1.6	33	2,463	1.2
	化学工業	73	2,876	2.8	42	2,000	1.6	40	1,139	0.6
	製材木製品	196	7,206	6.9	257	7,745	2.2	20.4	8,575	4.2
	印刷業	9	73	0.1	5	77	0.1	4	41	0.0
	食料品	46	7,618	7.3	40	4,975	4.0	48	6,366	3.2
	統制工業	—	—	—	26	7,289	5.9	30	16,967	8.4
	その他共小計	850	54,737	52.7	914	77,676	62.5	825	87,342	43.2
商業組合	食料品	196	11,554	11.1	112	3,617	2.9	88	14,992	7.4
	(うち米穀)	(78)	(7,991)	(7.7)	(25)	(392)	(0.3)	(11)	(10,432)	(5.2)
	肥料燃料	35	1,314	1.3	29	1,390	1.1	28	2,176	1.1
	木竹材	15	1,263	1.2	10	408	0.3	2	75	0.0
	畳表藁工品	14	755	0.7	12	1,721	1.4	8	1,029	0.5
	機器及び金物	36	1,201	1.2	40	2,054	1.7	30	2,971	1.5
	織物被服	73	17,441	16.8	60	10,144	8.2	60	12,529	6.2
	洋品雑貨	20	2,125	2.0	7	257	0.2	6	450	0.2
	薬粧類	27	2,158	2.1	24	2,237	1.8	21	2,747	1.4
	運輸業	7	313	0.3	12	392	0.3	7	194	0.1
	サービス業	8	49	0.0	6	50	0.0	2	15	0.0
	商店街	16	226	0.2	17	187	0.2	3	71	0.0
	地区	115	8,243	7.9	106	11,404	9.2	120	15,451	7.6
	その他共小計	608	47,916	46.1	477	35,004	28.2	421	58,471	28.9
	貿易組合	1	91	0.1	—	—	—	—	—	—
	自動車運送事業組合	3	1,096	1.1	4	2,417	1.9	12	5,216	2.6
	統制組合及び施設組合	—	—	—	—	—	—	36	10,639	5.3
	食糧営団	—	—	—	16	9,143	7.4	24	8,879	4.4
	有限会社その他	—	—	—	—	—	—	34	31,504	15.6
	合計	1,462	103,840	100.0	1,411	124,240	100.00	1,352	202,051	100.00

注) 構成比は,金額にたいする割合。
出所) 商工組合中央金庫編纂『商工組合中央金庫三十年史』1969 年, 898-899 頁。

て，ほぼその独占構造を確立する。また，イギリスでは，1844年から62年にかけて会社法が整備され，20世紀初頭までに多数の株式会社が生み出されたが，その株式会社の多くは中小規模の非公募会社であった。しかし，この時期に株式会社が産業界に普及したといっても，当時のイギリスの産業企業の多くは個人企業またはパートナーシップ(無限責任制)といった形態で経営されており，そのほとんどが中小企業であった。では，19世紀後半から第一次大戦前において，このような企業形態をとる中小企業の金融にたいして，証券市場や金融機関はどのような役割を果たしたのであろうか。まず，証券市場についてみると，中小企業が公的な証券市場に出向いても投資家の支援を受けることは困難であった。そして，こうした中小企業は，その長期資金需要の一部分を，企業のパートナーや取引関係をもつ富裕な仲間との私的取引によって満たしていた。そのような取引は公的な証券市場の水面下で私募発行といった私的な証券取引によって行われていた。次に，金融機関についてみてみよう。イギリスでは1880年代までにロンドン・地方に数多くの個人銀行や株式銀行が存在していたが，支店数を含めると地方の株式銀行が金融部門のなかで最も重要な部分を構成していた。こうした地方の株式銀行や個人銀行は，地元の中小企業にたいして，もっぱら手形割引や当座貸越によって短期資金を提供していた。ただし，実際には短期の貸出であるが期限を更新することによって，あるいは当座貸越の長期延長によって実質的な長期貸出を行っていた。このような長期貸出が可能であったのは，当時の地方の株式銀行や個人銀行が地元企業と密接な関係をもっていたからであった。しかし，1878年における一連の地方銀行の経営危機の後，銀行経営において「流動性・安全性の重視」(すなわち資金の固定化の回避)の傾向が強まった。そのうえ，90年代以降の銀行合同の進展によりロンドンに拠点をもち，地方に多数の支店をもつ全国規模の大銀行が誕生すると，銀行の貸付政策は変更されることになった。貸出状況の管理はロンドンにある本店で集中的に行われるようになり，地方支店の貸出に関する独自性は弱まり，以前のように地元の個別企業に密接に関与することはできなくなった。こうして，地方の中小企業の長期資金調達は，銀行からは困難となり，内部資金かあるいは

友人からの融資に大きく依存せざるをえなくなったのである。

　ところでイギリスでは1920〜30年代の大規模な合同運動を通じて資本の集積・集中が進んだが，他方では多数の中小企業が執拗に残存していた。これらの中小企業は，当時の技術的諸条件に規定されて存在し，大企業の一時的な妥協によって，あるいは特殊な部品や外注加工にみられる大企業の下請企業として，それぞれ存在していた。しかも，残存する中小企業は経済合理性をもち，適正規模企業として成り立っていた。そして，このような中小企業にとって両大戦間期の証券市場は，長期資金の供給源として一定の役割を果たすようになってきた。すなわち，戦中戦後の税制改革（課税率の上昇）によって，富裕階層の可処分所得が減少ないしはその資産運用が産業証券投資へシフトしたため，中小企業は第一次大戦前のような富裕階層からの出資といった長期資金の調達方法が困難となった。そこで，個人またはパートナーシップで営まれていた中小企業は，有限責任の株式会社へ改組し，長期資金を証券市場に依存するようになったのである。しかし，こうした証券市場の性格が中小企業の長期資金の調達問題を十分に解消したわけではなかった。事実，31年の「金融と産業に関する委員会」で，中小企業の長期資金の調達難が指摘され（マクミラン・ギャップ），この問題の解決策として中小企業が発行する小額証券を専門に取り扱う会社の設立が勧告された。そこで，34年に資本市場で消化されない資本を発行する中小企業に長期信用を供与するためにクレジット・フォア・インダストリー（CFI）とチャーターハウス・インダストリアル・ディベロップメント・カンパニー（CID）が設立された。しかし，これらの機関の活動は30年代のマクミラン・ギャップを埋めるには不十分であった。次に，銀行についてみると，20年代の銀行は，政府・イングランド銀行による産業の資本蓄積ないし合理化にたいする保護・介入政策に促されて，旧主要産業（石炭，繊維，鉄鋼，造船）を中心に商工業へ積極的に貸出を行った。しかし，この政策にもかかわらず，旧主要産業は第一次大戦前の国際競争力の水準を回復することができなかった。このことは，銀行の利益に損害を与え，銀行経営の「流動性・安全性」の傾向を強めた。この結果，30年代の銀行は，旧主要産業を中心に商工業への貸出を減少させ，

政府証券投資など公共部門に資金供給をシフトさせたのである。要するに，両大戦間期の銀行は，基本的に1878年の銀行危機以来の「流動性・安全性の重視」という慎重な経営態度を守り続け，産業金融まして中小企業金融には消極的であった。ところで，両大戦間期は，高い経済成長がみられた一方で，大量失業の時期という特徴をもっていた。このため，34年に政府は，衰退する旧主要産業に特化した不況地域(特別地域)の失業を是正するために，その地域に雇用の新しい源泉として新産業を誘致するという産業誘致政策を講じることになった。その金融支援については，中小企業が特別地域で創業する場合の資金調達の困難が指摘されたため，政府は36年に「特別地域復興法」を制定し，同法により「特別地域復興協会」(SARA)を創設した。この協会の目的は，民間金融機関が特別地域の中小企業に融資を行う場合に損失保証をするというものであった。その後，イギリスの失業は第二次大戦中に低い水準に減少した。しかし，43年ごろから特別地域において戦後に大量失業が再発すると懸念されはじめた。そこで，政府は7月に「戦後雇用に関する運営委員会」(CPWE)を設置し，特別地域に新産業を立地・誘致する政策を論議することにした。そして，CPWEは44年に産業立地政策を戦後の雇用政策の重要な手段として位置づけた「戦後雇用に関する運営委員会報告」を発表し，この報告のなかで中小企業の専門金融機関の設立が勧告された。かくして，5大銀行による設立準備委員会が設置され，同委員会は設立趣意書を大蔵省に提出し，それはほぼそのまま認められ，45年に大蔵大臣はICFCの設立を公表した。大蔵省は，中小企業の専門金融機関の勧告から設立までの過程で，その専門金融機関は完全雇用を維持するための諸政策と密接に関係しながら運営されるべきであり，またそれは戦後再び高い失業が発生すると予想される「開発地域」(特別地域が再定義された)の申請者にあらゆる配慮を払うべきであると主張した。

　これらのことを考え合わせると，新企業あるいは新産業としての中小企業の立地が，開発地域(特別地域)の産業構造の多様化を促し，雇用の新しい源泉として雇用を促進すると期待され，こうした役割をもった中小企業の創業あるいは発展を制限している長期資金調達の困難を解決すべく，45年に政

府の主導によって ICFC は設立されたといえるであろう。さらにいえば，前述の運営委員会報告が修正されて，福祉国家建設の道標となった政府白書『雇用政策』(44年)が発表されたことを考えると，ICFC の設立は，国民経済の良好なパフォーマンスの達成と維持を目標とし，かつその責任を国家が果たすというイギリス現代福祉国家の特徴の一局面を具現したものといえよう。

第3節　アメリカの中小企業庁(SBA)

アメリカの SBA の創設理由を述べよう。アメリカの中小企業は，1920年代の独占体制の強化の過程で，その経済的実力を弱体化させており，30年代の大不況期には，その企業利益を大きく悪化させた。大企業の利益は大不況下でも黒字を維持したが，中小企業の利益は赤字ないし低い水準で低迷していた。しかも，33年に成立した「全国産業復興法」(NIRA)の公正競争コード体制下で賃金コストと原材料価格が上昇したが，中小企業ではコスト上昇分に見合った製品価格の引き上げを実現できなかったため，その経営は一層困難となった。このような中小企業は，留保利益からの内部資金はもちろん個人(地方)投資家，資本市場，商業銀行からの外部資金の調達もほとんど不可能であり，また短期資金の調達よりもむしろ中・長期資金の調達に大きな困難を感じていた。この結果，中小企業の多くは，金融会社(financing company)やファクター(factor)などの少額貸付機関(small loan company)に大きく依存することになった。しかし，こうした少額貸付機関は金利や手数料が高かったので，高い資金調達コストが中小企業の利益を圧迫するという問題を生んでいた。そこで，連邦政府は，34年に「産業融資法」を制定し，復興金融公社(RFC)と連邦準備銀行を通じ，中小企業にたいして中期の公的融資を実施することになった。ただ，いずれの融資も中小企業のみを対象にした制度ではなく，あくまでも一般企業向けの融資制度であり，またこれらの融資には「雇用の維持・増進のため」という融資目的が規定されていたから，30年代の政府の中小企業にたいする金融政策は，この当時の大量失業者問題の解決策の一部として位置づけられ，中小企業問題特有の

対策としては考えられていなかった。

　ところで，アメリカは，40年4月のナチス・ドイツのヨーロッパ侵攻により国防計画を本格化させ，さらに41年12月の太平洋戦争の勃発により戦時経済体制へ転換した。41年9月末までの国防計画の予算額は420億ドルにも達した。しかし，ここで直面することになったのは，軍需品の具体的な生産能力の不足問題であった。こうしたなかで，軍需生産能力の創出・拡充が急務とされ，国防生産に中小企業の生産能力を積極的に利用する必要が強調されるようになった。ところが，戦時経済体制下における大企業優先の軍需発注や重要物資割当は，民需生産の削減・停止により軍需生産への転換を迫られた中小企業からその機会を奪っていた。そこで，政府は，42年に国防生産に中小企業の生産設備を動員することを目的とした「中小企業生産施設動員法」を制定し，これにもとづいて中小企業の軍需転換に関わる融資や国防契約の中小企業への再発注などを行う中小軍需工場公社(SWPC)を設立した。つまり，SWPCは，戦時統制により経営が悪化した中小企業を軍需生産に転換させるために設立されたといえよう。なお，第二次大戦期の産業動員政策の一つとして，43年から「統制物資計画」が実施されることになったが，この制度によって中小企業は統制物資に指定された重要原材料を陸軍省，海軍省などの政府機関と直接契約する元請業者を通じてしか入手することができなくなり，中小企業は元請大企業の生産能力を補完する下請あるいは再下請として存立を余儀なくされた。

　ところで，第二次大戦後のアメリカ経済は，平時経済への再転換が完了した47年半ば以降，民間の大量の消費需要と朝鮮戦争による国防支出の急激な膨張などに支えられて活況を呈した。このような経済の発展は，復員軍人による企業の新規設立や戦時中の民需生産削減のために縮小・廃業を余儀なくされていた企業活動の再開を促した。例えば，60年には企業数は1120万に達し，中小企業が大部分を占める個人企業は910万に増加した。しかし，50～60年代に大企業への経済集中が進展したため，大企業と中小企業との経営力の格差は著しく拡大した。中小企業と大企業の利益(1企業当たり税引前利益額)の格差は48年に比べて58年は約2倍拡大した。そのうえ，中

小企業の資金調達は，戦前と同様に容易ではなかった。商業銀行の短期資金の供給は中小企業にたいして差別的であったため，中小企業は商業銀行から調達しえない必要短期資金を企業間信用によって充足していた。しかし，企業間信用は，利用者にとってコストが他の信用のコストよりも高くなることがあり，しかもその利用者は取引先をかえる自由を損なう可能性があるので，健全な中小企業にとっては必ずしも好ましい金融方法ではなかった。また，中小企業は長期資金を内部留保や株式によって調達できなかったので，商業銀行からの借入に頼らざるをえなかったが，中小企業の商業銀行からの長期資金調達（貸出期間1～10年のターム・ローン）は，かなり高い金利が課せられ，厳格な担保が要求されていたから，大企業に比べて容易ではなかった。こうしたなかで，50年に民主党のトルーマン大統領は中小企業政策に関する教書を発表し，これによって政府は具体的で実践的な内容をもつ中小企業振興策を推進することになった。ところが，この教書の発表後まもなく朝鮮戦争が勃発し，アメリカ経済が再び戦時経済体制に転換すると，中小企業政策は51年の「修正国防生産法」によって国防生産への中小企業の動員を目的とする範囲で整備されることになり，中小企業政策実施機関については同法により中小国防工場庁（SDPA）が設立された。このため，SDPAには軍需元請契約の中小企業への下請再発注の促進，中小企業向け融資，重要原材料の中小企業への割当促進などの権限が与えられた。しかし，SDPAは朝鮮戦争下の臨時組織であったから，戦争が終了した53年には廃止された。そして，これと同時に「1953年中小企業法」が制定され，それまでのような国防生産に関連した中小企業にたいする援助だけではなく，より広範な中小企業に金融助成，政府調達，経営・技術指導などを行う中小企業庁（SBA）が誕生したのである。

このようにみてくると，中小企業の存立条件は29年の大恐慌以降厳しくなるなかで，第二次大戦や朝鮮戦争の勃発によって国防生産面で中小企業の能力が量的に重要視され，軍需生産へ転換しようとする中小企業が大企業に比べて国防契約や金融面で不利な立場にあるのを改善するために，SWPC（42年）やSDPA（51年）が設立された。そして，SDPAが廃止されると同時

にSBA(53年)が設立され，そのSBAが平和のためのみならず戦争のための経済へ中小企業の動員を保証する機関であると位置づけられたことは，SBAの設立にもやはり国防生産面からの配慮が強く加わったことは明らかであろう。

第4節　ドイツの復興金融公庫(KfW)

　最後に，ドイツのKfWについてである。ドイツ経済は第一次大戦による被害と戦後インフレーションによって破局的な状態に陥った。中小企業を代表する手工業の大部分は，完全に経営資本を失ったといわれるほどであった。しかし，1924年の新通貨制度を契機として，インフレーションは収束し，相対的安定期を迎えることになる。この時期は巨大資本とその独占体制が強化される過程であったから，重化学工業などの分野にわずかな巨大企業が登場し，その経済的実力は厖大な中小企業にたいして一層優越的となった。そして，このような相対的安定期の経済の変化が，手工業に大きな影響を与えたのはいうまでもない。例えば，この時期の手工業は，①工業生産への移行が完了したとみられる手工業，②工業生産により窮迫し，修繕・販売への転換を余儀なくされた手工業，③手工業生産の特性から工業生産の影響を著しく受けなかった手工業，④工業の発展によって，新たな手工業分野として確立した手工業，といった4つに分化した[9]。ただ，この時期においても，政府は一定の合理性をもった手工業を利用し，大企業のための手工業の維持温存政策を踏襲したことを忘れてはならない。ここでは大企業の機能的補完者としての手工業の性格が見出される。ところで，29年の世界恐慌から33年に再びドイツ経済が上昇局面に入るまでの大不況期は，手工業にとって困難な時期であった。この時期に，手工業の経費は大幅に上昇したにもかかわらず，製品価格や売上高は低下したため，手工業の収益は28～32年の間に3分の1まで大きく減少し，手工業経営の倒産が増大した。

　さて，こうした手工業をはじめ中小企業はどのような金融問題を抱えていたのであろうか。第一次大戦後のインフレーションの下で手工業者の資金難

が表面化した。その後インフレーションは24年に収束したが，外資導入に必要な高金利政策が手工業者の金融難を深刻化させた。ところが，手工業者をはじめ産業的中間層のための金融機関であった信用組合や貯蓄金庫は，インフレーションの下で激しい被害を受けたので，十分に機能しなかった。そこで，手工業者は，「中間層銀行」の創設，さらには低利の国家資金の供与を要求した。こうして，政府は手工業の金融問題を認識せざるをえなくなり，25年に産業的中間層に信用組合を通じて特別信用を供与することを決定した。しかし，この特別信用は，一時的なものであり，不十分なものでしかなかった。これは，政府が「経済界に信用を供与するのは公権力の課題ではない」という態度を明らかにし，信用組合の援助という自助的な間接的信用政策を基本としていたからであった。かくして，手工業者は，国家による資金援助の道を放棄し，強力に信用組合と貯蓄金庫に結びついて自助の道を歩むことになった。「中間層銀行」の要求は，自助的な「手工業者銀行」の要求へと変化させられていった。そして，28年からは農業恐慌および失業者の増大によって，手工業の経営は大きく悪化し，負債が増加した。しかも31年の金融恐慌によって手工業者の負債は増加の一途をたどった。ところが，信用組合と貯蓄金庫は壊滅的な状況に陥っていたため，手工業の金融状況はさらに悪化した。これにたいして，政府は信用組合の援助という従来の自助的な間接的信用政策の枠を超えることはなかった。困窮した手工業者にたいする直接的信用政策は，国家の経済過程への介入を禁じる憲法第87条に違反するとして，採用されなかった。

　では，ドイツの金融機関による手工業および中小企業にたいする金融はどのような特徴をもっていたのであろうか。第一に，貯蓄金庫や信用組合といった手工業者をはじめ中小企業者のための金融機関がドイツでは早くも19世紀初頭から中葉にかけて設立され，その後それらは法規と制度の整備が漸次なされ，全国に網羅的に店舗網を構築していった。例えば，26年において信用組合および貯蓄金庫は金融機関数の98.1％を占めていた[10]。そして，信用組合(市街地信用組合)は短期の対人信用を，貯蓄金庫は(長期・短期)不動産抵当貸付と対人信用を中小商工業者に供給しながら，ドイツの

中小企業金融において主導的な役割を果たしていた。また，第一次大戦後の産業合理化運動の下で，25年には中小工業が所有する不動産を担保にして長期資金を調達できるように工業金融組合が設立された。第二に，第一次大戦前までは中小企業金融に無関心であったベルリン大銀行は，大戦後およびその後のインフレーション期にかけて個人銀行や地方銀行を併合する形で全地域に支店網を構築し，その支店網を通じて工業，手工業，商業の中小企業にかなり貸付を行っていた。ただ，この場合の中小企業とは，一定の合理性をもち大企業と補完関係にある中小企業であった。

　ところで，ワイマール体制が崩壊し，33年にナチスが政権を掌握すると，政府の大規模な公共事業政策に支えられて，ドイツ経済は上昇傾向を示した。この上昇傾向のなかで，手工業は全体として経済力を立て直すことができたが，手工業という伝統的な特性が稀薄化していった[11]。しかも，ナチス体制下の国家の企業統制機構のなかで，手工業をはじめ中小企業は大企業の機能的補完者としての性格を強めることになった。特に，36年以後は，中小企業の軍需産業への編入が進み，39年の第二次大戦の勃発に際しては，中小企業を戦時経済体制に編入する手続きも完了し，中小企業は戦争への協力を余儀なくされた[12]。また，貯蓄金庫，信用組合，ベルリン大銀行は，雇用創出手形の割引や租税証券にたいする投資を積極的に展開しながら，公共事業政策の達成に大きく貢献したが，中小企業金融にたいする役割は低下させた[13]。

　さて，第二次大戦によってナチス・ドイツが打倒された後，早くも47年6月にはマーシャル・プランが提唱され，主としてアメリカの「援助」の下に，西ドイツの独占資本の復活を強力に促進する政策が打ち出された。そして，西ドイツ独占資本は，自らの資本蓄積機構に，手工業および中小企業を組み入れ，これらにたいする支配を強めたのである。このような情勢のなかで，48年11月に連邦政府(80％)と州政府(20％)の共同出資によって，復興金融公庫(KfW)という公法上(KfW法)の金融機関が設立された。これは，「ヨーロッパ復興計画見返り資金」(European Recovery Program Sondervermögen, ERP資金)を財源として，中小企業に長期(設備)資金を供給す

ることを業務としており，中小企業のための政策金融の根幹をなした[14]。要するに，KfW は，大企業の機能的補完者としてその資本蓄積機構に組み込まれた手工業および中小企業の再生を図り，西ドイツ独占資本の復活を促進するために創設されたといえよう。

ただ，KfW は，経済復興に向けた資金を中小企業ばかりではなく国内産業の育成や社会資本の整備に配分することを目的に設立された政策金融機関であり，その金融手法は商業銀行，貯蓄金庫，信用組合などの金融機関を経由した間接融資が中心となっていた。では，なぜ，KfW は，中小企業だけに直接融資を行う政策金融機関として設立されなかったのであろうか。この理由は，ドイツの中小企業金融の特質から求めることができよう。それは，第一に，ドイツでは貯蓄金庫や信用組合が全国に網羅的に店舗網を構築していたから，新しく中小企業のための金融機関を創設するよりも貯蓄金庫や信用組合を活用した方が中小企業により効率的に資金を供給できると考えられたこと，第二に，信用組合や貯蓄金庫は中小企業金融において主導的な役割を果たしており，また第一次大戦後のベルリン大銀行は中小企業にかなり貸付を行っていたので，このような金融機関と中小企業は長年にわたって密接な関係を有していたと考えられる。また，ワイマール政府は，手工業者の金融難にたいして，直接的信用政策は公権力の課題でないと否定し，信用組合の援助という間接的信用政策を基本としていた。こうしたことが，商業銀行，貯蓄金庫，信用組合を経由した間接融資を行い易くする土壌を形成していたこと，である[15]。

1) 農商務省工務局編『主要工業概覧』(1912 年)では，「機械力ヲ応用セル小工場組織」を中工業組織，「手工」または「家内工業」を小工業組織と称し，あわせて「中小工業」という用語を使用するに至っている。
2) 当時の中小商工業の金融については，由井常彦『中小企業政策の史的研究』東洋経済新報社，1967 年，82-84 頁および日本銀行調査局編『日本金融史資料』明治大正編，第 24 巻，15-16 頁(明治 45 年農商務省商務局『小商工業者ノ資金融通ノ状況ニ関スル調査』)参照。
3) 日本の中小工業問題の登場と農商務省によるそれへの政策対応については，由井，同上書，55-61 頁，81-86 頁参照。

4) 重要輸出品工業組合法の制定までの経緯については，同上書，第二章，第三節参照。

5) 政府は1927年度から工業組合の共同設備には補助金を交付し，さらに翌28年度からは事業資金も低利で融通するなどの資金援助をもって工業組合の設立を誘導・促進することに決めたが，25年から30年の6年間を通じても全国でわずかに111組合が設立認可されたにすぎなかった。同上書，190頁 第15表。

6) この点については，同上書，241-242頁参照。

7) 中小工業転廃業政策については，同上書，329-335頁参照。

8) 中小商工業転換資金については，通商産業省『商工政策史』第12巻，288-293頁参照。なお，1941年1月までに工業・商業組合を通じて軍需品産業への転換のために融通された935万円のうち，金属機械関係へは727万円(77.8%)であった。また，38年12月から41年4月までの供給決定額は1834万円で，このうち商工組合中央金庫を経由したものが1379万円(75.2%)であった。

9) なお，③と④は，工業と独立・協調・分業関係にあった。中小工業では収益からみて依然として自営手工業者に下請発注しており，③と④の分業＝下請関係が成立していた。鎗田英三『ドイツ手工業者とナチズム』九州大学出版会，1990年，26-27頁 (30年の調査報告書，Ausschuß zur Untersuchung der Erzeugungs-und Absatzbedingungen der deutschen Wirtschaft, *Das deutsche Handwerk, Verhandlungen und Berichte des Unterausschusses für Gewerbe, Industrie, Handel und Handwerk* (III Unterausschusseß) 3 Arbeitsgruppe (Handwerk), 4Bde. Berlin, 1930, 1Bde.)。

10) 楠見一正，島本融『独逸金融組織論』有斐閣，1935年，173頁 第13表。

11) その変化は，次の3点に要約される。一つ目は，手工業に不熟練労働者が増加したことである。1936年9月において従業者数に占める徒弟・一般労働者数の割合は，洗濯・アイロンかけ職，舗装工職では60～70%にまでおよび，菓子職，婦人服仕立職，左官職，錠前職，鍛冶職，機械工職では40～50%であった(*Wirtschaft und Statistik*, 1937, S. 56-58, S. 505)。二つ目は，手工業の「商人化」である。20年代には小売活動は手工業の仕事の本質的な部分となっていた。その「商人化」は手工業の売上高に占める仕入商品の割合として示されるが，36年9月においてその割合は，製パン職，精肉職，紳士・婦人服仕立職，靴製造職，時計製造職では70～80%にも達し，菓子職，陶工・暖炉取付職，ガラス職，ブリキ職，電気設備取付職，指物職，錠前職，鍛冶職では60～70%であった(*Wirtschaft und Statistik*, 1937, S. 56-58)。三つ目は，手工業において電動機が普及したことである。このことは手工業の構造変動に大きな影響をおよぼした。電動機とディーゼル機関は19世紀末期から手工業に浸透しはじめたが，26年には手工業全体の25%強が動力を使用しており，31年には30%前後に達した(高木健次郎「ドイツ手工業概説」(三)(立正大学)『経済学季報』第14巻第3・4号，1965年3月，100頁)。この三つの変化については，近藤義晴『1930年代におけるドイツ中小経営(Handwerk)の状態』(神戸外国語大)『外国学研

究』第 7 巻, 1997 年 3 月, 253-269 頁参照.
12) ナチス体制下の国家の企業統制機構については, 塚本健『ナチス経済』東京大学出版会, 1965 年, 286-296 頁参照. また, ナチス時代の手工業制度については, 波多野貞夫『独逸職業競争』有斐閣, 1941 年参照.
13) 例えば, 前表 4-14 でプロイセンの貯蓄金庫の総投資額にたいする有価証券の割合をみると, 30 年は 16.4%だったものが, 35 年は 27.7%, 40 年には 55.0%と著しく上昇をみせた. これにたいして, 不動産抵当貸付や対人信用の割合は減少をみせており, 不動産抵当貸付は 30 年の 45.3%から 40 年の 31.7%へ, 対人信用は 21.9%から 6.3%にまで低下している.
14) ドイツの中小企業向け政策金融は, KfW による間接融資, 1953 年からの連邦・州政府による保証銀行に関わる再保証, 50 年代後半からの州の政策金融機関(州立投資銀行など)による支援, の三つに大別される. 詳しくは, 平澤克彦「ドイツにおける中小企業政策」(日本大学経済学部経済科学研究所)『紀要』第 32 号, 2002 年 3 月を参照.
15) KfW の設立の原資となった ERP 資金の安全な運用が必要であったため, KfW がリスクの高い中小企業に直接融資することは適切ではなかったこと, も理由としてあげられよう.

あ と が き

　本書の課題は，日本の商工組合中央金庫(1936年設立)，イギリスの3i Groupの前身である商工金融会社(ICFC, 1945年)，アメリカの中小企業庁(SBA, 1953年)，ドイツのKfW中小企業銀行の前身である復興金融公庫(KfW, 1948年)といった政府系中小企業金融機関の創設の理由を明らかにすることである。この課題に本書が十分に答えられたかは自信がない。能力の無さ故に考察しきれなかった部分が多くある。本書がどのような意義をもつかの判断は，読者の方々に任せるしかない。

　また，研究をはじめてから本書を上梓するまで長い時間がかかってしまった。しかし，怠惰で欠点の多い私が十数年間一つのテーマを追い続けることができたのは，多くの方々との学問的・人間的なつながりに支えられていたからである。そのような多くの先輩・友人諸氏に心より感謝を申し上げたい。とりわけ，糸園辰雄教授(西南学院大学経営学研究科，中小企業論，故人)，麻島昭一教授(専修大学経営学研究科名誉教授，経営史)，志村嘉一教授(千葉大学法経学部，金融論，故人)は，私の研究生活のこれまでの道程において，大きな影響を与えて下さり，いくつかの曲がり角で私を導いてくれた。すばらしい三人の先生に出会えたのは，私にとってまさに僥倖であった。しかし，私はこの先生方の丁寧なご指導に十分に応えられなかった。自らの怠惰と能力の無さを恥じ入るのみである。

　本書を刊行するにあたっては，札幌学院大学から「2007年度札幌学院大学選書」の出版助成を受けることができた。たいへんお忙しいなか私の拙い研究論文を審査していただいた選書審査会の杉本修教授(札幌学院大学商学部，商学)，北林雅志教授(札幌学院大学商学部，金融論)，濱田康行教授(北海道大学経済学研究科，金融論)には，心から感謝を申し上げたい。また出版事情の悪い時代に本書の刊行を引き受けて下さった北海道大学出版会，出

版にあたって多大な助力をいただいた同出版会の今中智佳子氏には，厚くお礼を申し上げたい。

　最後に，欠点の多い私を研究・教育の両面で日常的に援助して下さった勤務先である札幌学院大学商学部の同僚の諸氏に感謝の意を表したい。

　なお，本書の刊行にあたり「2007年度札幌学院大学選書」の出版助成から賜ったご援助に厚くお礼を申し上げたい。

　　2007年12月　新たな出発を迎える学部の発展を祈って

　　　　　　　　　　　　　　　　　　　　　　　　　　三好　元

索　引

あ　行

維持温存政策　　179, 199
一般産業証券　　78
一般事業貸付保証プログラム(7(a) Loan Guaranty Program)　　8

か　行

海外証券　　86
開発地域　　104, 106
貸付政策　　81, 82
貸付の固定　　22, 32
株式銀行　　80
間接的信用政策　　187
間接融資　　225
企業家向け融資プログラム(Unternehmerkredit)　　9
企業統制機構　　224
機能的補完者　　179, 224, 225
規模基準　　2
旧主要産業　　83, 92, 93, 97
銀行恐慌　　22
銀行経営の健全化　　32, 34
銀行合同　　23, 32, 81, 82, 95
銀行資本の集中　　35
銀行集中　　126, 195
金融恐慌　　32, 185, 187
金融事業　　54, 56
金融と産業に関する委員会(マクミラン委員会)　　104
金融問題　　13, 20, 124, 186, 210
金輸出解禁　　36
金輸出再禁止　　43
クレジット・フォア・インダストリー(CFI)　　104
軍費　　43, 45
軍需下請化　　55
軍需生産　　45, 48, 139, 146, 160

軍需生産局(WPB)　　143, 146
軍需転換　　145, 146
KfW 中小企業銀行(KfW Mittelstandsbank)　　9
経済合理性　　86
契約配分部(DCD)　　145
5.15事件　　51
工業組合　　38, 41
工業組合中央金庫案　　57
工業組合法　　53
工場法　　76
公正競争コード　　133, 136
小切手法(1909年)　　190
小口発行　　78, 80, 88, 89
国内産業証券　　86
国防計画　　139, 143, 145
国防契約部(DCS)　　144
国防促進法　　144
国民生活金融公庫　　7
『雇用政策』　　102, 103, 106

さ　行

財閥銀行　　33
産業信用銀行　　136
産業動員政策　　140
産業融資法　　137
産業立地政策　　103, 106
市街地信用組合(genossenschaftlich Volksbanken)　　30, 191
時局匡救議会　　56
自助　　187
下請　　140, 143, 161, 184
下請工業　　45, 48, 55
下請工業政策　　55
下請制　　72, 86
失業率　　96, 97, 102
支店経営商業銀行　　126
支店網　　195, 198

私募発行　80
社会問題化　38, 56
重化学工業　21, 45
修正国防生産法　160
手工業　3
手工業者銀行　187
シュルツ・デーリッツ　190
準市街地信用組合　30
小企業　72, 74, 76
商業資本　17, 32, 50
商工貸付金庫法案要綱　57
商工金融会社（ICFC）　1, 8, 107, 209
商工組合金庫　209
商工組合中央金庫　1, 56
商工組合中央金庫法案要綱　58
商工審議会　38, 56
商工中央金庫案　58
商工中央金庫期成同盟　58
新銀行法　34
震災地小工業者救済及復旧資金　27
新産業　83, 100
信用組合　28
信用組合経由中小商工農業者等特別融資　41
信用制限　128, 129
信用保証協会　7
スモール・ビジネス・サービス（SBS）　8
3i Group　8
生産管理局（OPM）　144, 145
政府証券　95
設立準備委員会　106
全国産業復興法　132
戦後雇用に関する運営委員会（CPWE）　103, 105
戦後の国内金融に関する委員会（CPWDF）　105
1838 年 12 月 12 日の規則　189
組織化政策　53
損失補償制度　52

た　行

大量失業　96
大量失業者問題　137, 138
地域政策　99, 103
チープ・レーバー　74-76
地方工業化政策　55

チャーターハウス・インダストリアル・ディベロップメント・カンパニー（CID）　104
中以下ノ工業ニ対スル施設　28
中間層銀行　186
中工業　210
中小企業委員会　144, 145, 160, 161
中小企業貸付保証制度（SFLGS）　8
中小企業局（OSBA）　144
中小企業金融公庫　7
中小企業生産施設動員法　146
中小企業生産部（DSBP）　146
中小企業設備金庫（CEPME）　2
中小企業庁（SBA）　2, 8, 161, 209
中小企業投資育成株式会社　7
中小銀行　18, 20, 22, 23, 32, 34, 37, 50, 125, 126
中小軍需工場公社（SWPC）　146, 159
中小工業転廃業政策　213
中小工業ニ対スル金融改善方策要綱　38, 56
中小工業ノ金融改善ニ関スル事項　41, 56
中小国防工場公社（SDPC）　146
中小国防工場庁（SDPA）　160
中小商工業救済施策要綱　51
中小商工業者応急資金特別融資　38
中小商工業者等産業資金　50
中小商工業転換資金　213
中・長期資金　130, 131
長期資金　79, 81, 82, 87, 91, 104, 105, 159, 194
適当競争　21
転廃業政策　55
ドイツ産業組合連合会　193
ドイツ貯蓄金庫・振替組合　190
動員　49, 161
統制事業　54, 56
統制物資計画　143
独占　21, 85, 120, 178
独占禁止法　119
特別信用　186, 187
特別地域　100, 101, 103
特別地域復興協会（SARA）　100, 105
特別地域法　99
共倒れ的過当競争　37
トルーマン大統領　160
ドレスデン銀行　193

な 行

ナチス　224
農業組合法　192
農業信用組合（landwirtschaftliche Kreditgenossenschaft）　191
農商務省　13, 25

は 行

パートナーシップ　77, 80, 91
反産運動　57
反動恐慌救済融資　26
非公募会社　77, 80
ヒル案　162
福祉国家　102
負債の整理問題　38
復興金融公庫（KfW）　2, 9, 209, 224
復興金融公社（RFC）　137
富裕階層　90, 91
振替組合（Giroverband）　190
プロイセン産業組合中央金庫　193
プロイセン模範定款　189, 200
貿易関係中小工業救済融資　24

ま 行

民需生産　140, 145, 160
無資格銀行　34
無尽業法　29
無尽金融　29

や 行

優先制　139, 145
郵便貯金　33

ら 行

ライファイゼン　191
罹災地応急資金　28
流動性　81, 93, 95, 132
流動比率　128
流動負債　124
臨時産業審議会　41, 56
連邦準備銀行　137

三好　元(みよし はじめ)

1957年　福岡県福岡市に生まれる
1987年　西南学院大学大学院経営学研究科博士後期課程
　　　　(単位取得)
1992年～現在　札幌学院大学商学部(2009年4月より, 経営
　　　　学部会計ファイナンス学科)

担当科目　地域金融論, 中小企業論
大学住所　〒069-8555　北海道江別市文京台11番地

政府系中小企業金融機関の創成──日・英・米・独の比較研究
2008年3月25日　第1刷発行

　　　　著　者　　三　好　　　元
　　　　発行者　　吉　田　克　己

　　　発行所　北海道大学出版会
　　札幌市北区北9条西8丁目北海道大学構内(〒 060-0809)
　　　Tel. 011(747)2308・Fax. 011(736)8605・http://www.hup.gr.jp

岩橋印刷／石田製本　　　　　　　　　　　　　© 2008　三好　元
ISBN978-4-8329-6690-1

創刊の辞

札幌学院大学の母体は、敗戦直後、陸続として戦場より、動員先より復帰してきた若人たちが、向学の念断ちがたく、一九四六年六月に法科・経済科・文科の総合学園として発足させた札幌文科専門学院であり、当時、北海道において最初の文科系総合学園であったのである。爾来、札幌短期大学、札幌商科大学、札幌学院大学と四十数年にわたり伝統を受け継ぎ、一昨年には、学園創立四十周年、開学二十周年の記念式典を盛大に挙行するとともに、本学正門横に札幌文科専門学院当時の校舎を模してエキゾチックな白亜の殿堂・建学記念館の建設を果たし、札幌文科専門学院の「建学ノ本旨」をしのび、いよいよ北方文化の新指導者、日本の指導者たるにふさわしい人格の育成に邁進すると同時に、「世界文化ノ興隆」への寄与を果たす覚悟を新たにしたのである。

しかも、本年には、現在の三学部および商学部二部に加え、さらに二学部増設に向けて力強い第一歩を踏みだし、北海道における文科系私学総合大学として一、二の規模を競う飛躍を遂げようとしている。この時にあたり、「札幌学院大学選書」を企画し、次々と、北方文化ひいては世界文化に寄与するであろう書物を刊行する運びとなったことは、誠に時宜に適したことといわなければならない。

いうまでもなく、生命を有しない「思想」は、亡びることもなければ、再生することもない。その時々の時流に迎合し、反対する、主体性を喪失した「うたかた」の如き思想、権威に追従し、右顧左眄する無定見な思想、内外の学説をそのまま引き写した無節操な思想、傲岸浅薄な独断的思想。これらの「思想」は、亡びも再生もしない。願わくば、思想に生命の息吹を送り、学問の名に恥ずることのない書物が刊行されんことを。日本の文化ひいては世界の文化に金字塔を樹立する「選書」の刊行を心から期待したい。

一九八九年六月十三日

札幌学院大学学長　荘子邦雄

ドイツ証券市場史 —取引所の地域特性と統合過程—	山口 博教 著	A5・328頁 定価6300円
ドイツ・ユニバーサル バンキングの展開	大矢 繁夫 著	A5・270頁 定価4700円
経済のサービス化と産業政策	松本源太郎 著	A5・216頁 定価3500円
ストック経済のマクロ分析 —価格・期待・ストック—	久保田義弘 著	A5・342頁 定価6000円
一般利潤率の傾向的定価の法則	平石 修 著	A5・298頁 定価7000円
雇用官僚制 —アメリカの内部労働市場と"良い仕事"の生成史—	ジャコービィ 著 荒又・木下 平尾・森 訳	A5・456頁 定価6000円
会社荘園制 —アメリカ型ウェルフェア・キャピタリズムの軌跡—	ジャコービィ 著 内田・中本 鈴木・平尾・森 訳	A5・576頁 定価7500円
ユーゴ自主管理取引制度の研究	伊藤 知義 著	A5・292頁 定価4800円

〈定価は消費税を含まず〉

━━━━ 北海道大学出版会 ━━━━